깨끗하고 안전한 에너지를 만들어가는 한국전력공사는 2024년에 고졸 신입사원을 채용한다. 한국전력공사의 채용절차는 「입사지원서 접수 ➡ 필기시험 ➡ 직무면접 ➡ 종합면접 ➡ 건강검진 및 신원조사 ➡ 최종 합격자 발표」 순서로 진행된다. 필기시험인 직무능력검사는 공통으로 의사소통능력, 수리능력, 문제해결능력을 평가하고, 직렬에 따라 자원관리능력, 정보능력, 기술능력을 평가한다. 2024년 상반기에는 피듈형으로 출제되었으며, 필기시험에서 고득점을 취득하기 위해서는 다양한 유형에 대비하는 등 철저한 준비가 필요하다.

한국전력공사 고졸채용 필기시험 합격을 위해 SD에듀에서는 한국전력공사 고졸채용 시리즈 판매량 1위의 출간 경험을 토대로 다음과 같은 특징을 가진 도서를 출간하였다.

도서의 특징

❶ 합격으로 이끌 가이드를 통한 채용 흐름 확인!
- 한국전력공사 소개와 최신 시험 분석을 수록하여 채용 흐름을 파악하는 데 도움이 될 수 있도록 하였다.

❷ 최종모의고사를 통한 완벽한 실전 대비!
- 철저한 분석을 통해 실제 시험과 유사한 최종모의고사를 4회분 수록하여 자신의 실력을 점검할 수 있도록 하였다.

❸ 다양한 콘텐츠로 최종 합격까지!
- 온라인 모의고사 3회분 응시 쿠폰을 무료로 제공하여 필기전형을 준비하는 데 부족함이 없도록 하였다.
- 모바일 OMR 답안채점/성적분석 서비스를 통해 자동으로 점수를 채점하고 확인할 수 있도록 하였다.

끝으로 본 도서를 통해 한국전력공사 고졸채용을 준비하는 모든 수험생 여러분이 합격의 기쁨을 누리기를 진심으로 기원한다.

SDC(Sidae Data Center) 씀

한국전력공사 이야기 INTRODUCE

○ 미션

전력수급 안정으로 국민경제 발전에 이바지

○ 비전

KEPCO - A Smart Energy Creator
사람 중심의 깨끗하고 따뜻한 에너지

○ 핵심가치

변화혁신	우리는 먼저 변화와 혁신을 실행한다.
고객존중	우리는 먼저 고객을 위한 가치를 실현한다.
미래성장	우리는 먼저 미래를 준비하고 성장을 추구한다.
기술선도	우리는 먼저 기술을 확보하고 산업 생태계를 주도한다.
상생소통	우리는 먼저 소통을 통한 상생을 추구한다.

한국전력공사

NCS 최종모의고사 7회분

고졸채용

SD에듀
㈜시대고시기획

2024 최신판 SD에듀 All-New 한국전력공사 고졸채용 NCS 최종모의고사 7회분+무료한전특강

Always with you

사람의 인연은 길에서 우연하게 만나거나 함께 살아가는 것만을 의미하지는 않습니다.
책을 펴내는 출판사와 그 책을 읽는 독자의 만남도 소중한 인연입니다.
SD에듀는 항상 독자의 마음을 헤아리기 위해 노력하고 있습니다. 늘 독자와 함께하겠습니다.

◐ 중장기(2024~2028년) 경영목표

전략방향 **전략과제**

전방위 경영혁신 추진을 통한 재무위기 조기 정상화

1. 고강도 자구대책의 속도감 있는 이행
2. 합리적인 전력시장 및 요금체계 마련
3. 내부역량 강화를 위한 조직 · 인력 효율화
4. 디지털 · 모바일 기반 경영시스템 혁신

국민에 대한 기본책무인 전력공급 안정성 강화

5. 전원믹스에 최적화된 미래전력망 구축
6. 계통환경 변화에 따른 설비운영 고도화
7. 고객서비스 혁신 및 에너지복지 강화
8. 수요관리 혁신으로 에너지소비효율 향상

전기요금 의존도 축소를 위한 미래 신성장동력 창출

9. 제2원전 수주 등 전력산업 수출 동력화
10. 에너지플랫폼 기반 신사업 활성화 주도
11. 핵심 에너지신기술 집중 육성
12. 질서 있는 재생에너지 확산 선도

에너지산업 생태계 전반의 지속가능경영 기반 확보

13. 동반성장을 통한 지역상생 발전 견인
14. 안전 최우선의 경영 패러다임 정착
15. 국민이 신뢰하는 청렴 · 윤리문화 확립
16. ESG경영 고도화 및 확산 지원

◐ 인재상

통섭형 인재
융합적 사고를 바탕으로 Multi-specialist를 넘어 오케스트라 지휘자 같이 조직 역량의 시너지를 극대화하는 인재

기업가형 인재
회사에 대한 무한한 책임과 주인의식을 가지고 개인의 이익보다는 회사를 먼저 생각하는 인재

Global Pioneer

가치창조형 인재
현재 가치에 안주하지 않고, 글로벌 마인드에 기반한 날카로운 통찰력과 혁신적인 아이디어로 새로운 미래가치를 충족해 내는 인재

도전적 인재
뜨거운 열정과 창의적 사고를 바탕으로 실패와 좌절을 두려워하지 않고 지속적으로 새로운 도전과 모험을 감행하는 역동적 인재

⟳ 지원자격

❶ 연령 : 제한 없음[단, 공사 정년(만 60세) 미만의 최종학력이 '고등학교 졸업'인 자]
  • 24년 상반기 내 고교 졸업(예정)자 지원 가능
  • 전문대, 대학 재학 중인 경우 지원 가능하나, 졸업예정자는 지원 불가
    – 졸업예정자 : 최종학기를 이수(등록)한 자
    – 인턴근무 시작일 전 최종학기를 이수(등록)하는 자는 합격 제외
❷ 학력 · 전공(자격증)
  • 사무 : 제한 없음
  • 배전 · 송변전 : 아래 두 가지 중 한 가지 이상 조건 충족 시 지원 가능
    – 전기기사+해당분야 2년 이상 경력 보유자 또는 산업기사(전기, 전기공사) 이상 자격증 보유자
    – 24년 상반기 내 졸업(예정)자 중 '전기 기능사' 자격 보유자
❸ 병역 : 병역법 제76조에서 정한 병역의무 불이행 사실이 없는 자
❹ 공사 인사관리규정 제11조 신규채용자의 결격사유가 없는 자
❺ 인턴근무 시작일로부터 즉시 근무 가능한 자

⟳ 필기&면접전형

구분	사무	배전 · 송변전
직무능력검사	(공통) 의사소통능력, 수리능력, 문제해결능력	
	자원관리능력, 정보능력	자원관리능력, 기술능력
인성 · 인재상 · 조직적합도 검사	한전 인재상 및 핵심가치, 태도, 직업윤리, 대인관계능력 등 인성 전반	
직무면접	전공지식 등 직무수행능력 평가	
종합면접	인성, 조직적합도, 청렴수준, 안전역량 등 종합평가	

❖ 위 채용 안내는 2024년 상반기 채용공고를 기준으로 작성하였으나 세부내용은 반드시 확정된 채용공고를 확인하기 바랍니다.

2024년 기출분석 ANALYSIS

총평

2024년 상반기 한국전력공사 고졸채용 필기시험은 피듈형으로 출제되었으며, 채용대행사는 '휴노'였다. 의사소통능력의 난이도는 중상 정도였으며, 수리능력은 응용 수리의 난이도가 높았다는 후기가 많았다. 또한, 사무와 배전·송변전 모두 자원관리능력이 어렵게 출제되었다는 의견이 많았다. 영역별로 차이가 있었지만 전체적으로 까다로웠다는 평이 주를 이뤘으며, 시간이 부족했다는 반응이 다수 있었으므로 평소 시간 관리에 대한 연습이 필요하다.

의사소통능력

출제 특징	• 내용 일치, 추론하기, 문장 나열 등의 유형이 출제됨

수리능력

출제 특징	• 응용 수리 문제가 다수 출제됨

문제해결능력

출제 특징	• 조건을 제시하는 명제 문제가 다수 출제됨

자원관리능력

출제 특징	• 주어진 자료를 해석하는 문제가 출제됨

정보능력

출제 특징	• 엑셀 문제가 출제됨

기술능력

출제 특징	• 모듈형 문제가 주로 출제됨

PSAT형

※ 다음은 K공단의 국내 출장비 지급 기준에 대한 자료이다. 이어지는 질문에 답하시오. **[15~16]**

〈국내 출장비 지급 기준〉

① 근무지로부터 편도 100km 미만의 출장은 공단 차량 이용을 원칙으로 하며, 다음 각호에 따라 "별표 1"에 해당하는 여비를 지급한다.
   ⊙ 일비
      ⓐ 근무시간 4시간 이상 : 전액
      ⓑ 근무시간 4시간 미만 : 1일분의 2분의 1
   ⓒ 식비 : 명령권자가 근무시간이 모두 소요되는 1일 출장으로 인정한 경우에는 1일분의 3분의 1 범위 내에서 지급
   ⓒ 숙박비 : 편도 50km 이상의 출장 중 출장일수가 2일 이상으로 숙박이 필요할 경우, 증빙자료 제출 시 숙박비 지급
② 제1항에도 불구하고 공단 차량을 이용할 수 없어 개인 소유 차량으로 업무를 수행한 경우에는 일비를 지급하지 않고 이사장이 따로 정하는 바에 따라 교통비를 지급한다.
③ 근무지로부터 100km 이상의 출장은 "별표 1"에 따라 교통비 및 일비는 전액을, 식비는 1일분의 3분의 2 해당액을 지급한다. 다만, 업무 형편상 숙박이 필요하다고 인정할 경우에는 출장기간에 대하여 숙박비, 일비, 식비 전액을 지급할 수 있다.

〈별표 1〉

구분	교통비				일비 (1일)	숙박비 (1박)	식비 (1일)
	철도임	선임	항공임	자동차임			
임원 및 본부장	1등급	1등급	실비	실비	30,000원	실비	45,000원
1, 2급 부서장	1등급	2등급	실비	실비	25,000원	실비	35,000원
2, 3, 4급 부장	1등급	2등급	실비	실비	20,000원	실비	30,000원
4급 이하 팀원	2등급	2등급	실비	실비	20,000원	실비	30,000원

1. 교통비는 실비를 기준으로 하되, 실비 정산은 국토해양부장관 또는 특별시장·광역시장·도지사·특별자치도지사 등이 인허한 요금을 기준으로 한다.
2. 선임 구분표 중 1등급 해당자는 특등, 2등급 해당자는 1등을 적용한다.
3. 철도임 구분표 중 1등급은 고속철도 특실, 2등급은 고속철도 일반실을 적용한다.
4. 임원 및 본부장의 식비가 위 정액을 초과하였을 경우 실비를 지급할 수 있다.
5. 운임 및 숙박비의 할인이 가능한 경우에는 할인 요금으로 지급한다.
6. 자동차임 실비 지급은 연료비와 실제 통행료를 지급한다.
   (연료비)=[여행거리(km)]×(유가)÷(연비)
7. 임원 및 본부장을 제외한 직원의 숙박비는 70,000원을 한도로 실비를 정산할 수 있다.

특징
▶ 대부분 의사소통능력, 수리능력, 문제해결능력을 중심으로 출제(일부 기업의 경우 자원관리능력, 조직이해능력을 출제)
▶ 자료에 대한 추론 및 해석 능력을 요구

대행사
▶ 엑스퍼트컨설팅, 커리어넷, 태드솔루션, 한국행동과학연구소(행과연), 휴노 등

모듈형

| 대인관계능력

60 다음 자료는 갈등해결을 위한 6단계 프로세스이다. 3단계에 해당하는 대화의 예로 가장 적절한 것은?

1단계	2단계	3단계
사전 준비하기	긍정적인 분위기에서 대화 시작하기	상대방의 입장 파악하기

6단계	5단계	4단계
최종적으로 해결책 선택 및 실행하기	해결책 평가하기	상대방의 입장에서 해결책 생각해보기

① 그럼 A씨의 생각대로 진행해 보시죠.

특징
▶ 이론 및 개념을 활용하여 푸는 유형
▶ 채용 기업 및 직무에 따라 NCS 직업기초능력평가 10개 영역 중 선발하여 출제
▶ 기업의 특성을 고려한 직무 관련 문제를 출제
▶ 주어진 상황에 대한 판단 및 이론 적용을 요구

대행사
▶ 인트로맨, 휴스테이션, ORP연구소 등

피듈형(PSAT형 + 모듈형)

| 문제해결능력

60 P회사는 직원 20명에게 나눠 줄 추석 선물 품목을 조사하였다. 다음은 유통업체별 품목 가격과 직원들의 품목 선호도를 나타낸 자료이다. 이를 참고하여 P회사에서 구매하는 물품과 업체를 바르게 연결한 것은?

〈업체별 품목 금액〉

구분		1세트당 가격	혜택
A업체	돼지고기	37,000원	10세트 이상 주문 시 배송 무료
	건어물	25,000원	
B업체	소고기	62,000원	20세트 주문 시 10% 할인
	참치	31,000원	
C업체	스팸	47,000원	50만 원 이상 주문 시 배송 무료
	김	15,000원	

〈구성원 품목 선호도〉

특징
▶ 기초 및 응용 모듈을 구분하여 푸는 유형
▶ 기초인지모듈과 응용업무모듈로 구분하여 출제
▶ PSAT형보다 난도가 낮은 편
▶ 유형이 정형화되어 있고, 유사한 유형의 문제를 세트로 출제

대행사
▶ 사람인, 스카우트, 인크루트, 커리어케어, 트리피, 한국사회능력개발원 등

한국전력공사

증감률 ▶ 유형

19 다음은 양파와 마늘의 재배에 관한 자료의 일부이다. 이에 대한 설명으로 적절하지 않은 것은?

〈연도별 양파 재배면적 조사 결과〉

(단위 : ha, %)

구분	2019년	2020년(A)	2021년(B)	증감(C=B-A)	증감률(C/A)	비중
양파	18,015	19,896	19,538	-358	-1.8	100.0
조생종	2,013	2,990	2,796	-194	-6.5	14.3
중만생종	16,002	16,906	16,742	-164	-1.0	85.7

〈연도별 마늘 재배면적 및 가격 추이〉

(ha)

마늘 재배면적: 28,416(2012), 26,323(2013), 22,414(2014), 24,035(2015), 28,278(2016), 29,352(2017), 25,062(2018), 20,638(2019), 20,758(2020), 24,864(2021)

마늘 가격: 1,899, 2,049, 4,387, 4,434, 4,014, 3,216, 3,062, 4,336, 6,011, 6,364

범례: 마늘 재배면적 / 마늘 가격(난지형, 상품, 1kg, 도매, 연평균)

※ 마늘 가격은 연평균임(2021년은 1 ~ 4월까지 평균임)

① 2021년 양파 재배면적의 증감률은 조생종이 중만생종보다 크다.
② 마늘 가격은 마늘 재배면적에 반비례한다.
③ 마늘의 재배면적은 2017년이 가장 넓다.
④ 2021년 재배면적은 작년보다 양파는 감소하였고, 마늘은 증가하였다.
⑤ 마늘 가격은 2018년 이래로 계속 증가하였다.

할인 금액 ▶ 유형

13 S회사는 18주년을 맞이해 기념행사를 하려고 한다. 이에 걸맞은 단체 티셔츠를 구매하려고 하는데, A회사는 60장 이상 구매 시 20% 할인이 되고 B회사는 할인이 안 된다고 한다. A회사에서 50장을 구매하고 B회사에서 90장을 구매했을 때 가격은 약 399,500원이고, A회사에서 100장을 구매하고 B회사에서 40장을 구매했을 때 가격은 약 400,000원이다. A회사와 B회사의 할인 전 티셔츠 가격은?

	A회사	B회사
①	3,950원	2,100원
②	3,900원	2,200원
③	3,850원	2,300원
④	3,800원	2,400원
⑤	3,750원	2,500원

한국가스기술공사

브레인스토밍 ▶ 키워드

10 발산적 사고를 개발하기 위한 방법으로는 자유연상법, 강제연상법, 비교발상법이 있다. 다음 제시문의 보고회에서 사용된 사고 개발 방법으로 가장 적절한 것은?

> 충남 보령시는 2022년에 열리는 보령해양머드박람회와 연계할 사업을 발굴하기 위한 보고회를 개최하였다. 경제적·사회적 파급 효과의 극대화를 통한 성공적인 박람회 개최를 도모하기 위해 마련된 보고회는 각 부서의 업무에 국한하지 않은 채 가능한 많은 양의 아이디어를 자유롭게 제출하는 방식으로 진행됐다.
> 홍보미디어실에서는 박람회 기간 가상현실(VR)·증강현실(AR) 체험을 통해 사계절 머드 체험을 할 수 있도록 사계절 머드체험센터 조성을, 자치행정과에서는 박람회 임시주차장 조성 및 박람회장 전선 지중화 사업을, 교육체육과에서는 세계 태권도 대회 유치를 제안했다. 또 문화새마을과에서는 KBS 열린음악회 및 전국노래자랑 유치를, 세무과에서는 e-스포츠 전용경기장 조성을, 회계과에서는 해상케이블카 조성 및 폐광지구 자립형 농어촌 숙박단지 조성 등을 제안했다. 사회복지과에서는 여성 친화 플리마켓을, 교통과에서는 장항선 복선전철 조기 준공 및 열차 증편을, 관광과는 체험·놀이·전시 등 보령머드 테마파크 조성 등의 다양한 아이디어를 내놓았다.
> 보령시는 이번에 제안된 아이디어를 토대로 실현 가능성 등을 검토하고, 박람회 추진에 참고자료로 적극 활용할 계획이다.

① 브레인스토밍
② SCAMPER 기법
③ NM법
④ Synectics법
⑤ 육색사고모자 기법

확률 계산 ▶ 유형

12 매일의 날씨 자료를 수집 및 분석한 결과, 전날의 날씨를 기준으로 그 다음 날의 날씨가 변할 확률은 다음과 같았다. 만약 내일 날씨가 화창하다면, 사흘 뒤에 비가 올 확률은?

전날 날씨	다음 날 날씨	확률
화창	화창	25%
화창	비	30%
비	화창	40%
비	비	15%

※ 날씨는 '화창'과 '비'로만 구분하여 분석함

① 12%
② 13%
③ 14%
④ 15%
⑤ 16%

주요 공기업 적중 문제 TEST CHECK

한국전기안전공사

글의 제목 ▶ 유형

05 다음 기사의 제목으로 가장 적절한 것은?

> K공사는 7~8월 두 달간 주택용 전기요금 누진제를 한시적으로 완화하기로 했다. 금액으로 치면 모두 2,761억 원가량으로, 가구당 평균 19.5%의 인하 효과가 기대된다. 이를 위해 K공사는 현행 3단계인 누진 구간 중 1단계와 2단계 구간을 확대하는 내용이 담긴 누진제 완화 방안을 발표했다. 사상 유례 없는 폭염 상황에서 7월과 8월 두 달간 누진제를 한시적으로 완화하기로 한 것이다. 누진제 완화는 현재 3단계인 누진 구간 중 1단계와 2단계 구간을 확대하는 방식으로 진행된다. 각 구간별 상한선을 높이게 되면 평소보다 시간당 100kW 정도씩 전기를 더 사용해도 상급 구간으로 이동하지 않기 때문에 누진제로 인해 높은 전기요금이 적용되는 걸 피할 수 있다.
> K공사는 누진제 완화와는 별도로 사회적 배려계층을 위한 여름철 냉방 지원 대책도 마련했다. 기초 생활수급자와 장애인, 사회복지시설 등에 적용되는 K공사의 전기요금 복지할인 규모를 7~8월 두 달간 추가로 30% 확대하기로 한 것이다. 또한, 냉방 복지 지원 대상을 출생 1년 이하 영아에서 3년 이하 영·유아 가구로 늘려 모두 46만 가구에 매년 250억 원을 추가 지원하기로 했다.
> K공사는 "폭염이 장기간 지속되면서 사회적 배려계층이 가장 큰 영향을 받기 때문에 특별히 기존 복지할인제도에 더해 추가 보완대책을 마련했다."고 설명했다. 누진제 한시 완화와 사회적 배려계층 지원 대책에 소요되는 재원에 대해서는 재난안전법 개정과 함께 재해대책 예비비 등을 활용해 정부 재정으로 지원하는 방안을 적극 강구하기로 했다.

① 사상 유례없이 장기간 지속되는 폭염
② 1단계와 2단계의 누진 구간 확대
③ 폭염에 대비한 전기요금 대책
④ 주택용 전기요금 누진제 한시적 완화

암호 ▶ 키워드

01 귀하는 최근 회사 내 업무용 개인 컴퓨터의 보안을 강화하기 위하여 다음과 같은 메일을 받았다. 메일 내용을 토대로 귀하가 취해야 할 행동으로 옳지 않은 것은?

발신 : 전산보안팀
수신 : 전 임직원
제목 : 업무용 개인 컴퓨터 보안대책 공유
내용 : 안녕하십니까. 전산팀 ○○○ 팀장입니다. 최근 개인정보 유출 등 전산보안 사고가 자주 발생하고 있어 각별한 주의가 필요한 상황입니다. 이에 따라 자사에서도 업무상 주요 정보가 유출되지 않도록 보안프로그램을 업그레이드하는 등 전산보안을 더욱 강화하고 있습니다. 무엇보다 업무용 개인 컴퓨터를 사용하는 분들이 특히 신경을 많이 써주셔야 철저한 보안이 실천됩니다. 번거로우시더라도 아래와 같은 사항을 따라주시길 바랍니다. • 인터넷 익스플로러를 종료할 때마다 검색기록이 삭제되도록 설정해주세요. • 외출 또는 외근으로 장시간 컴퓨터를 켜두어야 하는 경우에는 인터넷 검색기록을 직접 삭제해주세요. • 인터넷 검색기록 삭제 시, 기본 설정되어 있는 항목 외에도 '다운로드 기록', '양식 데이터', '암호', '추적방지, ActiveX 필터링 및 Do Not Track 데이터'를 모두 체크하여 삭제해주세요(단, 즐겨찾기 웹 사이트 데이터 보존 부분은 체크 해제할 것).

한국동서발전

신재생 ▶ 키워드

17 다음 중 스마트미터에 대한 내용으로 올바르지 않은 것은?

> 스마트미터는 소비자가 사용한 전력량을 일방적으로 보고하는 것이 아니라, 발전사로부터 전력 공급 현황을 받을 수 있는 양방향 통신, AMI(AMbient Intelligence)로 나아간다. 때문에 부가적인 설비를 더하지 않고 소프트웨어 설치만으로 집안의 통신이 가능한 각종 전자기기를 제어하는 기능까지 더할 수 있어 에너지를 더욱 효율적으로 관리하게 해주는 전력 시스템이다.
>
> 스마트미터는 신재생에너지가 보급되기 위해 필요한 스마트그리드의 기초가 되는 부분으로 그 시작은 자원 고갈에 대한 걱정과 환경 보호 협약 때문이었다. 하지만 스마트미터가 촉구되었던 더 큰 이유는 안정적으로 전기를 이용할 수 있느냐 하는 두려움 때문이었다. 사회는 끊임없는 발전을 이뤘왔지만 천재지변으로 인한 시설 훼손이나 전력 과부하로 인한 블랙아웃 앞에서는 어쩔 도리가 없었다. 태풍과 홍수, 산사태 등으로 막대한 피해를 보았던 2000년대 초반 미국을 기점으로, 전력 정보의 신뢰도를 위해 스마트미터 산업은 크게 주목받기 시작했다. 대중은 비상시 전력 보급 현황을 알기 원했고, 미 정부는 전력 사용 현황을 파악함은 물론, 소비자가 전력 사용량을 확인할 수 있도록 제공하여 소비자 스스로 전력 사용을 줄이길 바랐다.
>
> 한편, 스마트미터는 기존의 전력 계량기를 교체해야 하는 수고와 비용이 들지만, 실시간으로 에너지 사용량을 알 수 있기 때문에 이용하는 순간부터 공급자인 발전사와 소비자 모두가 전력 정보를 편하게 접할 수 있을 뿐만 아니라 효율적으로 관리가 가능해진다. 앞으로는 소비처로부터 멀리 떨어진 대규모 발전 시설에서 생산하는 전기뿐만 아니라, 스마트 그린시티에 설치된 발전설비를 통한 소량의 전기들까지 전기 가격을 하나의 정보로 규합하여 소비자가 필요에 맞게 전기를 소비할 수 있게 하였다. 또한, 소형 설비로 생산하거나 에너지 저장 시스템에 사용하다 남은 소량의 전기는 전력 시장에 역으로 제공해 보상을 받을 수도 있게 된다.
>
> 미래 에너지는 신재생에너지로의 완전한 전환이 중요하지만, 산업체는 물론 개개인이 에너지를 절약하는 것 역시

한국중부발전

글의 수정 ▶ 유형

11 다음 ㉠ ~ ㉣의 **수정사항**으로 적절하지 않은 것은?

> 오늘날 인류가 왼손보다 오른손을 ㉠ <u>더 선호하는</u> 경향은 어디서 비롯되었을까? 오른손을 귀하게 여기고 왼손을 천대하는 현상은 어쩌면 산업화 이전 사회에서 배변 후 사용할 휴지가 없었다는 사실과 관련이 있을 법하다. 맨손으로 배변 뒤처리를 하는 것은 ㉡ <u>불쾌할 뿐더러</u> 병균을 옮길 위험을 수반하는 일이었다. 이런 위험의 가능성을 낮추는 간단한 방법은 음식을 먹거나 인사할 때 다른 손을 사용하는 것이었다. 기술 발달 이전의 사회는 대개 왼손을 배변 뒤처리에, 오른손을 먹고 인사하는 일에 사용했다.
>
> 나는 이런 배경이 인간 사회에 널리 나타나는 '오른쪽'에 대한 긍정과 '왼쪽'에 대한 ㉢ <u>반감</u>을 어느 정도 설명해 줄 수 있으리라고 생각한다. 그러나 이 설명은 왜 애초에 오른손이 먹는 일에, 그리고 왼손이 배변 처리에 사용되었는지 설명해주지 못한다. 동서양을 막론하고, 왼손잡이 사회는 확인된 바가 없기 때문이다. ㉣ <u>하지만 왼손잡이 사회가 존재할 가능성도 있으므로 만약 왼손잡이를 선호하는 사회가 발견된다면 이러한 논란은 종결되고 왼손잡이와 오른손잡이에 대한 새로운 이론이 등장할 것이다.</u> 그러므로 근본적인 설명은 다른 곳에서 찾아야 할 것 같다.
>
> 한쪽 손을 주로 쓰는 경향은 뇌의 좌우반구의 기능 분화와 관련되어 있는 것으로 보인다. 보고된 증거에 따르면, 왼손잡이는 읽기와 쓰기, 개념적·논리적 사고 같은 좌반구 기능에서 오른손잡이보다 상대적으로 미약한 대신 상상력, 패턴 인식, 창의력 등 전형적인 우반구 기능에서는 상대적으로 기민한 경우가 많다.
>
> 나는 이성 대 직관의 힘겨루기, 뇌의 두 반구 사이의 힘겨루기가 오른손과 왼손의 힘겨루기로 표면화된 것이 아닐까 생각한다. 즉, 오른손이 원래 왼손보다 더 능숙했기 때문이 아니라 뇌의 좌반구가

1 NCS 최종모의고사 + OMR을 활용한 실전 연습

한국전력공사 고졸채용 신입사원 필기시험

제1회 모의고사

문항 수 : 50문항
시험시간 : 70분

| 01 | 공통영역

※ 다음 글을 읽고 이어지는 질문에 답하시오. [1~2]

독일의 발명가 루돌프 디젤이 새로운 엔진에 대한 아이디어를 내고 특허를 얻은 것은 1892년의 일이었다. 1876년 오토가 발명한 가솔린 엔진의 효율은 당시에 무척 떨어졌으며, 널리 사용된 증기 기관의 효율 역시 10%에 불과했고, 가동 비용도 많이 드는 단점이 있었다. 디젤의 목표는 고효율의 엔진을 만드는 것이었고, 그의 아이디어는 훨씬 더 높은 압축 비율로 연료를 연소시키는 것이었다.

일반적으로 가솔린 엔진은 기화기에서 공기와 연료를 먼저 혼합하고, 그 혼합 기체를 실린더 안으로 흡입하여 압축한 후, 점화 플러그로 스파크를 일으켜 동력을 얻는다. 이러한 과정에서 문제는 압축 정도가 제한된다는 것이다. 만일 기화된 가솔린에 너무 큰 압력을 가하면 멋대로 점화되어 버리는데, 이것이 엔진의 노킹 현상이다.

공기를 압축하면 뜨거워진다는 것은 알려져 있던 사실이다. 디젤 엔진의 기본 원리는 실린더 안으로 공기만을 흡입하여 피스톤으로 강하게 압축시킨 다음, 그 압축 공기에 연료를 분사하여 저절로 점화가 되도록 하는 것이다. 따라서 디젤 엔진에는 점화 플러그가 필요 없는 대신, 연료 분사기가 장착되어 있다. 또 압축 과정에서 공기와 연료가 혼합되지 않기 때문에 디젤 엔진은 최대 12 : 1의 압축 비율을 갖는 가솔린 엔진보다 훨씬 더 높은 25 : 1 정도의 압축 비율을 갖는다. 압축 비율이 높다는 것은 그만큼 효율이 높다는 것을 의미한다.

사용하는 연료의 특성도 다르다. 디젤 연료인 경유는 가솔린보다 훨씬 무겁고 점성이 강하며 증발하는 속도도 느리다. 왜냐하면 경유는 가솔린보다 훨씬 더 많은 탄소 원자가 길게 연결되어 있기 때문이다. 일반적으로 가솔린은 5 ~ 10개,
경유...
탄소...
만 증...
효율...
발명...
졌다...
다 디...
오늘...
나이...

2 한국...

‍‍‍‍‍‍‍‍‍‍‍‍‍‍‍‍

한국전력공사 고졸채용 NCS 직무능력검사 답안카드

성 명

지원 분야

문제지 형별기재란

( )형 Ⓐ Ⓑ

수험번호

감독위원 확인

㊞

1	① ② ③ ④ ⑤	21	① ② ③ ④ ⑤	41	① ② ③ ④ ⑤
2	① ② ③ ④ ⑤	22	① ② ③ ④ ⑤	42	① ② ③ ④ ⑤
3	① ② ③ ④ ⑤	23	① ② ③ ④ ⑤	43	① ② ③ ④ ⑤
4	① ② ③ ④ ⑤	24	① ② ③ ④ ⑤	44	① ② ③ ④ ⑤
5	① ② ③ ④ ⑤	25	① ② ③ ④ ⑤	45	① ② ③ ④ ⑤
6	① ② ③ ④ ⑤	26	① ② ③ ④ ⑤	46	① ② ③ ④ ⑤
7	① ② ③ ④ ⑤	27	① ② ③ ④ ⑤	47	① ② ③ ④ ⑤
8	① ② ③ ④ ⑤	28	① ② ③ ④ ⑤	48	① ② ③ ④ ⑤
9	① ② ③ ④ ⑤	29	① ② ③ ④ ⑤	49	① ② ③ ④ ⑤
10	① ② ③ ④ ⑤	30	① ② ③ ④ ⑤	50	① ② ③ ④ ⑤
11	① ② ③ ④ ⑤	31	① ② ③ ④ ⑤		
12	① ② ③ ④ ⑤	32	① ② ③ ④ ⑤		
13	① ② ③ ④ ⑤	33	① ② ③ ④ ⑤		
14	① ② ③ ④ ⑤	34	① ② ③ ④ ⑤		
15	① ② ③ ④ ⑤	35	① ② ③ ④ ⑤		
16	① ② ③ ④ ⑤	36	① ② ③ ④ ⑤		
17	① ② ③ ④ ⑤	37	① ② ③ ④ ⑤		
18	① ② ③ ④ ⑤	38	① ② ③ ④ ⑤		
19	① ② ③ ④ ⑤	39	① ② ③ ④ ⑤		
20	① ② ③ ④ ⑤	40	① ② ③ ④ ⑤		

※ 본 답안지는 마킹연습용 모의 답안지입니다.

▶ 한국전력공사 고졸채용 NCS 최종모의고사 4회분과 OMR 답안카드를 수록하여 실제로 시험을 보는 것처럼 학습할 수 있도록 하였다.

▶ 모바일 OMR 답안채점/성적분석 서비스를 통해 필기시험에 완벽히 대비할 수 있도록 하였다.

2 상세한 해설로 정답과 오답을 완벽하게 이해

한국전력공사 고졸채용 신입사원 필기시험

제1회 모의고사 정답 및 해설

| 01 | 공통영역

01	02	03	04	05	06	07	08
③	④				①	④	③
11	12	13	14	15	16	17	18
④	⑤	④	④	②	①		
21	22	23	24	25	26	27	28
①	③			②	②	④	

01

제시문은 가솔린 엔진과의 대조를 통해 디젤 엔진의
특성을 설명하고 있다. 네 번째 문단의 '탄소가 많이
수소물에 고온의 열을 가하면 탄소 수가 적은 탄화수
된다.'는 내용을 통해 탄소의 수가 많은 원유에 열을
의 수가 적은 경유와 가솔린을 얻을 수 있다고 추

오답분석
① 경유는 가솔린보다 점성이 강하므로 손으로 만지
   끈적끈적할 것이다.
② 경유는 가솔린보다 훨씬 무거우므로 가솔린과 경
   경유가 가솔린 아래로 가라앉을 것이다.
③ 경유는 가솔린보다 증발하는 속도가 느리므로 경
   보다 더 빨리 증발할 것이다.
⑤ 가솔린보다 경유가 에너지 밀도가 높으므로 같은
   태우면 경유가 더 큰 에너지를 발생시킬 것이

02

다섯 번째 문단에 따르면 디젤 엔진은 원리상 가솔린
튼튼하고 고장도 덜 난다.

오답분석
② 첫 번째 문단에 따르면 가솔린 엔진은 1876년에
   1892년에 등장했다.
③ 다섯 번째 문단에 따르면 디젤 엔진에는 분진이
   가 있다. 그러나 디젤 엔진과 가솔린 엔진 중에
   을 더 많이 배출하는지 언급한 내용은 없다.
④ 다섯 번째 문단에 따르면 디젤 엔진은 연료의 품
   없다.

설명하고 있다. 따라서 (가) 『논어』가 쓰인 2,500년 전 과거와 현
대의 차이점 → (마) 2,500년 전의 책인 『논어』가 폐기되지 않고
현대에서도 읽히는 이유에 대한 의문 → (나) 인간이라는 공통점을
지닌 2,500년 전 공자와 우리들 → (다) 2,500년의 시간이 흐르는
동안 인간의 달라진 부분과 달라지지 않은 부분에 대한 설명 →
(라) 시대가 흐름에 따라 폐기될 부분을 제외하더라도 여전히 오래
된 미래로서의 가치를 지니는 『논어』 순으로 나열하는 것이 적절
하다.

07
정답 ④

탄소배출권거래제는 의무감축량을 초과 달성했을 경우 초과분을
거래할 수 있는 제도이다. 따라서 온실가스의 초과 달성분을 구입
혹은 매매할 수 있음을 추측할 수 있으며, 빈칸 이후 문단에서도
탄소배출권을 일종의 현금화가 가능한 자산으로 언급함으로써 이
러한 추측을 돕고 있다. 따라서 ④가 빈칸에 들어갈 내용으로 가장
적절하다.

오답분석
① 청정개발체제에 대한 설명이다.
② 제시문에는 탄소배출권거래제가 가장 핵심적인 유연성체제라
   고는 언급되어 있지 않다.
③ 제시문에서 탄소배출권거래제가 6대 온실가스 중 이산화탄소
   를 줄이는 것을 특히 중요시한다는 내용은 확인할 수 없다.
⑤ 탄소배출권거래제가 탄소배출권이 사용되는 배경이라는 볼
   수 있으나, 다른 감축의무국가를 도움으로써 탄소배출권을 얻
   을 수 있다는 내용은 제시문에서 확인할 수 없다.

08
정답 ③

보고서는 업무 진행 과정에서 쓰는 경우가 대부분이므로 무엇을
도출하고자 했는지 핵심 내용을 구체적으로 제시해야 한다. 내용
의 중복을 피하고 산뜻하고 간결하게 작성하며, 복잡한 내용일 때
에는 도표나 그림을 활용한다. 또한 보고서는 개인의 능력을 평가
하는 기본요인이므로 제출하기 전에 최종점검을 해야 한다. 따라
서 J사원이 작성해야 할 문서는 보고서이다.

09
정답 ④

㉠의 주장을 요약하면 저작물의 공유 캠페인과 신설된 공정 이용
규정으로 인해 저작권자의 정당한 권리가 침해받고, 이 때문에
창작물을 창조하는 사람들의 동기가 크게 감소한다는 것이다. 이
에 따라 활용할 수 있는 저작물이 줄어들게 되어 이용자도 피해를
당한다고 말한다. 따라서 ㉠은 저작권자의 권리를 인정해주는 것
이 결국 이용자에게도 도움이 된다고 주장함을 추론할 수 있다.

10
정답 ⑤

제시된 기사문은 미세먼지 특별법 제정과 시행 내용에 대해 설명
하고 있다. 따라서 ⑤가 제목으로 가장 적절하다.

11
정답 ④

J국은 30개의 회원국 중에서 OECD 순위가 매년 20위 이하이므
로 상위권이라 볼 수 없다.

오답분석
③ 청렴도는 2017년에 4.5로 가장 낮고, 2023년과의 차이는 5.4−
   4.5=0.9이다.

12
정답 ⑤

전체 5명에서 두 명을 선출하는 방법은 $_5C_2=\dfrac{5\times4}{2}=10$가지이
고, 여자 3명 중에서 2명이 선출될 경우는 $_3C_2=\dfrac{3\times2}{2}=3$가지
이다. 따라서 대표가 모두 여자로 뽑힐 확률은 $\dfrac{3}{10}$이다.

13
정답 ④

· 5% 소금물 600g에 들어있는 소금의 양 : $\dfrac{5}{100}\times600=30$g
· 10분 동안 가열한 후 남은 소금물의 양
  : $600-(10\times10)=500$g
· 가열 후 남은 소금물의 농도 : $\dfrac{30}{500}\times100=6\%$
여기서 더 넣은 소금물 200g의 농도를 $x\%$라 하면 다음과 같다.
$$\dfrac{6}{100}\times500+\dfrac{x}{100}\times200=\dfrac{10}{100}\times700$$
$$\rightarrow 2x+30=70$$
$$\therefore x=20$$

14
정답 ④

1층에서 16층까지는 15층 차이이므로 기압은 $0.2\times15=3$kPa 떨
어진다. 따라서 16층의 기압은 $200-3=197$kPa이다.

15
정답 ②

최초 투입한 원유의 양을 aL라 하자.
· LPG를 생산하고 남은 원유의 양 : $(1-0.05a)=0.95a$L
· 휘발유를 생산하고 남은 원유의 양 : $0.95a(1-0.2)=0.76a$L
· 등유를 생산하고 남은 원유의 양 : $0.76a(1-0.5)=0.38a$L
· 경유를 생산하고 남은 원유의 양 : $0.38a(1-0.1)=0.342a$L
따라서 아스팔트의 생산량은 $0.342a\times0.04=0.01368a$L이고,
아스팔트는 최초 투입한 원유량의 $0.01368\times100=1.368\%$가 생
산된다.

▶ 정답과 오답에 대한 상세한 해설을 수록하여 혼자서도 꼼꼼히 학습할 수 있도록 하였다.

2024.04.04.(목)

한국전력공사,
DC 시대를 앞당기기 위한 발전포럼 개최

한국전력공사(이하 한전)는 4월4일 한전 아트센터에서 '직류(DC)배전 발전포럼'을 개최하였다.

이날 포럼에서는 한전의 MVDC/LVDC 추진현황, MVDC 개발동향 및 DC 산업 편익, LVDC 실증사례 소개, 에너지 전환을 위한 직류배전 솔루션, 국내·외 직류 배전망 기술표준·정책·제도고찰, 직류배전의 경제성 분석 및 기대효과 등 총 6개의 주제 발표가 있었다.

한전은 교류 대비 에너지 효율이 10% 이상 향상된 도서지역 DC독립섬 구축(17~19년) 결과와 다양한 직류배전 사

업모델을 제시하였으며, 2030년까지 랜드마크 LVDC를 공급하는 직류배전 중장기사업 추진계획을 발표하였다. 또한, 한전은 페로브스카이트 BIPV, 에너지저장장치(ESS), 수소연료전지 등 첨단기술을 활용해 한전 사옥(강원본부, 경기본부 등)을 DC기반의 에너지 자립형 건물로 구축할 계획도 밝혔다.

한편 패널토론에서는 직류배전 확산을 위한 주요 이슈와 해결방안에 대한 심도깊은 논의가 이루어졌다. 토론 참석자들은 전력산업 환경변화에 따른 직류배전 필요성에 공감하며 한전이 제시한 직류배전 사업모델을 긍정적으로 평가하였고, 특히 에너지 생태계 전반의 직류화 확대를 위해 국내 기술기준 제·개정, 관련 산업계(건설·전자제품 등)의 공감대 확보와 전략적 제휴가 절실하다고 강조했다.

한전 사장은 "직류시대를 본격적으로 열기 위해, 한전은 관련 업계와 「DC 얼라이언스」를 출범하여 기술개발, DC요금제, 국제표준 등에 공동 대응하고 정부와 산학연이 지속 협력할 수 있는 체계 구축에 총력을 기울이겠다."라면서 "새로운 국가 성장동력을 만들 수 있도록 모두 함께 최선을 다하자."라고 역설했다. 앞으로 한전은 교류(AC)에서 직류(DC)로 대체하는 MVDC/LVDC의 기술 상용화에 박차를 가하여, 미래전력 공급방식의 변화에 선제적으로 대응하고 전력소비 효율화로 에너지 절감에 기여함으로써, 궁극적으로 국내 에너지 산업계의 신성장 동력 창출을 촉발할 계획이다.

▌ Keyword

▶ **직류(DC)배전** : 직류부하에 직접적으로 직류전원을 공급하는 것으로, 전압등급 및 전송용량에 따라 MVDC(Middle Voltage Direct Current), LVDC(Low Voltage Direct Current)로 나뉜다.

▌ 예상 면접 질문

▶ 직류(DC)배전에 대해 아는 대로 설명해 보시오.
▶ 한전의 예를 들어 포럼의 의의에 대하여 말해 보시오.

2024.03.26.(화)

한국전력공사,
AI 등 최신 IT기법을 활용한 감사시스템 혁신에 박차

한국전력공사(이하 한전)가 최신 IT기술을 적용한 감사시스템의 구축을 추진하고, 디지털 시대에 걸맞은 감사 패러다임의 혁신에 더욱 박차를 가한다. 한전 감사실은 최근 머신러닝, **텍스트 마이닝** 등을 접목한 8개 IT기반 감사시스템을 구축하고 시범운영을 거쳐 본격적인 활용에 돌입했다고 밝혔다.

머신러닝, 텍스트 마이닝 등 최신 AI기법을 적용해 개발된 IT기반 감사시스템은 업무자료의 자동분석을 통해 이상 징후를 조기에 확인할 수 있도록 시스템화한 것으로, 사전 설정된 시나리오를 통해 부패 이상 징후를 자동으로 파악할 수 있는 '부패방지 통합 모니터링 시스템', 일상감사 누락 여부의 자동 점검이 가능한 '일상감사 이행실태 점검 시스템' 등 총 8개의 시스템으로 구성되어 감사업무뿐 아니라 실무부서의 업무 현장에서도 활용될 수 있을 것으로 기대된다.

한전 상임감사위원은 기업의 일하는 방식이 이미 디지털로 변화된 상황에서, IT기법을 활용하지 못하는 감사는 결코 제 기능을 발휘할 수 없다는 점을 강조했다. 한국전력 감사실은 상임감사위원의 제안으로 업무분야별 법령, 기준 등을 원클릭으로 조회할 수 있는 '법치행정을 위한 업무효율화시스템'을 개발 중이며, 앞으로도 머신러닝 등 AI 기술을 활용한 새로운 IT 감사시스템 개발을 추진하여 디지털 감사역량을 더욱 높여나갈 예정이다.

또한, 감사실뿐 아니라 사업소 관리자 등 현장에서도 리스크 예방 시스템을 활용할 수 있도록 사용범위를 확대해 나갈 계획이다. 한전 상임감사위원은 "자체 IT역량의 확보와 시스템 고도화를 통해 과학적인 사전감사 시스템을 구축할 것"이라며 "시스템을 더욱 확대 발전시켜 공공분야 감사업무의 선진화에 기여해 나가겠다."는 의지를 밝혔다.

Keyword

▶ **텍스트 마이닝(text mining)** : 비정형 데이터에 대한 마이닝 과정으로, 마이닝이란 데이터로부터 통계적인 의미가 있는 개념이나 특성을 추출하고 이것들 간의 패턴이나 추세 등 고품질의 정보를 끌어내는 과정이다.

예상 면접 질문

▶ 머신러닝과 텍스트 마이닝에 대해 아는 대로 설명해 보시오.
▶ 공기업의 감사업무 선진화가 가져올 수 있는 긍정적인 효과에 대해 말해 보시오.

2024.02.27.(화)

한국전력공사,
청년 학업지원과 우수인재 육성을 위해 전기공학 장학생 선발

한국전력공사(이하 한전)는 2월 27일 서울 한전아트센터에서 '전기공학 장학생 장학증서 수여식'을 개최하고 장학금을 전달했다.

'전기공학 장학생'은 전국 대학에서 전기공학을 전공하는 학생을 대상으로 선발하고 있으며, 장애인, 학생가장, 다자녀 등의 가정형편과 학업성적, 수상실적 등을 종합적으로 평가하여 성적우수자뿐 아니라 저소득층 자녀도 장학생으로 혜택을 받을 수 있도록 장학금 제도를 운영하고 있다. 24년도에는 전국 76개 대학교의 전기공학 전공 학생 98명을 선발하였다.

한전은 2005년부터 올해까지 1,472명에게 장학금을 지원하고 있으며, 경영위기 상황에서도 전력산업의 미래를 책임질 전기공학 대학생의 등록금과 학습보조금 지원을 통해 우수인재 육성이라는 **사회적 책임**을 다하고 있다.

또한, 한전은 신규채용 확대 및 지역인재 채용을 통해 지역 일자리 문제개선을 위해 노력하고 있으며, 신규채용 시 전기공학장학생에 대해 선발일로부터 3년 이내 기간 동안 서류전형 면제 1회 혜택을 부여하는 등 청년 일자리 창출에도 앞장서고 있다. 한전 사장은 장학생들에게 "에너지 대전환 시대, 전력 산업을 핵심으로 하는 에너지 산업에 있어 전기공학은 매우 중요한 학문이며, 미래전력산업의 중추적인 역할 수행을 위해 전기공학의 전문성 강화와 더불어 창의적 마인드와 책임감을 가질 것"을 당부하였다.

Keyword

▶ **사회적 책임** : 기업의 이해 당사자들이 기업에 기대하고 요구하는 사회적 의무들을 충족시키기 위해 수행하는 활동으로, 기업이 자발적으로 사업 영역에서 이해관계자들의 사회적 그리고 환경적 관심사들을 분석하고 수용하여 기업의 경영 활동에 적극적으로 적용하는 과정을 통해 이해 당사자들과 지속적인 상호작용을 이루는 것이다.

예상 면접 질문

▶ ESG 경영의 정의와 필요성에 대해 말해 보시오.
▶ 한전이 사회적 책임을 다하고자 할 때, 가장 주의해야 할 점이 무엇인지 말해 보시오.

한전–정부,
전력산업계 안전의식 강화나서 "다함께 만드는 안전"

한국전력공사(이하 한전)와 고용노동부는 한전 경인 건설본부 종합상황실에서 15개 전력그룹사 및 전기공사협회, 안전기술원, 전기기술인 협회 안전보건관계자 등 30여 명이 참여한 가운데 '전력산업 산재예방 결의대회'를 2월 7일 개최하였다.

이날 행사는 전력산업의 주요 주체인 전력 그룹사와 협력사가 **중대재해처벌법** 확대에 따른 중대재해 감축 정책에 부응하여 안전한 현장을 만들고, 전력산업 안전문화 확산에 기여하고자 마련되었다.

고용노동부 산업안전보건본부장은 "오늘 자리는 전력산업 최초로 전력그룹사와 협력사들이 중대재해 없는 안전한 사업장 구축을 위해 자발적으로 참여한 뜻깊은 행사"라며 한전이 전력 산업의 리더로서 안전관리 문화 정착 및 확산에 선도적인 역할을 해주기를 당부하였다.

이날 행사에서 고용노동부는 영세한 전기공사업체의 산재예방지원방안을 포함한 24년 정부의 산재예방정책을 설명하고 참석자들과 함께 안전문화 정착 방안을 모색하는 시간을 가졌다. 이어 한전 안전보건처장이 협력사의 중대재해처벌법 준수를 위해 다양한 지원을 실시하는 '전력산업 리더로서의 산재예방대책 발표'를 진행했다.

한전 안전&영업배전부사장은 "최근 중대재해처벌법 적용 확대에 따라 약 2만 개 이상의 전기공사업체도 대상에 포함되었으므로 해당 업체의 안전보건관리체계 구축을 위한 가능한 모든 지원을 아끼지 않겠다."고 말했다.

Keyword

▸ **중대재해처벌법** : 중대재해 처벌 등에 관한 법률의 약칭으로 사업 또는 사업장, 공중이용시설 및 공중교통수단을 운영하거나 인체에 해로운 원료나 제조물을 취급하면서 안전·조치의무를 위반하여 인명피해를 발생하게 한 사업주, 경영책임자, 공무원 및 법인의 처벌 등을 규정한 법이다. 2021년 1월 8일 국회를 통과해 2022년 1월 27일부터 시행에 들어갔다.

예상 면접 질문

▸ 중대재해처벌법이 무엇이고, 어떤 사고가 발생했을 때 적용되는지 말해 보시오.
▸ 중대재해 없는 안전한 사업장 구축을 위해 한전이 기울여야 할 노력에 대해 말해 보시오.

이 책의 차례 CONTENTS

제1회
한국전력공사
고졸채용

NCS 직무능력검사

www.sdedu.co.kr

〈모의고사 안내〉

지원하시는 분야에 따라 다음 영역의 문제를 풀어 주시기 바랍니다.

사무	배전 · 송변전
ㅣ01ㅣ 공통영역(의사소통능력, 수리능력, 문제해결능력)	
ㅣ02ㅣ 자원관리능력	ㅣ02ㅣ 자원관리능력
ㅣ03ㅣ 정보능력	ㅣ04ㅣ 기술능력

제1회 모의고사

| 문항 수 : 50문항 |
| 시험시간 : 70분 |

| 01 | 공통영역

※ 다음 글을 읽고 이어지는 질문에 답하시오. [1~2]

독일의 발명가 루돌프 디젤이 새로운 엔진에 대한 아이디어를 내고 특허를 얻은 것은 1892년의 일이었다. 1876년 오토가 발명한 가솔린 엔진의 효율은 당시에 무척 떨어졌으며, 널리 사용된 증기 기관의 효율 역시 10%에 불과했고, 가동 비용도 많이 드는 단점이 있었다. 디젤의 목표는 고효율의 엔진을 만드는 것이었고, 그의 아이디어는 훨씬 더 높은 압축 비율로 연료를 연소시키는 것이었다.

일반적으로 가솔린 엔진은 기화기에서 공기와 연료를 먼저 혼합하고, 그 혼합 기체를 실린더 안으로 흡입하여 압축한 후, 점화 플러그로 스파크를 일으켜 동력을 얻는다. 문제는 이러한 과정에서 압축 정도가 제한된다는 것이다. 만일 기화된 가솔린에 너무 큰 압력을 가하면 멋대로 점화되어 버리는데, 이것이 엔진의 노킹 현상이다.

공기를 압축하면 뜨거워진다는 것은 익히 알려져 있던 사실이다. 디젤 엔진의 기본 원리는 실린더 안으로 공기만을 흡입하여 피스톤으로 강하게 압축시킨 다음, 그 압축 공기에 연료를 분사하여 저절로 점화가 되도록 하는 것이다. 따라서 디젤 엔진에는 점화 플러그가 필요 없는 대신, 연료 분사기가 장착되어 있다. 또 압축 과정에서 공기와 연료가 혼합되지 않기 때문에 디젤 엔진은 최대 12 : 1의 압축 비율을 갖는 가솔린 엔진보다 훨씬 더 높은 25 : 1 정도의 압축 비율을 갖는다. 압축 비율이 높다는 것은 그만큼 효율이 높다는 것을 의미한다.

사용하는 연료의 특성도 다르다. 디젤 연료인 경유는 가솔린보다 훨씬 무겁고 점성이 강하며 증발하는 속도도 느리다. 왜냐하면 경유는 가솔린보다 훨씬 더 많은 탄소 원자가 길게 연결되어 있기 때문이다. 일반적으로 가솔린은 5 ~ 10개, 경유는 16 ~ 20개의 탄소를 가진 탄화수소들의 혼합물이다. 탄소가 많이 연결된 탄화수소물에 고온의 열을 가하면 탄소 수가 적은 탄화수소물로 분해된다. 한편, 경유는 가솔린보다 에너지 밀도가 높다. 1갤런의 경유는 약 1억 5,500만 줄의 에너지를 가지고 있지만, 가솔린은 1억 3,200만 줄을 가지고 있다. 이러한 연료의 특성들이 디젤 엔진의 높은 효율과 결합되면서, 디젤 엔진은 가솔린 엔진보다 좋은 연비를 내게 되는 것이다.

발명가 디젤은 디젤 엔진이 작고 경제적인 엔진이 되어야 한다고 생각했지만, 그의 생전에는 크고 육중한 것만 만들어졌다. 하지만 그 후 디젤의 기술적 유산은 그가 꿈꾼 대로 널리 보급되었다. 디젤 엔진은 원리상 가솔린 엔진보다 더 튼튼하고 고장도 덜 난다. 디젤 엔진은 연료의 품질에 민감하지 않고 연료의 소비 면에서도 경제성이 뛰어나 오늘날 자동차 엔진용으로 확고한 자리를 잡았다. 환경론자들이 걱정하는 디젤 엔진의 분진 배출 문제도 필터 기술이 나아지면서 점차 극복되고 있다.

01 다음 중 윗글을 읽고 추론한 내용으로 가장 적절한 것은?

① 손으로 만지면 경유보다는 가솔린이 더 끈적끈적할 것이다.

② 가솔린과 경유를 섞으면 가솔린이 경유 아래로 가라앉을 것이다.

③ 원유에 가하는 열의 정도에 따라 원유를 경유와 가솔린으로 변화시킬 수 있을 것이다.

④ 주유할 때 차체에 연료가 묻으면 경유가 가솔린보다 더 빨리 증발할 것이다.

⑤ 같은 양의 연료를 태우면 가솔린이 경유보다 더 큰 에너지를 발생시킬 것이다.

02 다음 중 윗글의 내용으로 가장 적절한 것은?

① 디젤 엔진은 가솔린 엔진보다 내구성이 뛰어나다.

② 디젤 엔진은 가솔린 엔진보다 먼저 개발되었다.

③ 가솔린 엔진은 디젤 엔진보다 분진을 많이 배출한다.

④ 디젤 엔진은 가솔린 엔진보다 연료의 품질에 민감하다.

⑤ 가솔린 엔진은 디젤 엔진보다 높은 압축 비율을 가진다.

03 다음은 지적 및 공간정보 용어해설집의 일부 내용이다. ㉠ ~ ㉤의 수정 방안으로 적절한 것은?

지적공부	지적공부라 함은 토지대장·지적도·임야대장·임야도 및 수치지적부로서 내무부령이 ㉠ <u>정하는 바에</u> <u>의하여</u> 작성된 대장 및 도면과 전산 정보처리조직에 의하여 처리할 수 있는 형태로 작성된 파일(이하 지적 파일이라 한다)을 말한다.
지적측량	토지에 대한 물권이 미치는 한계를 ㉡ <u>밝히기 위한</u> 측량으로서 토지를 지적공부에 ㉢ <u>등록하거나</u> 지적공부 에 등록된 경계를 지표상에 복원할 목적으로 소관청이 직권 또는 이해관계인의 신청에 의하여 각 필지의 경계 또는 좌표와 면적을 정하는 측량을 말하며 기초측량과 세부측량으로 구분한다. 지적법에는 지적측량이 라 함은 토지를 지적공부에 등록하거나 지적공부에 등록된 경계를 지표상에 복원할 목적으로 소관청이 직권 또는 이해관계인의 신청에 의하여 각 필지의 경계 또는 좌표와 면적을 정하는 측량을 말한다로 규정되 어 있다.
지목	지목이라 함은 토지의 주된 사용 목적 또는 용도에 따라 토지의 종류를 구분·표시하는 명칭을 말한다.
지목변경	지목변경이라 함은 지적공부에 등록된 지목을 다른 지목으로 바꾸어 등록하는 것을 말한다.
지번설정지역	지번설정지역이라 함은 리·동 또는 이에 준하는 지역으로서 지번을 설정하는 단위 지역을 말한다.
필지	필지라 함은 하나의 지번이 ㉣ <u>붙는</u> 토지의 등록단위를 말한다.
분할	분할이라 함은 지적공부에 등록된 1필지를 2필지 이상으로 나누어 등록하는 것을 말한다.
소관청	소관청이라 함은 지적공부를 ㉤ <u>관리하는</u> 시장(구를 두는 시에 있어서는 구청장을 말한다)·군수를 말한다.

① ㉠ : 띄어쓰기가 잘못되었으므로 '정하는바에 의하여'로 수정한다.

② ㉡ : 문맥상 의미에 따라 '밝히기 위한'으로 수정한다.

③ ㉢ : 띄어쓰기가 잘못되었으므로 '등록 하거나'로 수정한다.

④ ㉣ : 문맥상 의미에 따라 '붇는'으로 수정한다.

⑤ ㉤ : 맥락상 적절한 단어인 '컨트롤하는'으로 수정한다.

04 다음 중 밑줄 친 부분과 같은 의미로 쓰인 것은?

> 아이의 잘못된 습관은 부모가 바로 <u>잡아야</u> 한다.

① 경찰이 도망간 범인을 <u>잡았다</u>.
② 새로운 세력이 주도권을 <u>잡았다</u>.
③ 탐정이 미해결 사건의 단서를 <u>잡았다</u>.
④ 은행에서는 집을 담보로 <u>잡고</u> 돈을 빌려준다.
⑤ 그는 다시 마음을 <u>잡고</u> 부지런하게 살기로 다짐했다.

05 다음 중 〈보기〉의 문장이 들어갈 위치로 가장 적절한 곳은?

글을 잘 짓는 사람은 병법을 잘 알고 있는 것이로다. 글자는 말하자면 군사요, 뜻은 말하자면 장수에 해당한다. 제목은 적국이요, 전거(典據)로 삼을 지식은 전장(戰場)의 보루(堡壘)와 같다. 글자를 묶어서 구로 만들고 구를 합해서 문장을 이루는 것은 대열을 짓고 진을 짜는 것과 같으며, 운을 가다듬어 소리를 내고 수사로써 빛을 내는 것은 북과 종을 울리고 깃발을 펄럭이는 것과 같은 것이다. (가) 전투를 잘하는 사람에게는 버릴 군사가 없고 글을 잘 짓는 사람에게는 쓰지 못할 글자가 없다. 만약에 적당한 장수만 얻는다면 괭이, 자루, 막대기만 든 농군이 날래고 사나운 군사가 될 수 있다. (나) 마찬가지로 나름대로 이치를 담고만 있다면 집안에서 나누는 일상 대화도 교과서에 실을 수 있고 아이들 노래와 속담도 훌륭한 고전의 사전에 넣을 수 있다. (다) 그러므로 글이 정교하지 못한 것이 글자의 탓은 아니다.

글 지을 줄 모르는 사람이 속으로 아무런 요량도 없이 갑자기 글 제목을 만났다고 하자. 겁결에 산 위의 풀과 나무에 지레 걸려 넘어지듯 눈앞의 붓과 먹이 다 결딴나고, 머릿속에 기억하고 외우던 문자조차 쓸모없이 흩어져서 남는 것이 없으리라. 그래서 글을 짓는 사람의 걱정은 언제나 제풀에 갈팡질팡 길을 잃고 요령(要領)을 잡지 못하는 데 있는 것이다. (라) 길을 잃어버리고 나면 한 글자도 어떻게 쓸 줄 모르는 채 더디고 까다로움만을 고되게 여기게 되고, 글의 전체 핵심을 잡지 못하면 겹겹으로 꼼꼼히 둘러싸 놓고서도 글이 허술하게 된다. (마) 한마디의 말만 가지고도 요점을 찌르며 나가면 마치 적의 아성(牙城)으로 감쪽같이 쳐들어가는 격이요, 단 한 구절의 말만 가지고도 핵심을 끌어낸다면 마치 적의 힘이 다할 때를 기다렸다가 드디어 그 진지를 함락시키는 것과 같다. 글 짓는 묘리(妙理)는 바로 이와 같아야 최상이라 할 수 있다.

〈보기〉

비유해 말하자면 아무리 맹장이라도 군대가 한 번 제 길을 잃어버릴 때에는 최후의 운명을 면치 못하며, 적의 움직임을 파악하지 못하면 아무리 물샐틈없이 포위한 때에라도 적이 빠져 도망칠 틈이 있는 것과 같다.

① (가) ② (나)
③ (다) ④ (라)
⑤ (마)

06 다음 문단을 논리적 순서대로 바르게 나열한 것은?

(가) 동아시아의 문명 형성에 가장 큰 영향력을 끼친 책을 꼽을 때, 그중에『논어』가 빠질 수 없다.『논어』는 공자(B.C 551 ~ 479)가 제자와 정치인 등을 만나서 나눈 이야기를 담고 있다. 공자의 활동기간으로 따져 보면『논어』는 지금으로부터 대략 2,500년 전에 쓰인 것이다. 지금의 우리는 한나절에 지구 반대편으로 날아다니고, 여름에 겨울 과일을 먹는 그야말로 공자는 상상할 수도 없는 세상에 살고 있다.

(나) 2,500년 전의 공자와 그가 대화한 사람 역시 우리와 마찬가지로 '호모 사피엔스'이기 때문이다. 2,500년 전의 사람도 배고프면 먹고, 졸리면 자고, 좋은 일이 있으면 기뻐하고, 나쁜 일이 있으면 화를 내는 오늘 날의 사람과 다름없었다. 불의를 보면 공분하고, 전쟁보다 평화가 지속되기를 바라고, 예술을 보고 들으며 즐거워했는데, 오늘날의 사람도 마찬가지이다.

(다) 물론 2,500년의 시간으로 인해 달라진 점도 많고 시대와 문화에 따라 '사람다움이 무엇인가?'에 대한 답은 다를 수 있지만, 사람은 돌도 아니고 개도 아니고 사자도 아니라 여전히 사람일 뿐인 것이다. 즉, 현재의 인간이 과거보다 자연의 힘에 두려워하지 않고 자연을 합리적으로 설명할 수는 있지만, 인간적 약점을 극복하고 신적인 존재가 될 수는 없는 그저 인간일 뿐인 것이다.

(라) 『논어』의 일부는 여성과 아동, 이민족에 대한 당시의 편견을 드러내고 있어 이처럼 달라진 시대의 흐름에 따라 폐기될 수밖에 없지만, 이를 제외한 부분은 '오래된 미래'로서 읽을 가치가 있는 것이다.

(마) 이론의 생명 주기가 짧은 학문의 경우, 2,500년 전의 책은 역사적 가치가 있을지언정 이론으로서는 폐기 처분이 당연시된다. 그런데 왜 21세기의 우리가 2,500년 전의『논어』를 지금까지도 읽고, 또 읽어야 할 책으로 간주하고 있는 것일까?

① (가) – (마) – (나) – (다) – (라)
② (가) – (마) – (나) – (라) – (다)
③ (가) – (마) – (다) – (나) – (라)
④ (나) – (다) – (가) – (마) – (라)
⑤ (마) – (가) – (나) – (다) – (라)

07 다음 글의 빈칸에 들어갈 내용으로 가장 적절한 것은?

최근 경제·시사 분야에서 빈번하게 등장하는 단어인 탄소배출권(CER; Certified Emission Reduction)에 대한 개념을 이해하기 위해서는 교토메커니즘(Kyoto Mechanism)과 탄소배출권거래제(Emission Trading)를 알아둘 필요가 있다.

교토메커니즘은 지구 온난화의 규제 및 방지를 위한 국제 협약인 기후변화협약의 수정안인 교토 의정서에서, 온실가스를 보다 효과적이고 경제적으로 줄이기 위해 도입한 세 유연성체제인 '공동이행제도', '청정개발체제', '탄소배출권거래제'를 묶어 부르는 것이다.

이 중 탄소배출권거래제는 교토의정서 6대 온실가스인 이산화탄소, 메테인, 아산화질소, 과불화탄소, 수소불화탄소, 육불화황의 배출량을 줄여야 하는 감축의무국가가 의무감축량을 초과 달성하였을 경우에 그 초과분을 다른 국가와 거래할 수 있는 제도로, _____
결국 탄소배출권이란 현금화가 가능한 일종의 자산이자 가시적인 자연보호성과인 셈이며, 이에 따라 많은 국가 및 기업에서 탄소배출을 줄임과 동시에 탄소감축활동을 통해 탄소배출권을 획득하기 위해 동분서주하고 있다. 특히 기업들은 탄소배출권을 확보하는 주요 수단인 청정개발체제 사업을 확대하는 추세인데, 청정개발체제 사업은 개발도상국에 기술과 자본을 투자해 탄소배출량을 줄였을 경우에 이를 탄소배출량 감축목표달성에 활용할 수 있도록 한 제도이다.

① 다른 국가를 도왔을 때 그로 인해 줄어든 탄소배출량을 감축목표량에 더할 수 있는 것이 특징이다.
② 교토메커니즘의 세 유연성체제 중에서도 가장 핵심이 되는 제도라고 할 수 있다.
③ 6대 온실가스 중에서도 특히 이산화탄소를 줄이기 위해 만들어진 제도이다.
④ 의무감축량을 준수하지 못한 경우에도 다른 국가로부터 감축량을 구입할 수 있는 것이 특징이다.
⑤ 다른 감축의무국가를 도움으로써 획득한 탄소배출권이 사용되는 배경이 되는 제도이다.

08 K사원의 상사가 K사원에게 다음과 같이 문서를 작성해 제출할 것을 요청하였다. 다음 중 K사원이 작성해야 할 문서의 종류는 무엇인가?

이번 문서를 토대로 K사원의 업무 결과가 평가되므로 이 점 유의하여 작성해 주시길 바랍니다. 최대한 핵심적인 내용으로 간결하게 작성하시고, 복잡한 내용은 도표나 그림을 활용하는 것이 좋겠죠? 그리고 참고한 자료가 있다면 모두 함께 제시해 주어야 합니다. 최종적으로 부장님께 제출하기 전에 제가 확인을 할 예정이지만, K사원도 제출하기 전에 잘못 작성된 부분은 없는지 점검해 주시기 바랍니다.

① 보도자료　　　　　　　　　② 설명서
③ 보고서　　　　　　　　　　④ 제안서
⑤ 기획서

문화가 발전하려면 저작자의 권리 보호와 저작물의 공정 이용이 균형을 이루어야 한다. 저작물의 공정 이용이란 저작권자의 권리를 일부 제한하여 저작권자의 허락이 없어도 저작물을 자유롭게 이용하는 것을 말한다. 비영리적인 사적 복제를 허용하는 것이 그 예이다. 우리나라의 저작권법에서는 오래전부터 공정 이용으로 볼 수 있는 저작권 제한 규정을 두었다.

그런데 디지털 환경에서 저작물의 공정 이용은 여러 장애에 부딪혔다. 디지털 환경에서는 저작물을 원본과 동일하게 복제할 수 있고 용이하게 개작할 수 있다. 따라서 저작물이 개작되더라도 그것이 원래 창작물인지 이차적 저작물인지 알기 어렵다. 그 결과 디지털화된 저작물의 이용 행위가 공정 이용의 범주에 드는 것인지 가늠하기가 더 어려워졌고 그에 따른 처벌 위험도 커졌다.

이러한 문제를 해소하기 위한 시도의 하나로 포괄적으로 적용할 수 있는 '저작물의 정한 이용' 규정이 저작권법에 별도로 신설되었다. 그리하여 저작권자의 동의가 없어도 저작물을 공정하게 이용할 수 있는 영역이 확장되었다. 그러나 공정 이용 여부에 대한 시비가 자율적으로 해소되지 않으면 예나 지금이나 법적인 절차를 밟아 갈등을 해소해야 한다.

저작물 이용자들이 처벌에 대한 불안감을 여전히 느낀다는 점에서 저작물의 자유 이용 허락 제도와 같은 '저작물의 공유' 캠페인이 주목을 받고 있다. 이 캠페인은 저작권자들이 자신의 저작물에 일정한 이용 허락 조건을 표시해서 이용자들에게 무료로 개방하는 것을 말한다. 캠페인 참여자들은 저작권자와 이용자들의 자발적인 참여를 통해 자유롭게 활용할 수 있는 저작물의 양과 범위를 확대하려고 노력한다. 이들은 저작물의 공유가 확산되면 디지털 저작물의 이용이 활성화되고 그 결과 인터넷이 더욱 창의적이고 풍성한 정보 교류의 장이 될 것이라고 본다. 그러나 캠페인에 참여한 저작물을 이용할 때 허용된 범위를 벗어난 경우 법적 책임을 질 수 있다.

한편, ㉠ 다른 시각을 가진 사람들도 있다. 이들은 저작물의 공유 캠페인이 확산되면 저작물을 창조하려는 사람들의 동기가 크게 감소할 것이라고 우려한다. 이들은 결과적으로 활용 가능한 저작물이 줄어들게 되어 이용자들도 피해를 당하게 된다고 주장한다. 또 디지털 환경에서는 사용료 지불 절차 등이 간단해져서 '저작물의 공정한 이용' 규정을 별도로 신설할 필요가 없었다고 본다. 이들은 저작물의 공유 캠페인과 신설된 공정 이용 규정으로 인해 저작권자들의 정당한 권리가 침해받고 있으므로 이를 시정하는 것이 오히려 공익에 더 도움이 된다고 말한다.

① 이용 허락 조건을 저작물에 표시하면 창작 활동이 더욱 활성화된다.
② 저작권자의 정당한 권리 보호를 위해 저작물의 공유 캠페인이 확산되어야 한다.
③ 비영리적인 경우 저작권자의 동의가 없어도 복제가 허용되는 영역을 확대해야 한다.
④ 저작권자가 자신들의 노력에 상응하는 대가를 정당하게 받을수록 창작 의욕이 더 커진다.
⑤ 자신의 저작물을 자유롭게 이용하도록 양보하는 것은 다른 저작권자의 저작권 개방을 유도하여 공익을 확장시킨다.

10 다음 기사문의 제목으로 가장 적절한 것은?

> 정부는 '미세먼지 저감 및 관리에 관한 특별법(이하 미세먼지 특별법)' 제정·공포안이 의결돼 내년 2월부터 시행된다고 밝혔다. 미세먼지 특별법은 그동안 수도권 공공·행정기관을 대상으로 시범·시행한 '고농도 미세먼지 비상저감조치'의 법적 근거를 마련했다. 이로 인해 미세먼지 관련 정보와 통계의 신뢰도를 높이기 위해 국가미세먼지 정보센터를 설치하게 되고, 이에 따라 시·도지사는 미세먼지 농도가 비상저감조치 요건에 해당하면 자동차 운행을 제한하거나 대기오염물질 배출시설의 가동시간을 변경할 수 있다. 또한 비상저감조치를 시행할 때 관련 기관이나 사업자에 휴업, 탄력적 근무제도 등을 권고할 수 있게 되었다. 이와 함께 환경부 장관은 관계 중앙행정기관이나 지방자치단체의 장, 시설운영자에게 대기오염물질 배출시설의 가동률 조정을 요청할 수도 있다.
>
> 미세먼지 특별법으로 시·도지사, 시장, 군수, 구청장은 어린이나 노인 등이 이용하는 시설이 많은 지역을 '미세먼지 집중관리구역'으로 지정해 미세먼지 저감사업을 확대할 수 있게 되었다. 그리고 집중관리구역 내에서는 대기오염 상시측정망 설치, 어린이 통학차량의 친환경차 전환, 학교 공기정화시설 설치, 수목 식재, 공원 조성 등을 위한 지원이 우선적으로 이뤄지게 된다.
>
> 국무총리 소속의 '미세먼지 특별대책위원회'와 이를 지원하기 위한 '미세먼지 개선기획단'도 설치된다. 국무총리와 대통령이 지명한 민간위원장은 위원회의 공동위원장을 맡는다. 위원회와 기획단의 존속 기간은 5년으로 설정했으며, 연장하려면 만료되기 1년 전에 그 실적을 평가해 국회에 보고하게 된다.
>
> 아울러 정부는 5년마다 미세먼지 저감 및 관리를 위한 종합계획을 수립하고 시·도지사는 이에 따른 시행계획을 수립하고 추진실적을 매년 보고하도록 했다. 또한 미세먼지 특별법은 입자의 지름이 $10\mu m$ 이하인 먼지는 '미세먼지', $2.5\mu m$ 이하인 먼지는 '초미세먼지'로 구분하기로 확정했다.

① 미세먼지와 초미세먼지 구분 방법
② 미세먼지 특별대책위원회의 역할
③ 미세먼지 집중관리구역 지정 방안
④ 미세먼지 저감을 위한 대기오염 상시측정망의 효과
⑤ 미세먼지 특별법의 제정과 시행

11 다음은 K국의 연도별 부패인식지수(CPI) 변동 추이에 대한 자료이다. 이에 대한 설명으로 옳지 않은 것은?

〈연도별 부패인식지수(CPI) 변동 추이〉

구분		2017년	2018년	2019년	2020년	2021년	2022년	2023년
CPI	점수	4.5	5.0	5.1	5.1	5.6	5.5	5.4
	조사대상국	146	159	163	180	180	180	178
	순위	47	40	42	43	40	39	39
	백분율	32.3	25.2	25.8	23.9	22.2	21.6	21.9
OECD	회원국	30	30	30	30	30	30	30
	순위	24	22	23	25	22	22	22

※ 점수가 높을수록 청렴함을 의미한다.

① CPI를 확인해 볼 때 K국은 다른 해에 비해 2021년에 가장 청렴했다고 볼 수 있다.

② CPI 순위는 2022년에 처음으로 30위권에 진입했다.

③ 청렴도가 가장 낮은 해와 2023년의 청렴도 점수의 차이는 0.9이다.

④ K국의 OECD 순위는 2017년부터 2023년까지 상위권이라 볼 수 있다.

⑤ CPI 조사대상국은 2020년까지 증가하고 이후 2022년까지 유지되었다.

12 K동호회에서는 남자 2명, 여자 3명 중 두 명의 대표를 선출한다고 한다. 이때, 대표가 모두 여자로 선출될 확률은?

① $\dfrac{7}{10}$ ② $\dfrac{3}{5}$

③ $\dfrac{1}{2}$ ④ $\dfrac{2}{5}$

⑤ $\dfrac{3}{10}$

13 5%의 소금물 600g을 1분 동안 가열하면 10g의 물이 증발한다. 이 소금물을 10분 동안 가열한 후, 다시 소금물 200g을 넣었더니 10%의 소금물 700g이 되었다. 이때 더 넣은 소금물 200g의 농도는 얼마인가?(단, 용액의 농도와 관계없이 가열하는 시간과 증발하는 물의 양은 비례한다)

① 13%
② 15%
③ 17%
④ 20%
⑤ 23%

14 20층 건물에서 각 층의 기압을 측정하려고 한다. 1층의 계기판기압에 표시된 값은 200kPa이며, 한 층씩 높아질 때마다 0.2kPa의 기압이 떨어진다고 할 때, 16층의 기압은 얼마인가?

① 184kPa
② 187kPa
③ 194kPa
④ 197kPa
⑤ 200kPa

15 새로운 원유의 정제비율을 조사하기 위해 상압증류탑을 축소한 Pilot Plant에 새로운 원유를 투입해 사전분석 실험을 시행했다. 결과가 다음과 같을 때, 아스팔트는 최초 투입한 원유의 양 대비 몇 % 생산되는가?

〈사전분석 실험 결과〉

생산제품	생산량
LPG	투입한 원유량의 5%
휘발유	LPG를 생산하고 남은 원유량의 20%
등유	휘발유를 생산하고 남은 원유량의 50%
경유	등유를 생산하고 남은 원유량의 10%
아스팔트	경유를 생산하고 남은 원유량의 4%

① 1.168%
② 1.368%
③ 1.568%
④ 1.768%
⑤ 1.968%

16 다음은 중학생의 주당 운동시간 현황을 조사한 자료이다. 이에 대한 설명으로 옳은 것을 〈보기〉에서 모두 고르면?

〈중학생의 주당 운동시간 현황〉

(단위 : %, 명)

구분		남학생			여학생		
		1학년	2학년	3학년	1학년	2학년	3학년
1시간 미만	비율	10.0	5.7	7.6	18.8	19.2	25.1
	인원수	118	66	87	221	217	281
1시간 이상 2시간 미만	비율	22.2	20.4	19.7	26.6	31.3	29.3
	인원수	261	235	224	312	353	328
2시간 이상 3시간 미만	비율	21.8	20.9	24.1	20.7	18.0	21.6
	인원수	256	241	274	243	203	242
3시간 이상 4시간 미만	비율	34.8	34.0	23.4	30.0	27.3	14.0
	인원수	409	392	266	353	308	157
4시간 이상	비율	11.2	19.0	25.2	3.9	4.2	10.0
	인원수	132	219	287	46	47	112
합계	비율	100.0	100.0	100.0	100.0	100.0	100.0
	인원수	1,176	1,153	1,138	1,175	1,128	1,120

〈보기〉

㉠ 1시간 미만 운동하는 3학년 남학생 수는 4시간 이상 운동하는 1학년 여학생 수보다 많다.

㉡ 동일 학년의 남학생과 여학생을 비교하면, 남학생 중 1시간 미만 운동하는 남학생의 비율이 여학생 중 1시간 미만 운동하는 여학생의 비율보다 각 학년에서 모두 낮다.

㉢ 남학생과 여학생 각각 학년이 높아질수록 3시간 이상 운동하는 학생의 비율이 낮아진다.

㉣ 모든 학년별 남학생과 여학생 각각에서 3시간 이상 4시간 미만 운동하는 학생의 비율이 4시간 이상 운동하는 학생의 비율보다 높다.

① ㉠, ㉡ 　　　　　　　　　　　　② ㉠, ㉣

③ ㉡, ㉢ 　　　　　　　　　　　　④ ㉢, ㉣

⑤ ㉠, ㉡, ㉢

※ 다음은 외국인 직접투자의 투자건수 비율과 투자금액 비율을 투자규모별로 나타낸 자료이다. 이어지는 질문에 답하시오. [17~18]

※ 투자규모는 외국인 직접투자의 건당 투자금액을 기준으로 구분한다.

※ [투자건수 비율(%)]=$\dfrac{\text{(투자규모별 외국인 직접투자 건수)}}{\text{(전체 외국인 직접투자 건수)}} \times 100$

※ [투자금액 비율(%)]=$\dfrac{\text{(투자규모별 외국인 직접투자 금액 합계)}}{\text{(전체 외국인 직접투자 건수)}} \times 100$

17 다음 중 투자규모가 50만 달러 미만인 투자건수 비율은?

① 55.3% 　　　　　② 62.8%

③ 68.6% 　　　　　④ 74.9%

⑤ 83.6.3%

18 다음 중 100만 달러 이상의 투자건수 비율은?

① 16.4% 　　　　　② 19.6%

③ 23.5% 　　　　　④ 26.1%

⑤ 30.7%

19 다음은 세계 총에너지 소비실적 및 수요 전망에 대한 자료이다. 이에 대한 설명으로 옳지 않은 것은?

〈세계 총에너지 소비실적 및 수요 전망〉

(단위 : Moe)

구분	소비실적		수요 전망					2023 ~ 2045년 연평균 증감률(%)
	2000년	2023년	2025년	2030년	2035년	2040년	2045년	
OECD	4,522	5,251	5,436	5,423	5,392	5,399	5,413	0.1
미국	1,915	2,136	2,256	2,233	2,197	2,192	2,190	0.1
유럽	1,630	1,769	1,762	1,738	1,717	1,704	1,697	−0.1
일본	439	452	447	440	434	429	422	−0.2
Non − OECD	4,059	7,760	9,151	10,031	10,883	11,656	12,371	1.7
러시아	880	741	730	748	770	798	819	0.4
아시아	1,588	4,551	5,551	6,115	6,653	7,118	7,527	1.8
중국	879	2,909	3,512	3,802	4,019	4,145	4,185	1.3
인도	317	788	1,004	1,170	1,364	1,559	1,757	2.9
중동	211	680	800	899	992	1,070	1,153	1.9
아프리카	391	739	897	994	1,095	1,203	1,322	2.1
중남미	331	611	709	784	857	926	985	1.7
합계	8,782	13,361	14,978	15,871	16,720	17,529	18,293	1.1

① 2023년 아시아 에너지 소비실적은 2000년의 3배 이상이다.

② Non − OECD 국가의 에너지 수요 전망은 2023 ~ 2045년 연평균 1.7%씩 증가한다.

③ 2000년 전체 소비실적에서 중국과 인도의 에너지 소비실적 합의 비중은 13% 이상이다.

④ 중남미의 소비실적과 수요 전망은 모두 증가하고 있다.

⑤ OECD 국가의 수요 전망은 2040년부터 증가 추세로 돌아선다.

20 나영이와 현지가 집에서 공원을 향해 분당 150m의 속력으로 걸어가고 있다. 30분 정도 걸었을 때, 나영이가 지갑을 집에 두고 온 것을 기억하여 분당 300m의 속력으로 집에 갔다가 같은 속력으로 다시 공원을 향해 걸어간다고 한다. 현지는 그 속력 그대로 20분 뒤에 공원에 도착했을 때, 나영이는 현지가 공원에 도착하고 몇 분 후에 공원에 도착할 수 있는가?(단, 집에서 공원까지의 거리는 직선이고, 이동시간 외 다른 소요시간은 무시한다)

① 20분 ② 25분

③ 30분 ④ 35분

⑤ 40분

21 K회사의 마케팅 부서 직원 A ~ H가 〈조건〉에 따라 원탁에 앉아서 회의를 하려고 한다. 다음 중 항상 참인 것은?(단, 서로 이웃해 있는 직원 간의 사이는 모두 동일하다)

---〈조건〉---
- A와 C는 가장 멀리 떨어져 있다.
- A 옆에는 G가 앉는다.
- B와 F는 서로 마주보고 있다.
- D는 E 옆에 앉는다.
- H는 B 옆에 앉지 않는다.
---

① 가능한 모든 경우의 수는 4가지이다.
② A와 B 사이에는 항상 누군가 앉아 있다.
③ C 옆에는 항상 E가 있다.
④ E와 G는 항상 마주 본다.
⑤ G의 오른쪽 옆에는 항상 H가 있다.

22 A ~ D는 다음 〈조건〉에 따라 동물을 키우고 있다. 이를 토대로 추론한 내용으로 옳은 것은?

---〈조건〉---
- A는 개, C는 고양이, D는 닭을 키운다.
- B는 토끼를 키우지 않는다.
- A가 키우는 종류의 동물은 B도 키운다.
- A와 C는 같은 종류의 동물을 키우지 않는다.
- A, B, C, D 각각은 2종류 이상의 동물을 키운다.
- A, B, C, D는 개, 고양이, 토끼, 닭 이외의 다른 종류의 동물은 키우지 않는다.
---

① B는 개를 키우지 않는다.
② B와 C가 공통으로 키우는 종류의 동물이 있다.
③ C는 키우지 않지만 D가 키우는 종류의 동물이 있다.
④ 3명이 공통으로 키우는 종류의 동물은 없다.
⑤ 3가지 종류의 동물을 키우는 사람은 없다.

23 A대리는 K도시의 해안지역에 설치할 발전기를 검토 중이다. 설치 환경 및 요건에 대한 정보가 다음과 같을 때, 후보 발전기 중 설치될 발전기로 옳은 것은?

〈발전기 설치 환경 및 요건〉

- 발전기는 동일한 종류를 2기 설치한다.
- 발전기를 설치할 대지는 1,500m²이다.
- 에너지 발전단가가 1,000kWh당 97,500원을 초과하지 않도록 한다.
- 후보 발전기 중 탄소배출량이 가장 많은 발전기는 제외한다.
- 운송수단 및 운송비를 고려하여, 개당 중량은 3톤을 초과하지 않도록 한다.

〈후보 발전기〉

발전기 종류	발전방식	발전단가	탄소배출량	필요면적	중량
A	수력	92원/kWh	45g/kWh	690m²	3,600kg
B	화력	75원/kWh	91g/kWh	580m²	1,250kg
C	화력	105원/kWh	88g/kWh	450m²	1,600kg
D	풍력	95원/kWh	14g/kWh	800m²	2,800kg
E	풍력	80원/kWh	22g/kWh	720m²	2,140kg

① A발전기
② B발전기
③ C발전기
④ D발전기
⑤ E발전기

24 경영학과에 재학 중인 A ~ E는 계절학기 시간표에 따라 요일별로 하나의 강의만 수강한다. 전공 수업을 신청한 C는 D보다 앞선 요일에 수강하고, E는 교양 수업을 신청한 A보다 나중에 수강한다고 할 때, 다음 중 항상 참이 되는 것은?

월	화	수	목	금
전공1	전공2	교양1	교양2	교양3

① A가 수요일에 강의를 듣는다면 E는 교양2 강의를 듣는다.
② B가 전공 수업을 듣는다면 C는 화요일에 강의를 듣는다.
③ C가 화요일에 강의를 듣는다면 E는 교양3 강의를 듣는다.
④ D는 반드시 전공 수업을 듣는다.
⑤ E는 반드시 교양 수업을 듣는다.

25 다음 중 문제해결과정이 순서대로 바르게 나열된 것은?

ㄱ. 문제 인식   ㄴ. 실행 및 평가
ㄷ. 원인 분석   ㄹ. 문제 도출
ㅁ. 해결안 개발

---

① ㄱ-ㄴ-ㄷ-ㄹ-ㅁ   ② ㄱ-ㄹ-ㄷ-ㅁ-ㄴ
③ ㄴ-ㄷ-ㄹ-ㅁ-ㄱ   ④ ㄹ-ㄱ-ㄷ-ㅁ-ㄴ
⑤ ㄹ-ㄷ-ㅁ-ㄴ-ㄱ

26 환경분석 주요 기법 중 사업환경을 구성하고 있는 자사, 경쟁사, 고객에 대한 체계적인 분석 기법은 무엇인가?

① SWOT 분석
② 3C 분석
③ MECE 사고
④ SMART 기법
⑤ 브레인스토밍

27 면접시험에서 차례대로 면접을 본 응시자들 중 다음 〈조건〉에 따라 평가 점수가 가장 높은 6명이 합격할 때, 합격자를 점수가 높은 순서대로 바르게 나열한 것은?(단, 동점인 경우 먼저 면접을 진행한 응시자를 우선으로 한다)

---〈조건〉---
- 면접관 5명이 부여한 점수 중 최고점과 최저점을 제외한 나머지 면접관 3명이 부여한 점수의 평균과 보훈 가점의 합으로 평가한다.
- 최고점과 최저점이 1개 이상일 때는 1명의 점수만 제외한다.
- 소수점 셋째 자리에서 반올림한다.

〈지원자 면접 점수〉

(단위 : 점)

구분	면접관 1	면접관 2	면접관 3	면접관 4	면접관 5	보훈 가점
A	80	85	70	75	90	–
B	75	90	85	75	100	5
C	70	95	85	85	85	–
D	75	80	90	85	80	–
E	80	90	95	100	85	5
F	85	75	95	90	80	–
G	80	75	95	90	95	10
H	90	80	80	85	100	–
I	70	80	80	75	85	5
J	85	80	100	75	85	–
K	85	100	70	75	75	5
L	75	90	70	100	70	–

① G – A – C – F – E – L
② D – A – F – L – H – I
③ E – G – B – C – F – H
④ G – E – B – C – F – H
⑤ G – A – B – F – E – L

28 다음 (가) ~ (다)의 문제해결 방법을 바르게 연결한 것은?

> (가) 상이한 문화적 토양을 가지고 있는 구성원을 가정하고, 서로의 생각을 직설적으로 주장하고 논쟁이나 협상을 통해 서로의 의견을 조정해 가는 방법이다. 이때 논리, 즉 사실과 원칙에 근거한 토론이 중심적 역할을 한다.
>
> (나) 깊이 있는 커뮤니케이션을 통해 서로의 문제점을 이해하고 공감함으로써 창조적인 문제해결을 도모한다. 초기에 생각하지 못했던 창조적인 해결 방법이 도출되고, 동시에 구성원의 동기와 팀워크가 강화된다.
>
> (다) 조직구성원들을 같은 문화적 토양을 가지고 이심전심으로 서로를 이해하는 상황으로 가정한다. 무언가를 시사하거나 암시를 통하여 의사를 전달하고 기분을 서로 통하게 함으로써 문제해결을 도모하려고 한다.

	(가)	(나)	(다)
①	퍼실리테이션	하드 어프로치	소프트 어프로치
②	소프트 어프로치	하드 어프로치	퍼실리테이션
③	소프트 어프로치	퍼실리테이션	하드 어프로치
④	하드 어프로치	퍼실리테이션	소프트 어프로치
⑤	하드 어프로치	소프트 어프로치	퍼실리테이션

29 K대리는 사내 체육대회의 추첨에서 당첨된 직원들에게 나누어줄 경품을 선정하고 있다. 〈조건〉이 모두 참일 때, 다음 중 반드시 참인 것은?

〈조건〉
- K대리는 펜, 노트, 가습기, 머그컵, 태블릿PC, 컵받침 중 3종류의 경품을 선정한다.
- 머그컵을 선정하면 노트는 경품에 포함하지 않는다.
- 노트는 반드시 경품에 포함된다.
- 태블릿PC를 선정하면, 머그컵을 선정한다.
- 태블릿PC를 선정하지 않으면, 가습기는 선정되고 컵받침은 선정되지 않는다.

① 가습기는 경품으로 선정되지 않는다.
② 머그컵과 가습기 모두 경품으로 선정된다.
③ 컵받침은 경품으로 선정된다.
④ 태블릿PC는 경품으로 선정된다.
⑤ 펜은 경품으로 선정된다.

30 다음 글이 참일 때 항상 거짓인 것은?

갑~무는 J부서에 근무하고 있다. 이 부서에서는 K공사와의 업무 협조를 위해 지방의 네 지역으로 직원을 출장 보낼 계획을 수립하였다. 원활한 업무 수행을 위해 모든 출장은 갑~무 중 두 명 또는 세 명으로 구성된 팀 단위로 이루어진다. 네 팀이 구성되어 네 지역에 각각 한 팀씩 출장이 배정되며, 네 지역 출장 날짜는 모두 다르다. 또한, 모든 직원은 최소한 한 번 출장에 참가한다. 이번 출장 업무를 총괄하는 직원은 단 한 명밖에 없으며, 그는 네 지역 모두의 출장에 참가한다. 더불어 업무 경력을 고려하여, 단 한 지역의 출장에만 참가하는 것은 신입사원으로 제한한다. J부서에 근무하는 신입사원은 한 명밖에 없다. 다음 기준을 토대로 출장 계획을 수립한 결과, 을은 갑과 단둘이 가는 한 번의 출장 이외에 다른 어떤 출장도 가지 않으며, 병과 정이 함께 출장을 가는 경우는 단 한 번밖에 없다. 그리고 네 지역 가운데 광역시가 두 곳인데, 단 두 명의 직원만이 두 광역시 모두에 출장을 간다.

① 갑은 이번 출장 업무를 총괄하는 직원이다.
② 을은 광역시에 출장을 가지 않는다.
③ 병이 갑, 무와 함께 출장을 가는 지역이 있다.
④ 정은 총 세 곳에 출장을 간다.
⑤ 무가 출장을 가는 지역은 두 곳이고, 그중 한 곳은 정과 함께 간다.

※ K공사는 별관 신축을 위한 건설업체를 선정하고자 한다. 입찰에는 A ~ F업체가 참여하였다. 다음은 입찰기준에 따라 업체별로 20점 척도로 점수화한 자료와 업체별 비용을 나타낸 자료이다. 주어진 자료를 참고하여 이어지는 질문에 답하시오. **[31~32]**

〈업체별 입찰기준 점수〉

입찰업체	경영평가점수	시공실적점수	친환경소재점수
A	18점	11점	15점
B	14점	15점	17점
C	17점	13점	13점
D	16점	12점	14점
E	13점	10점	17점
F	16점	14점	16점

〈업체별 비용〉

(단위 : 억 원)

A	B	C	D	E	F
16.9	17.4	17.1	12.9	14.5	15.2

31 K공사는 비용이 17억 원 이하인 업체 중, 경영평가점수와 시공실적점수의 반영비율을 1 : 2의 가중치로 합산한 값이 가장 높은 3개 업체를 1차로 선정한다. 1차 선정업체 중 친환경소재점수가 가장 높은 곳을 최종 선정한다고 할 때, 최종 선정될 업체는?

① A
② B
③ D
④ E
⑤ F

32 K공사가 외부 권고로 인해 선정방식을 변경하였다. 새로운 방식에 따르면, 비용이 17억 2천만 원 이하인 업체 중, 시공실적점수와 친환경소재점수의 반영비율을 3 : 2의 가중치로 합산한 값이 가장 높은 2개 업체를 1차로 선정한다. 1차 선정업체 중 입찰 비용이 가장 낮은 곳을 최종 선정한다고 할 때, 최종 선정될 업체는?

① A
② C
③ D
④ E
⑤ F

〈1월 일정표〉

월요일	화요일	수요일	목요일	금요일	토요일	일요일
		1 신정	2	3	4	5 공사 단합대회
6	7	8	9	10 수소에너지 홍보행사 (~ 1/12)	11 수소에너지 홍보행사	12 수소에너지 홍보행사
13	14	15	16 CEO 천연가스 기지 방문	17	18	19
20	21 에너지 안전 홍보행사	22	23	24 설 연휴	25 설 연휴	26 설 연휴
27 대체공휴일	28	29	30	31		

33 다음 〈조건〉을 고려할 때, 명절선물세트 홍보일로 가능한 날짜는?

〈조건〉
- 명절선물세트 홍보행사는 요일에 상관없이 진행할 수 있다.
- K공사에서는 명절선물세트를 3일간 홍보한다.
- 명절선물세트 홍보행사는 설 연휴 전에 마친다.
- 명절선물세트 홍보행사는 다른 홍보행사와 겹치지 않게 진행한다.
- 사내행사가 있는 날짜를 피해서 행사를 진행한다.

① 3 ~ 5일
② 8 ~ 10일
③ 13 ~ 15일
④ 19 ~ 21일
⑤ 28 ~ 31일

34 K공사는 1월 중에 직원 진급공고를 게시하려고 한다. 〈조건〉을 참고할 때, 공고 게시가 가능한 날짜는 언제인가?

〈조건〉
- 사내행사와 홍보행사 당일 및 전날, 다음날을 제외하고 진급공고를 게시한다.
- 공휴일 및 공휴일 전날이나 다음날을 제외하고 진급공고를 게시한다.
- 명절선물세트 홍보일은 **33**번 문제에서 정한 날짜로 한다.
---

① 6일   ② 8일

③ 15일   ④ 23일

⑤ 28일

35 K공사 직원들은 1월에 연차 휴가를 하루씩 사용하려고 한다. 연차 사용 및 다른 직원들의 연차일이 다음 〈조건〉과 같을 때, 한대리가 연차를 쓸 수 있는 날은 언제인가?

〈조건〉
- 모든 직원들은 명절을 포함하는 주 이전에 연차 휴가를 사용한다.
- 공휴일은 연차에 포함되지 않는다.
- 연차일은 사내행사나 홍보행사가 없는 날짜로 한다.
- 명절선물세트 홍보일은 **33**번 문제에서 정한 날짜로 한다.
- 연차는 다른 직원과 겹칠 수 없다.
- 김부장은 1월 3일, 박차장은 1월 8일, 유과장은 1월 17일, 정과장은 1월 2일, 하사원은 1월 6일에 연차를 쓴다.
---

① 7일   ② 10일

③ 14일   ④ 20일

⑤ 31일

K회사에서는 비품을 구매할 때 다음의 비품구매 매뉴얼에 따른다. K회사의 부서별 요청 비품과 부서별 비품 현황을 고려하였을 때 구매할 비품으로 적절한 것은?

〈비품구매 매뉴얼〉

• 사용 부서의 수가 많은 비품부터 먼저 구매한다.
• 현재 부서별 재고가 없는 비품은 사용 부서 수가 많은 비품 다음으로 구매한다.
• 1회당 100,000원의 한도 내에서 최대한 구매한다.
• 비품의 가격이 다를 경우 가격이 저렴한 것으로 주문한다.
• 동일 비품 중 일부만 먼저 구매할 수 없다.

〈부서별 요청 비품〉

• 총무부 : 연필(400원/개) 5개, 수정테이프(2,000원/개) 6개, 지우개(500원/개) 3개
• 인사부 : 연필(400원/개) 10개, 수정테이프(1,500원/개) 1개
• 생산부 : 종이컵(10,000원/박스) 3박스
• 영업부 : 볼펜(2,000원/개) 1개, 메모지(800원/개) 5개, 종이컵(10,000원/박스) 5박스
• 기획부 : 볼펜(1,000원/개) 3개

〈부서별 비품 현황〉

구분	연필	볼펜	지우개	수정테이프	메모지	종이컵
총무부	6	10	0	1	3	10
인사부	0	5	5	1	2	4
생산부	3	×	3	×	2	0
영업부	×	2	×	4	1	0
기획부	4	2	5	3	2	3

※ ×는 해당 비품을 사용하지 않음을 의미한다.

① 지우개, 연필, 수정테이프, 종이컵
② 종이컵, 지우개, 연필, 볼펜, 수정테이프
③ 메모지, 볼펜, 종이컵, 지우개, 연필
④ 종이컵, 볼펜, 수정테이프, 메모지
⑤ 지우개, 연필, 종이컵, 메모지

37 모스크바 지사에서 일하고 있는 A대리는 밴쿠버 지사와의 업무협조를 위해 모스크바 시각으로 4월 22일 오전 10시 15분에 밴쿠버 지사로 업무협조 메일을 보냈다. 〈조건〉에 따라 밴쿠버 지사에서 가장 빨리 메일을 읽었을 때, 모스크바의 시각은?

─────────〈조건〉─────────
- 밴쿠버는 모스크바보다 10시간이 늦다.
- 밴쿠버 지사의 업무시간은 오전 10시부터 오후 6시까지이다.
- 밴쿠버 지사에서는 4월 22일 오전 10시부터 15분간 전력 점검이 있었다.

① 4월 22일 오전 10시 15분　　　　② 4월 23일 오전 10시 15분
③ 4월 22일 오후 8시 15분　　　　④ 4월 23일 오후 8시 15분
⑤ 4월 23일 오후 10시 15분

38 다음 대화 내용을 참고할 때, A팀장과 B사원이 함께 시장조사를 하러 갈 수 있는 시간으로 적절한 것은?(단, 근무시간은 09:00 ~ 18:00, 점심시간은 12:00 ~ 13:00이다)

A팀장 : B씨, 저번에 우리가 함께 진행했던 제품이 오늘 출시된다고 하네요. 시장에서 어떤 반응이 있는지 조사하러 가야 할 것 같아요.
B사원 : 네, 팀장님. 그런데 오늘 갈 수 있을지 의문입니다. 우선 오후 4시에 사내 정기강연이 예정되어 있고 초청강사가 와서 시간관리 강의를 한다고 합니다. 아마 두 시간 정도 걸릴 것 같은데, 저는 강연준비로 30분 정도 일찍 가야 할 것 같습니다. 그리고 부서장님께서 요청하셨던 기획안도 오늘 퇴근 전까지 제출해야 하는데, 팀장님 검토시간까지 고려하면 두 시간 정도 소요될 것 같습니다.
A팀장 : 오늘도 역시 할 일이 참 많네요. 그래도 지금이 11시니까 열심히 업무를 하면 한 시간 정도는 시장에 다녀올 수 있겠네요. 먼저 기획안부터 마무리 짓도록 합시다.
B사원 : 네, 알겠습니다. 팀장님, 오늘 점심은 된장찌개 괜찮으시죠? 바쁘니까 예약해 두겠습니다.

① 11:00 ~ 12:00　　　　② 13:00 ~ 14:00
③ 14:00 ~ 15:00　　　　④ 15:00 ~ 16:00
⑤ 17:00 ~ 18:00

39 K기업에서 직원들에게 자기계발 교육비용을 일부 지원하기로 하였다. A ~ E직원이 총무인사팀에 다음 자료와 같이 교육프로그램을 신청하였을 때, 기업에서 직원들에게 지원하는 총교육비는 얼마인가?

〈자기계발 수강료 및 지원 금액〉

구분	영어회화	컴퓨터 활용	세무회계
수강료	7만 원	5만 원	6만 원
지원 금액 비율	50%	40%	80%

〈신청한 교육프로그램〉

구분	영어회화	컴퓨터 활용	세무회계
A	○		○
B	○	○	○
C		○	○
D	○		
E		○	

① 307,000원
② 308,000원
③ 309,000원
④ 310,000원
⑤ 311,000원

40 다음은 K국의 치과의원 노인외래진료비 본인부담제도의 안내문이다. 자료를 참고하여 〈보기〉에서 A ~ E씨의 본인부담금의 합을 바르게 구한 것은?

〈K국 치과의원 노인외래진료비 본인부담제도 안내〉

2024년 1월부터 만 65세 이상 치과의원 노인외래진료비 본인부담제도가 개선됩니다.

■ 대상 : 만 65세 이상 치과의원 외래진료 시
■ 본인부담금 안내 : 총진료비가 1만 5천 원 이하인 경우는 1,500원
　일정금액 초과 시 총진료비의 10 ~ 30% 부담

구분	진료비 구간	본인부담금 현행	본인부담금 개선
치과의원	1만 5천 원 이하	1,500원	1,500원
	1만 5천 원 초과 2만 원 이하	30%	10%
	2만 원 초과 2만 5천 원 이하		20%
	2만 5천 원 초과		30%

〈보기〉

구분	진료비	진료 날짜
A씨	17,000원	2023년 6월
B씨	13,500원	2024년 3월
C씨	23,000원	2024년 2월
D씨	24,000원	2023년 10월
E씨	27,000원	2024년 5월

※ 단, A ~ E씨는 모두 만 65세 이상이다.

① 18,800원
② 21,300원
③ 23,600원
④ 26,500원
⑤ 27,400원

41 다음은 K사의 일일판매내역이다. (가) 셀에 〈보기〉와 같은 함수를 입력했다면 나타나는 값으로 옳은 것은?

	A	B	C	D
1				(가)
2				
3	제품이름	단가	수량	할인적용
4	K소스	200	5	90%
5	K아이스크림	100	3	90%
6	K맥주	150	2	90%
7	K커피	300	1	90%
8	K캔디	200	2	90%
9	K조림	100	3	90%
10	K과자	50	6	90%

〈보기〉
=SUMPRODUCT(B4:B10,C4:C10,D4:D10)

① 2,610
② 2,700
③ 2,710
④ 2,900
⑤ 2,910

42 다음 중 워크시트의 인쇄에 대한 설명으로 옳지 않은 것은?

① 인쇄 영역에 포함된 도형은 기본적으로 인쇄가 되지 않으므로 인쇄를 하려면 도형의 [크기 및 속성] 대화
상자에서 '개체 인쇄' 옵션을 선택해야 한다.

② 인쇄하기 전에 워크시트를 미리 보려면 〈Ctrl〉+〈F2〉 키를 누른다.

③ 기본적으로 화면에 표시되는 열 머리글(A, B, C 등)이나 행 머리글(1, 2, 3 등)은 인쇄되지 않는다.

④ 워크시트의 내용 중 특정 부분만을 인쇄 영역으로 설정하여 인쇄할 수 있다.

⑤ 워크시트의 셀 구분선을 그대로 인쇄하려면 페이지 설정 대화상자의 [시트] 탭에서 '눈금선'을 선택하면
된다.

43

	함수식	결괏값
①	=TRIM("1/4분기 수익")	1/4분기 수익
②	=SEARCH("세","세금 명세서",3)	5
③	=PROPER("republic of korea")	REPUBLIC OF KOREA
④	=LOWER("Republic of Korea")	republic of korea
⑤	=MOD(18,−4)	−2

44

	함수식	결괏값
①	=ODD(12)	13
②	=EVEN(17)	18
③	=MOD(40,−6)	−2
④	=POWER(6,3)	18
⑤	=QUOTIENT(19,6)	3

45 다음 워크시트의 [A1:E9] 영역에서 고급 필터를 실행하여 영어점수가 평균을 초과하거나 성명의 두 번째 문자가 '영'인 데이터를 추출하고자 한다. (가), (나)에 입력할 내용으로 옳은 것은?

	A	B	C	D	E	F	G	H
1	성명	반	국어	영어	수학		영어	성명
2	강동식	1	81	89	99		(가)	
3	남궁영	2	88	75	85			(나)
4	강영주	2	90	88	92			
5	이동수	1	86	93	90			
6	박영민	2	75	91	84			
7	윤영미래	1	88	80	73			
8	이순영	1	100	84	96			
9	명지오	2	95	75	88			

	(가)	(나)
①	=D2>AVERAGE(D2:D9)	="=?영*"
②	=D2>AVERAGE(D2:D9)	="=*영?"
③	=D2>AVERAGE($D$2:$D$9)	="=?영*"
④	=D2>AVERAGE($D$2:$D$9)	="=*영?"
⑤	=D2>AVERAGE($A$2:$E$9)	="=*영*"

46 다음 중 보안 기능 취약 및 IP주소 부족에도 불구하고 가장 널리 사용되는 인터넷 표준 프로토콜은?

① PPP
② TCP / IP
③ NetBEUI
④ IPX / SPX
⑤ ICMP

47 다음은 컴퓨터 범죄 유형 중 하나에 대한 설명이다. 이 컴퓨터 범죄는 무엇인가?

> 악성코드에 감염된 사용자 PC를 조작하여 금융정보 등을 빼내는 범죄 유형으로 정상 홈페이지로 가장하여 금융정보(보안카드번호 전부) 입력을 요구하는 신종 금융사기의 주요 범행수단이다.
> ① 사용자 PC가 악성코드에 감염 → ② 정상 홈페이지에 접속하여도 가짜 사이트로 유도 → ③ 금융정보 등 탈취 → ④ 범행계좌로 이체 등

① 피싱
② 파밍
③ 스미싱
④ 스누핑
⑤ 스푸핑

48 다음 중 워크시트에 외부 데이터를 가져오는 기능이 아닌 것은?

① 데이터 연결 마법사
② Microsoft Query
③ 하이퍼링크
④ 웹
⑤ 텍스트

49 다음 시트에서 [D2:D7]과 같이 생년월일만 따로 구하려고 할 때 [D2] 셀에 들어갈 수식으로 적절한 것은?

	A	B	C	D
1	순번	이름	주민등록번호	생년월일
2	1	김현진	880821-2949324	880821
3	2	이혜지	900214-2928342	900214
4	3	김지언	880104-2124321	880104
5	4	이유미	921011-2152345	921011
6	5	박슬기	911218-2123423	911218
7	6	김혜원	920324-2143426	920324

① =RIGHT(A2,6)   ② =RIGHT(A2,C2)

③ =LEFT(C2,6)   ④ =LEFT(C2,2)

⑤ =MID(C2,5,2)

50 다음 시트에서 [E2:E7] 영역처럼 표시하려고 할 때, [E2] 셀에 입력할 수식으로 옳은 것은?

	A	B	C	D	E
1	순번	이름	주민등록번호	생년월일	백넘버
2	1	박민석 11	831121-1092823	831121	11
3	2	최성영 20	890213-1928432	890213	20
4	3	이형범 21	911219-1223457	911219	21
5	4	임정호 26	870211-1098432	870211	26
6	5	박준영 28	850923-1212121	850923	28
7	6	김민욱 44	880429-1984323	880429	44

① =MID(B2,5,2)   ② =LEFT(B2,2)

③ =RIGHT(B2,5,2)   ④ =MID(B2,5)

⑤ =LEFT(B2,5,2)

※ 다음은 K공사에서 발표한 전력수급 비상단계 발생 시 행동요령이다. 이어지는 질문에 답하시오. **[41~42]**

〈전력수급 비상단계 발생 시 행동요령〉

• 가정
1. 전기 냉난방기기의 사용을 중지합니다.
2. 다리미, 청소기, 세탁기 등 긴급하지 않은 모든 가전기기의 사용을 중지합니다.
3. TV, 라디오 등을 통해 신속하게 재난상황을 파악하여 대처합니다.
4. 안전, 보안 등을 위한 최소한의 조명을 제외한 실내외 조명은 모두 소등합니다.

• 사무실
1. 건물관리자는 중앙조절식 냉난방설비의 가동을 중지하거나 온도를 낮춥니다.
2. 사무실 내 냉난방설비의 가동을 중지합니다.
3. 컴퓨터, 프린터, 복사기, 냉온수기 등 긴급하지 않은 모든 사무기기 및 설비의 전원을 차단합니다.
4. 안전, 보안 등을 위한 최소한의 조명을 제외한 실내외 조명은 모두 소등합니다.

• 공장
1. 사무실 및 공장 내 냉난방기의 사용을 중지합니다.
2. 컴퓨터, 복사기 등 각종 사무기기의 전원을 일시적으로 차단합니다.
3. 꼭 필요한 경우를 제외한 사무실 조명은 모두 소등하고 공장 내부의 조명도 최소화합니다.
4. 비상발전기의 가동을 점검하고 운전 상태를 확인합니다.

• 상가
1. 냉난방설비의 가동을 중지합니다.
2. 안전 · 보안용을 제외한 모든 실내 조명등과 간판 등을 일시 소등합니다.
3. 식기건조기, 냉온수기 등 식재료의 부패와 관련 없는 가전제품의 가동을 중지하거나 조정합니다.
4. 자동문, 에어커튼의 사용을 중지하고 환기팬 가동을 일시 정지합니다.

41 다음 중 전력수급 비상단계 발생 시 행동요령에 대한 설명으로 적절하지 않은 것은?

① 가정에 있을 경우 대중매체를 통해 재난상황에 대한 정보를 파악할 수 있다.

② 사무실에 있을 경우 즉시 사용이 필요하지 않은 복사기, 컴퓨터 등의 전원을 차단하여야 한다.

③ 가정에 있을 경우 모든 실내외 조명을 소등하여야 한다.

④ 공장에 있을 경우 비상발전기 가동을 준비해야 한다.

⑤ 전력 회복을 위해 한동안 사무실의 업무가 중단될 수 있다.

42 다음 〈보기〉 중 전력수급 비상단계 발생 시 행동요령에 따른 행동으로 적절하지 않은 것을 모두 고르면?

〈보기〉

㉠ 집에 있던 김사원은 세탁기 사용을 중지하고 실내조명을 최소화하였다.

㉡ 본사 전력관리실에 있던 이주임은 사내 중앙보안시스템의 전원을 즉시 차단하였다.

㉢ 공장에 있던 박주임은 즉시 공장 내부 조명 밝기를 최소화하였다.

㉣ 상가에서 횟집을 운영하는 최사장은 모든 냉동고의 전원을 차단하였다.

① ㉠, ㉡   ② ㉠, ㉢

③ ㉡, ㉢   ④ ㉡, ㉣

⑤ ㉢, ㉣

※ K공사는 직원휴게실에 휴식용 안마의자를 설치할 계획에 있으며, 안마의자 관리자는 A사원으로 지정되었다. 다음 자료를 보고 이어지는 질문에 답하시오. **[43~44]**

〈안마의자 사용설명서〉

■ **설치 시 알아두기**
- 바닥이 단단하고 수평인 장소에 제품을 설치해 주세요.
- 등받이와 다리부를 조절할 경우를 대비하여 제품의 전방 50cm, 후방 10cm 이상 여유 공간을 비워 두세요.
- 바닥이 손상될 수 있으므로 제품 아래에 매트 등을 깔 것을 추천합니다.
- 직사광선에 장시간 노출되는 곳이나 난방기구 근처 등 고온의 장소는 피하여 설치해 주세요. 커버 변색 또는 변질의 원인이 됩니다.

■ **안전을 위한 주의사항**

> ⚠ 경고 : 지시 사항을 위반할 경우 심각한 상해나 사망에 이를 가능성이 있는 경우를 나타냅니다.
> ⓘ 주의 : 지시 사항을 위반할 경우 경미한 상해나 제품 손상의 가능성이 있는 경우를 나타냅니다.

ⓘ 제품 사용 시간은 1일 40분 또는 1회 20분 이내로 하고, 동일한 부위에 연속 사용은 5분 이내로 하십시오.

⚠ 제품을 사용하기 전에 등 패드를 올려서 커버와 그 외 다른 부분에 손상된 곳이 없는지 확인하고, 찢어졌거나 조그만 손상이 있으면 사용을 중단하고 서비스 센터로 연락하십시오(감전 위험).

ⓘ 엉덩이와 허벅지를 마사지할 때는 바지 주머니에 딱딱한 것을 넣은 채로 사용하지 마십시오(안전사고, 상해 위험).

⚠ 팔을 마사지할 때는 시계, 장식품 등 딱딱한 것을 몸에 지닌 채 사용하지 마십시오(부상 위험).

⚠ 등받이나 다리부를 움직일 때는 제품 외부에 사람, 애완동물, 물건 등이 없는지 확인하십시오(안전사고, 부상, 제품손상 위험).

ⓘ 제품 안쪽에 휴대폰, TV리모컨 등 물건을 빠뜨리지 않도록 주의하십시오(고장 위험).

⚠ 등받이나 다리부를 상하로 작동 시에는 움직이는 부위에 손가락을 넣지 않도록 하십시오(안전사고, 상해, 부상 위험).

⚠ 혈전증, 중도의 동맥류, 급성 정맥류, 각종 피부염, 피부 감염증 등의 질환을 가지고 있는 사람은 사용하지 마십시오.

ⓘ 고령으로 근육이 쇠약해진 사람, 요통이 있는 사람, 멀미가 심한 사람 등은 반드시 의사와 상담한 후 사용하십시오.

ⓘ 제품을 사용하면서 다른 치료기를 동시에 사용하지 마십시오.

ⓘ 사용 중에 잠들지 마십시오(상해 위험).

⚠ 난로 등의 화기 가까이에서 사용하거나 흡연을 하면서 사용하지 마십시오(화재 위험).

ⓘ 제품을 사용하는 중에 음료나 음식을 섭취하지 마십시오(고장 위험).

ⓘ 음주 후 사용하지 마십시오(부상 위험).

■ 고장 신고 전 확인 사항

제품 사용 중 아래의 증상이 나타나면 다시 한 번 확인해 주세요. 고장이 아닐 수 있습니다.

증상	원인	해결책
안마 강도가 약합니다.	안마의자에 몸을 밀착하였습니까?	안마의자에 깊숙이 들여 앉아서 몸을 등받이에 밀착시키거나 등받이를 눕혀서 사용해 보세요.
	등 패드 또는 베개 쿠션을 사용하고 있습니까?	등 패드 또는 베개 쿠션을 빼고 사용해 보세요.
	안마 강도를 조절하였습니까?	안마 강도를 조절해서 사용해 보세요.
다리부에 다리가 잘 맞지 않습니다.	다리부의 각도를 조절하였습니까?	사용자의 신체에 맞게 다리 부의 각도를 조절해 주세요. 다리올림 버튼 또는 다리내림 버튼으로 다리부의 각도를 조절할 수 있습니다.
좌우 안마 강도 또는 안마 볼 위치가 다르게 느껴집니다.	더 기분 좋은 안마를 위해 안마 볼이 좌우 교대로 작동하는 기구를 사용하고 있습니다. 좌우 안마 강도 또는 안마 볼 위치가 다르게 작동하는 경우가 있을 수 있습니다. 고장이 아니므로 안심하고 사용해 주세요.	
소리가 납니다.	다음은 제품의 구조로 인해 들리는 소리입니다. 고장이 아니므로 안심하고 사용해 주세요(제품 수명 등의 영향은 없습니다). – 안마 볼 상·하 이동 시 '달그락' 거리는 소리 – 안마 작동 시 기어 모터의 소리 – 안마 볼과 커버가 스치는 소리(특히 주무르기 작동 시) – 두드리기, 물결 마사지 작동 시 '덜덜' 거리는 소리(특히 어깨에서 등으로 이동 시) – 속도 조절에 의한 소리의 차이	

43 직원휴게실에 안마의자가 배송되었다. A사원은 제품설명서를 참고하여 적절한 장소에 설치하고자 한다. 다음 중 장소 선정 시 고려해야 할 사항으로 적절하지 않은 것은?

① 직사광선에 오랫동안 노출되지 않는 장소인지 확인한다.

② 근처에 난방기구가 설치된 장소인지 확인한다.

③ 전방에는 50cm 이상의 공간을 확보할 수 있고 후방을 벽면에 밀착할 수 있는 장소인지 확인한다.

④ 새로운 장소가 안마의자의 무게를 지탱할 수 있는 단단한 바닥인지 확인한다.

⑤ 바닥이 긁히거나 흠집이 날 수 있는 재질로 되어 있다면 매트 등을 까는 것을 고려한다.

44 A사원은 직원들이 안전하게 안마의자를 사용할 수 있도록 '안마의자 사용안내서'를 작성하여 안마의자 근처에 비치하고자 한다. 안내서에 있는 그림 중 '경고' 수준의 주의가 필요한 것은 '별표' 표시를 추가하여 더욱 강조되어 보이도록 할 예정이다. 다음 중 '별표' 표시를 해야 할 그림은 무엇인가?

①

②

③

④

⑤

45 다음 〈보기〉 중 지속가능한 기술의 사례로 적절한 것을 모두 고르면?

〈보기〉

㉠ A사는 카메라를 들고 다니지 않으면서도 사진을 찍고 싶어 하는 소비자들을 위해 일회용 카메라 대신 재활용이 쉽고, 재사용도 가능한 카메라를 만들어내는 데 성공했다.

㉡ 잉크, 도료, 코팅에 쓰이던 유기 용제 대신에 물로 대체한 수용성 수지를 개발한 B사는 휘발성 유기화합물의 배출이 줄어듦과 동시에 대기오염 물질을 줄임으로써 소비자들로부터 찬사를 받고 있다.

㉢ C사는 가구처럼 맞춤 제작하는 냉장고를 선보였다. 맞춤 양복처럼 가족수와 식습관, 라이프스타일, 주방 형태 등을 고려해 1도어부터 4도어까지 여덟 가지 타입의 모듈을 자유롭게 조합하고, 세 가지 소재와 아홉 가지 색상을 매치해 공간에 어울리는 나만의 냉장고를 꾸밀 수 있게 된 것이다.

㉣ D사는 기존에 소각처리해야 했던 석유화학 옥탄올 공정을 변경하여 폐수처리로 전환하고, 공정 최적화를 통해 화약 제조 공정에 발생하는 총 질소의 양을 원천적으로 감소시키는 공정 혁신을 이루었다. 이로 인해 연간 4천 톤의 오염 물질 발생량을 줄였으며, 약 60억 원의 원가도 절감했다.

㉤ 등산 중 갑작스러운 산사태를 만나거나 길을 잃어서 조난 상황이 발생한 경우 골든타임 확보가 무척 중요하다. 이를 위해 E사는 조난객의 상황 파악을 위한 5G 통신 모듈이 장착된 비행선을 선보였다. 이 비행선은 현재 비행거리와 시간이 짧은 드론과 비용과 인력 소모가 많이 드는 헬기에 비해 매우 효과적일 것으로 기대하고 있다.

① ㉠, ㉡, ㉢
② ㉠, ㉡, ㉣
③ ㉠, ㉢, ㉣
④ ㉡, ㉢, ㉣
⑤ ㉡, ㉢, ㉤

※ 실내 공기 관리에 대한 필요성을 느낀 K공사는 사무실에 공기청정기를 구비하기로 결정하였다. 다음 제품설명서를 보고 이어지는 질문에 답하시오. [46~48]

〈제품설명서〉

■ 설치 확인하기
- 직사광선이 닿지 않는 실내공간에 두십시오(제품 오작동 및 고장의 원인이 될 수 있습니다).
- TV, 라디오, 전자제품 등과 간격을 두고 설치하십시오(전자파 장애로 오작동의 원인이 됩니다).
- 단단하고 평평한 바닥에 두십시오(약하고 기울어진 바닥에 설치하면 이상 소음 및 진동이 생길 수 있습니다).
- 벽면과 10cm 이상 간격을 두고 설치하십시오(공기청정 기능을 위해 벽면과 간격을 두고 설치하는 것이 좋습니다).
- 습기가 적고 통풍이 잘되는 장소에 두십시오(감전되거나 제품에 녹이 발생할 수 있고, 제품 성능이 저하될 수 있습니다).

■ 필터 교체하기

종류	표시등	청소주기	교체주기
프리필터	–	2회/월	반영구
탈취필터	필터 교체 표시등 켜짐	–	6개월 ~ 1년
헤파필터			

- 실내의 청정한 공기 관리를 위해 교체주기에 맞게 필터를 교체해 주세요.
- 필터 교체주기는 사용 환경에 따라 차이가 날 수 있습니다.
- 냄새가 심하게 날 경우 탈취필터를 확인 및 교체해 주세요.

■ 스마트에어 서비스 등록하기
1) 앱스토어에서 '스마트에어'를 검색하여 앱을 설치합니다(안드로이드 8.0 오레오 이상 / iOS 9.0 이상의 사양에 최적화되어 있으며, 사용자의 스마트폰에 따라 일부 기능은 지원하지 않을 수 있습니다).
2) 스마트에어 서비스 앱을 실행하여 회원가입 완료 후 로그인합니다.
3) 새 기기 추가 선택 후 제품을 선택합니다.
4) 공기청정기 기기의 페어링 모드를 작동시켜 주세요(기기의 Wi-Fi 버튼과 수면모드 버튼을 동시에 눌러 주세요).
5) 기기명이 나타나면 기기를 선택해 주세요.
6) 완료 버튼을 눌러 기기등록을 완료합니다.

- 지원가능 Wi-Fi 무선공유기 사양(802.11b/f/n 2.4GHz)을 확인하세요.
- 자동 Wi-Fi 연결상태 관리 모드를 해제해 주세요.
- 스마트폰의 Wi-Fi 고급설정 모드에서 '신호 약한 Wi-Fi 끊기 항목'과 관련된 기능이 있다면 해제해 주세요.
- 스마트폰의 Wi-Fi 고급설정 모드에서 '신호 세기'와 관련된 기능이 있다면 '전체'를 체크해 주세요.
- Wi-Fi가 듀얼 밴드 공유기인 경우 〈Wi-Fi 5GHz〉가 아닌 일반 〈Wi-Fi〉를 선택해 주세요.

■ 스마트에어 서비스 이용하기
  스마트에어 서비스는 스마트기기를 통해 공기청정기를 페어링하여 언제 어디서나 원하는 대로 공기를 정화할 수 있는 똑똑한 서비스입니다.

46 제품설명서를 참고하여 공기청정기를 적절한 장소에 설치하고자 한다. 다음 중 공기청정기 설치 장소로 적절하지 않은 곳은?

① 직사광선이 닿지 않는 실내

② 부드러운 매트 위

③ 벽면과 10cm 이상 간격을 확보할 수 있는 곳

④ 습기가 적고 통풍이 잘되는 곳

⑤ 사내방송용 TV와 거리가 먼 곳

47 다음 중 필터 교체와 관련하여 숙지해야 할 사항으로 가장 적절한 것은?

① 프리필터는 1개월에 2회 이상 청소해야 한다.

② 탈취필터는 6개월 주기로 교체해야 한다.

③ 헤파필터는 6개월 주기로 교체해야 한다.

④ 프리필터는 1년 주기로 교체해야 한다.

⑤ 냄새가 심하게 날 경우 탈취필터를 청소해야 한다.

48 A씨는 외근이나 퇴근 후에도 공기청정기를 사용할 수 있도록 스마트폰을 통해 스마트에어 서비스 등록을 시도하였으나, 기기 등록에 계속 실패하였다. 다음 중 기기등록을 위해 확인해야 할 사항으로 적절하지 않은 것은?

① 스마트폰이 지원 가능한 사양인지 OS 버전을 확인한다.

② 공기청정기에서 페어링 모드가 작동하고 있는지 확인한다.

③ 무선공유기가 지원 가능한 사양인지 확인한다.

④ 스마트폰의 자동 Wi-Fi 연결상태 관리 모드를 확인한다.

⑤ 스마트폰의 Wi-Fi 고급설정 모드에서 '개방형 Wi-Fi' 관련 항목을 확인한다.

49 다음 글을 읽고 이해한 내용으로 가장 적절한 것은?

> 최근 환경오염의 주범이었던 화학회사들이 환경 보호 정책을 표방하고 나섰다. 기업의 분위기가 변하면서 대학의 엔지니어뿐만 아니라 기업에 고용된 엔지니어들도 점차 대체기술, 환경기술, 녹색 디자인 등을 추구하는 방향으로 전환해 가고 있는 것이다.
> 또한, 최근 각광받고 있는 3R의 구호[줄이고(Reduce), 재사용하고(Reuse), 재처리하자(Recycle)]는 엔지니어들로 하여금 미래 사회를 위한 자신들의 역할에 대해 방향을 제시해 주고 있다.

① 개발이라는 이름으로 행해지는 개발독재의 사례로 볼 수 있다.
② 자연과학기술에 대한 연구개발의 사례로 적절하다.
③ 균형과 조화를 위한 지속가능한 개발의 사례로 볼 수 있다.
④ 기술이나 자금을 위한 개발수입의 사례이다.
⑤ 기업의 생산능률을 위한 조직개발의 사례로 볼 수 있다.

50 다음 글을 읽고 이해한 내용으로 적절하지 않은 것은?

> 기술선택이란 기업이 어떤 기술에 대하여 외부로부터 도입하거나 그 기술을 자체 개발하여 활용할 것인가를 결정하는 것이다. 기술을 선택하는 데 대한 의사결정은 크게 다음과 같이 두 가지 방법으로 볼 수 있다.
> 먼저 상향식 기술선택(Bottom Up Approach)은 기업 전체 차원에서 필요한 기술에 대한 체계적인 분석이나 검토 없이 연구자나 엔지니어들이 자율적으로 기술을 선택하도록 하는 것이다.
> 다음으로 하향식 기술선택(Top Down Approach)은 기술경영진과 기술기획담당자들에 의한 체계적인 분석을 통해 기업이 획득해야 하는 대상기술과 목표기술수준을 결정하는 것이다.

① 상향식 기술선택은 기술자들의 창의적인 아이디어를 얻기 어려운 단점을 볼 수 있다.
② 상향식 기술선택은 경쟁기업과의 경쟁에서 승리할 수 없는 기술이 선택될 수 있다.
③ 상향식 기술선택은 시장의 고객들이 요구하는 제품이나 서비스를 개발하는 데 부적합한 기술이 선택될 수 있다.
④ 하향식 기술선택은 사업전략의 성공적인 수행을 위해 필요한 기술들을 열거하고, 각각의 기술에 대한 획득의 우선순위를 결정하는 것이다.
⑤ 하향식 기술선택은 먼저 기업이 직면하고 있는 외부환경과 보유 자원에 대한 분석을 통해 중·장기적인 사업목표를 설정하는 것이다.

제2회
한국전력공사
고졸채용

NCS 직무능력검사

〈모의고사 안내〉

지원하시는 분야에 따라 다음 영역의 문제를 풀어 주시기 바랍니다.

사무	배전·송변전
I 01 I 공통영역(의사소통능력, 수리능력, 문제해결능력)	
I 02 I 자원관리능력	I 02 I 자원관리능력
I 03 I 정보능력	I 04 I 기술능력

제2회 모의고사

문항 수 : 50문항
시험시간 : 70분

| 01 | 공통영역

01 다음 글의 내용으로 적절하지 않은 것은?

> 연료전지는 수소와 산소를 반응시켜 전기와 열을 생산하는 발전 유형을 뜻하며, 연료전지 발전의 연료로는 LNG(천연가스), LPG, 메탄올, 석탄가스 등이 사용된다. 연료를 통해 얻은 수소를 산소와 결합시키는 방식으로 전기를 얻는 것이다. 이 과정에서 오염물질과 소음이 거의 발생하지 않고, 다른 신재생에너지보다 폭발 위험성이 없어 도심 속에 설치할 수 있는 친환경 에너지원으로 여겨지고 있다.
>
> 지난 2019년 대대적인 정책 사업으로 연료전지 보급은 빠르게 증가하고 있다. 전력거래소에 따르면 2019년 9월 연료전지 설비용량은 44만 5,000kW로 전년 동월 대비 51.1% 증가하였다. 이는 전체 신재생에너지 증가율인 25.1%의 두 배가 넘는 수치이다. 전력거래량 역시 2018년 9월 136.3GWh에서 2019년 9월 194.4GWh로 42.6% 확대됐다.
>
> 2018년 말 준공된 동탄 연료전지 발전소는 2개 동, 3개 층으로 이루어져 있으며, 한 동에는 13개씩 모두 26개의 연료전지가 있다. 해당 연료전지는 인산형 연료전지(PAFC : 인산염을 전해질로 사용하는 연료전지)이며 설비용량은 개당 440kW씩 총 11.44MW로 수도권 2만 5,000가구에 전기를 공급할 수 있다. 동탄 연료전지 발전소를 짓는 데는 총 550억 원이 투입되었으며, 연료전지 발전소의 초기 투자비용은 열병합 발전소 대비 7배가량 비싼 편이다.
>
> 연료전지는 발전원으로 LNG를 사용하기 때문에 원자력발전소나 석탄화력발전소보다 발전단가도 상대적으로 비싼 편이다. 그나마 연료전지에 대한 REC* 가중치가 2.0으로 태양광 등의 주력 신재생에너지보다 높아 어느 정도 투자비를 보전하고 있다. REC 가중치가 높다는 것은 그만큼 비싼 값에 REC를 팔 수 있다는 의미이다.
>
> * REC(Renewable Energy Certificate) : 태양광, 수력, 풍력, 바이오매스 등 신재생에너지 발전을 통해 전기를 생산했다는 증명서. 신재생에너지 공급 의무량이 있는 발전소에 팔거나 전력거래소를 통해 매매할 수도 있다.

① 연료전지는 천연가스 등에서 뽑아낸 수소를 산소와 결합시키는 방식으로 전기를 얻는다.

② 2019년 9월의 연료전지 설비용량은 2018년 9월 연료전지 설비용량의 1.5배 이상이다.

③ 2019년 9월의 연료전지 전력거래량은 전년 동월 대비 58.1GWh 증가하였다.

④ 동탄 연료전지 발전소의 투자비용은 1MW당 50억 원 이상이다.

⑤ 연료전지의 REC는 태양광 REC보다 비싸게 판매된다.

02 다음 글의 주제로 가장 적절한 것은?

정부는 탈원전·탈석탄 공약에 발맞춰 2030년까지 전체 국가 발전량의 20%를 신재생에너지로 채운다는 정책 목표를 수립하였다. 목표를 달성하기 위해 신재생에너지에 대한 송·변전 계획을 제8차 전력수급기본계획에 처음으로 수립하겠다는 게 정부의 방침이다.

정부는 기존의 수급계획이 수급안정과 경제성을 중점적으로 수립된 것에 반해, 8차 계획은 환경성과 안전성을 중점으로 하였다고 밝히고 있으며, 신규 발전설비는 원전, 석탄화력발전에서 친환경, 분산형 재생에너지와 LNG 발전을 우선시하는 방향으로 수요관리를 통합 합리적 목표수용 결정에 주안점을 두었다고 밝혔다.

그동안 많은 NGO 단체에서 에너지 분산에 관한 다양한 제안을 해왔지만 정부 차원에서 고려하거나 논의가 활발히 진행된 적은 거의 없었으며 명목상으로 포함하는 수준이었다. 그러나 이번 정부에서는 탈원전·탈석탄 공약을 제시하는 등 중앙집중형 에너지 생산시스템에서 분산형 에너지 생산시스템으로 정책의 방향을 전환하고자 한다. 이 기조에 발맞춰 분산형 에너지 생산시스템은 지방선거에서도 해당 지역에 대한 다양한 선거공약으로 제시될 가능성이 높다.

중앙집중형 에너지 생산시스템은 환경오염, 송전선 문제, 지역 에너지 불균형 문제 등 다양한 사회적인 문제를 야기하였다. 하지만 그동안은 값싼 전기인 기저전력을 편리하게 사용할 수 있는 환경을 조성하고자 하는 기존 에너지계획과 전력수급계획에 밀려 중앙집중형 발전원 확대가 꾸준히 진행되었다. 그러나 현재 대통령은 중앙집중형 에너지 정책에서 분산형 에너지정책으로 전환되어야 한다는 것을 대선 공약사항으로 밝혀 왔으며, 현재 분산형 에너지정책으로 전환을 모색하기 위한 다각도의 노력을 하고 있다. 이러한 정부의 정책변화와 아울러 석탄화력발전소가 국내 미세먼지에 주는 영향과 일본 후쿠시마 원자력 발전소 문제, 국내 경주 대지진 및 최근 포항 지진 문제 등으로 인한 원자력에 대한 의구심 또한 커지고 있다.

제8차 전력수급계획(안)에 의하면, 우리나라의 에너지 정책은 격변기를 맞고 있다. 우리나라는 현재 중앙집중형 에너지 생산시스템이 대부분이며, 분산형 전원 시스템은 그 설비용량이 극히 적은 상태이다. 또한, 우리나라의 발전설비는 2016년 말 105GW이며, 2014년도 최대 전력치를 보면 80GW 수준이므로, 25GW 정도의 여유가 있는 상태이다. 25GW라는 여유는 원자력발전소 약 25기 정도의 전력생산 설비가 여유가 있는 상황이라고 볼 수 있다. 또한, 제7차 전력수급기본계획의 2015 ~ 2016년 전기수요 증가율을 4.3 ~ 4.7%라고 예상하였으나, 실제 증가율은 1.3 ~ 2.8% 수준에 그쳤다는 점은 우리나라의 전력 소비량 증가량이 둔화하고 있는 상태라는 것을 나타내고 있다.

① 중앙집중형 에너지 생산시스템의 발전 과정
② 에너지 분권의 필요성과 방향
③ 전력 소비량과 에너지 공급량의 문제점
④ 중앙집중형 에너지 정책의 한계점
⑤ 전력수급기본계획의 내용과 수정 방안 모색

03 다음 문단을 논리적 순서대로 바르게 나열한 것은?

> (가) 하지만 막상 앱을 개발하려 할 때 부딪히는 여러 난관이 있다. 여행지나 주차장에 한 정보를 모으는 것도 문제이고, 정보를 지속적으로 갱신하는 것도 문제이다. 이런 문제 때문에 결국 아이디어를 포기하는 경우가 많다.
>
> (나) 그러나 이제는 아이디어를 포기하지 않아도 된다. 바로 공공 데이터가 있기 때문이다. 공공 데이터는 공공 기관에서 생성, 취득하여 관리하고 있는 정보 중 전자적 방식으로 처리되어 누구나 이용할 수 있도록 국민들에게 제공된 것을 말한다.
>
> (다) 현재 정부에서는 공공 데이터 포털 사이트를 개설하여 국민들이 쉽게 이용할 수 있도록 하고 있다. 공공 데이터 포털 사이트에서는 800여 개 공공 기관에서 생성한 15,000여 건의 공공 데이터를 제공하고 있으며, 제공하는 공공 데이터의 양을 꾸준히 늘리고 있다.
>
> (라) 앱을 개발하려는 사람들은 아이디어가 넘친다. 사람들이 여행 준비를 위해 많은 시간을 허비하는 것을 보면 한 번에 여행 코스를 짜 주는 앱을 만들어 보고 싶어 하고, 도심에 주차장을 못 찾아 헤매는 사람들을 보면 주차장을 쉽게 찾아 주는 앱을 만들어 보고 싶어 한다.

① (가) – (나) – (다) – (라) 　　　　② (가) – (라) – (나) – (다)
③ (다) – (가) – (나) – (라) 　　　　④ (라) – (가) – (나) – (다)
⑤ (라) – (나) – (다) – (가)

04 다음 대화에서 B사원의 문제점으로 가장 적절한 것은?

> A사원 : 배송 지연으로 인한 고객의 클레임을 해결하기 위해서는 일단 입고된 상품을 먼저 배송하고, 추가 배송료를 부담하더라도 나머지 상품은 입고되는 대로 다시 배송하는 방법이 나을 것 같습니다.
>
> B사원 : 글쎄요. A사원의 그간 업무 스타일로 보았을 때, 방금 제시한 그 처리 방법이 효율적일지 의문이 듭니다.

① 짐작하기 　　　　　　　　　② 판단하기
③ 조언하기 　　　　　　　　　④ 비위 맞추기
⑤ 대답할 말 준비하기

05 다음 중 '뉴로리더십'에 대한 설명으로 적절하지 않은 것은?

> 베스트셀러 작가이자 미래학자인 다니엘 핑크(Daniel Pink)는 앞으로의 세상은 하이콘셉트(High-Concept), 하이터치(High-Touch)의 시대가 될 것이라고 했다. 하이콘셉트는 예술적, 감성적 아름다움을 창조하는 능력을 말하며, 하이터치는 공감을 이끌어내는 능력을 말한다. 즉, 미래에는 뇌를 쓰는 방식이 달라져야 함을 의미한다.
>
> 지금까지의 세계는 체계화된 정보를 바탕으로 품질 좋은 제품을 대량생산하여 규모의 경제를 이루고, 시장을 개척해 부지런히 노력하면 어느 정도는 성공할 수 있는 경쟁체제였다. 경쟁사보다 논리적이고 체계적으로 정보를 분석해 소비자의 니즈를 만족시킬 수 있도록 하는 좌뇌형 사회였다고 할 수 있다.
>
> 하지만 세상은 빠르게 변하고 있다. 정보를 많이 가지고 있는 것보다는 그 정보를 이용해 어떤 새로운 아이디어를 도출해 내느냐가 더욱 중요한 시대가 된 것이다. 동일한 정보를 가지고 남들이 미처 생각하지 못했던 아이디어를 떠올리고 숨겨진 고객의 니즈를 이끌어냄으로써 시장을 주도할 수 있는 통찰력과 창의력이 중요한 성공 포인트가 되고 있다.
>
> 하지만 4차 산업혁명이 강조되고 있는 오늘날, 우리나라에서는 안타깝게도 창의적인 아이디어를 바탕으로 혁신적인 비즈니스 모델을 만들어낸 기업은 거의 보이지 않는 것 같다. 미국의 기술분석 잡지인 〈MIT Technology Review〉의 발표에 따르면 세계 50대 혁신기업 중에 우리나라 기업은 단 하나도 들지 못했다.
>
> 창의적인 아이디어가 중요한 4차 산업혁명 시대에는 경영의 패러다임도 그에 맞춰 변화해야 한다. 무엇보다 큰 틀에서 세상의 변화를 바라보고 그것을 선도할 수 있는 통찰력이 필요하다. 그러나 아쉽게도 우리나라 기업은 여전히 '일' 중심의 관리문화가 굳건하게 자리잡고 있어 '나무는 보되 숲은 보지 못하는' 근시안적 자세에서 벗어나지 못하고 있다. 아무리 시스템이 잘 갖춰져 있고 관리체계가 뛰어나도 사람이라는 자원이 투입되지 않고서는 좋은 아이디어가 도출될 수 없다. 창의적인 아이디어란 결국 사람의 머리를 거치지 않고서는 나올 수 없기 때문이다.
>
> 결국 관리의 중심축이 '일'에서 '사람'으로 바뀌지 않으면 안 된다. '일' 중심의 관리문화에서는 초점이 '효율'과 '생산성'에 맞춰져 있으며 사람은 그것을 보조하는 일개 수단에 지나지 않는다. 반면, '사람' 중심의 관리문화에서는 '창조성'과 '가치'에 초점이 맞춰져 있다. 효율과 생산성을 높이기 위한 수단에 불과했던 사람 그 자체가 관리의 중심이 된다. 사람이 관리의 중심이 되기 위해서는 인간이 가진 두뇌의 특성을 이해해야 한다. 두뇌의 작동 메커니즘과 생물학적인 특성이 이해되어야만 그것이 가진 잠재력과 가치를 최대한으로 활용할 수 있다. 이러한 관점에서 인간의 두뇌 특성을 이해하고 모든 조직구성원이 최대한 창의적으로 뇌를 활용할 수 있게 함으로써 미래의 경영 환경에서 살아남을 수 있도록 만들어주는 혁신적인 툴이 뉴로리더십이라 하겠다.

① 구성원들이 최대한 창의적으로 뇌를 활용할 수 있게 하는 것이다.
② 창조성과 가치가 관리의 중심축이라고 말할 수 있다.
③ 일보다 사람을 우선시하는 관리문화를 말한다.
④ 인간이 가진 두뇌의 특성을 이해하는 것을 바탕으로 한다.
⑤ 근시안적인 자세를 가지고 행동하는 리더십을 말한다.

06 다음 글을 바탕으로 세미나를 개최하고자 한다. 세미나의 안내장에 들어갈 표제와 부제로 적절하지 않은 것은?

인간은 자연 속에서 태어나 살다가 자연으로 돌아간다. 이처럼 자연은 인간 삶의 무대요 안식처이다. 그러므로 자연과 인간의 관계는 불가분의 관계라고 할 수 있다. 유교는 바로 이 점에 주목하여 인간과 자연의 원만한 관계를 추구하였다. 이는 자연이 인간을 위한 수단이 아니라 인간과 공존해야 할 대상이라는 것을 뜻한다. 유교는 자연을 인간의 부모로 생각하고 인간은 자연의 자식이라고 여겨왔다. 그러므로 유교에서는 인간의 본질적 근원을 천(天)에 두었다. 하늘이 명한 것을 성(性)이라 하고, 하늘이 인간에게 덕(德)을 낳아 주었다고 하였다. 이는 인간에게 주어진 본성과 인간에 내재한 덕이 하늘에서 비롯한 것임을 밝힌 것이다. 이와 관련하여 이이는 "사람이란 천지의 이(理)를 부여받아 성(性)을 삼고, 천지의 기(氣)를 나누어 형(形)을 삼았다."라고 하였다. 이는 인간 존재를 이기론(理氣論)으로 설명한 것이다. 인간은 천지의 소산자(所産者)이며 이 인간 생성의 모태는 자연이다. 그러므로 천지 만물이 본래 나와 한몸이라고 할 수 있는 것이다.

유교에서는 천지를 인간의 모범 혹은 완전자(完全者)로 이해하였다. 유교 사상에 많은 영향을 미친 『주역』에 의하면 성인(聖人)은 천지와 더불어 그 덕을 합한 자이며, 해와 달과 함께 그 밝음을 합한 자이며, 사시(四時)와 더불어 그 질서를 합한 자이다. 이에 대하여 이이는 '천지란 성인의 준칙이요 성인이란 중인의 준칙'이라 하여 천지를 성인의 표준으로 이해하였다. 따라서 성인의 덕은 하늘과 더불어 하나가 되므로 신묘하여 헤아릴 수 없다고 하였다. 이와 같이 천지는 인간의 모범으로 일컬어졌고, 인간은 그 천지의 본성을 부여받은 존재로 규정되었다. 그러므로 『중용』에서는 성(誠)은 하늘의 도(道)요, 성(誠)이 되고자 노력하는 것이 인간의 도리라고 하였다. 즉, 참된 것은 우주 자연의 법칙이며, 그 진실한 자연의 법칙을 좇아 살아가는 것은 인간의 도리라는 것이다. 이처럼 유교는 인간 삶의 도리를 자연의 법칙에서 찾았고, 자연의 질서에 맞는 인간의 도리를 이상으로 여겼다. 이렇게 볼 때, 유교에서는 인간과 자연을 하나로 알고 상호 의존하고 있는 유기적 존재로 인식함으로써 천인합일(天人合一)을 추구하였음을 알 수 있다. 이러한 바탕 위에서 유교는 자존과 공존의 자연관을 말하였다. 만물은 저마다 자기 생을 꾸려나간다. 즉, 인간은 인간대로, 동물은 동물대로, 식물은 식물대로 각기 자기 삶을 살아가지만 서로 해치지 않는다. 약육강식의 먹이 사슬로 보면 이러한 설명은 타당하지 않은 듯하다. 그러나 생태계의 질서를 살펴보면 먹고 먹히면서도 전체적으로는 평등하다는 것을 알 수 있다. 또한, 만물의 도는 함께 운행되고 있지만 전체적으로 보면 하나의 조화를 이루어 서로 어긋나지 않는다. 이것이야말로 자존과 공존의 질서가 서로 어긋나지 않으면서 하나의 위대한 조화를 이루고 있는 것이다. 나도 살고 너도 살지만, 서로 해치지 않는 조화의 질서가 바로 유교의 자연관인 것이다.

① 유교와 현대 철학 – 환경 파괴 문제에 관하여
② 우주를 지배하는 자연의 질서 – 자연이 보여준 놀라운 복원력
③ 유교에서 바라본 자연관 – 자연과 인간의 공존을 찾아서
④ 유교의 현대적인 의미 – 자연에서 발견하는 삶의 지혜
⑤ 유교에서 바라본 현대문명 – 자존과 공존의 문명을 그리며

07 다음 문단을 논리적 순서대로 바르게 나열한 것은?

> (가) 또 그는 현대 건축 이론 중 하나인 '도미노 이론'을 만들었는데, 도미노란 집을 뜻하는 라틴어 '도무스 (Domus)'와 혁신을 뜻하는 '이노베이션(Innovation)'을 결합한 단어다.
>
> (나) 그는 이 이론의 원칙을 통해 인간이 효율적으로 살 수 있는 집을 꾸준히 연구해 왔으며, 그가 제안한 건축 방식 중 필로티와 옥상정원 등이 최근 우리나라 주택에 많이 쓰이고 있다.
>
> (다) 최소한의 철근콘크리트 기둥들이 모서리를 지지하고 평면의 한쪽에서 각 층으로 갈 수 있게 계단을 만든 개방적 구조가 이 이론의 핵심이다. 건물을 돌이나 벽돌을 쌓아 올리는 조적식 공법으로만 지었던 당시에 이와 같은 구조는 많은 이들에게 적지 않은 충격을 주었다.
>
> (라) 스위스 출신의 프랑스 건축가 르 코르뷔지에(Le Corbusier)는 근대주택의 기본형을 추구했다는 점에서 현대 건축의 거장으로 불린다. 그는 현대 건축에서의 집의 개념을 '거주 공간'에서 '더 많은 사람이 효율적으로 살 수 있는 공간'으로 바꿨다.

① (나) – (라) – (다) – (가)
② (나) – (다) – (라) – (가)
③ (다) – (가) – (라) – (나)
④ (라) – (가) – (다) – (나)
⑤ (라) – (나) – (가) – (다)

08 다음 중 문서이해능력에 대한 설명으로 옳지 않은 것은?

① 문서를 이해할 때는 단순히 읽을 수 있다는 것에 그치는 것이 아니라 문서에서 전달하고자 하는 핵심 내용을 요약·정리할 수 있어야 한다.
② 자신의 업무와 관련된 문서를 읽었다면, 거기서 무엇이 자신에게 필요한 정보인지 구분할 줄 알아야 한다.
③ 자신의 업무와 관련된 문서를 읽은 후, 필요하다면 그와 관련된 도표나 기호 등으로 문서를 나타낼 수 있어야 한다.
④ 문서를 볼 때는 문서에서 나타내는 정보의 출처를 파악할 수 있어야 한다.
⑤ 문서에 타인의 의견이 제시된 경우, 그 의견을 이해하되 옳고 그름의 판단은 하지 않아야 한다.

09 다음 A ~ C의 주장에 대한 평가로 적절한 것을 〈보기〉에서 모두 고르면?

> A : 정당에 대한 충성도와 공헌도를 공직자 임용 기준으로 삼아야 한다. 이는 전쟁에서 전리품은 승자에게 속한다는 국제법의 규정에 비유할 수 있다. 즉, 주기적으로 실시되는 대통령 선거에서 승리한 정당이 공직자 임용의 권한을 가져야 한다는 것이다. 이러한 임용 방식은 공무원에 대한 정치 지도자의 지배력을 강화해 지도자가 구상한 정책 실현을 용이하게 할 수 있다.
>
> B : 공직자 임용 기준은 개인의 능력·자격·적성에 두어야 하며 공개경쟁 시험을 통해서 공무원을 선발하는 것이 좋다. 그러면 신규 채용 과정에서 공개와 경쟁의 원칙이 준수되기 때문에 정실 개입의 여지가 줄어든다. 공개경쟁 시험은 무엇보다 공직자 임용에서 기회균등을 보장하여 우수한 인재를 임용함으로써 행정의 능률을 높일 수 있고 공무원의 정치적 중립을 통하여 행정의 공정성이 확보될 수 있다는 장점이 있다. 또한, 공무원의 신분보장으로 행정의 연속성과 직업적 안정성도 강화될 수 있다.
>
> C : 사회를 구성하는 모든 지역 및 계층으로부터 인구 비례에 따라 공무원을 선발하고, 그들을 정부 조직 내의 각 직급에 비례적으로 배치함으로써 정부 조직이 사회의 모든 지역과 계층에 가능한 한 공평하게 대응하도록 구성되어야 한다. 공무원들은 가치중립적인 존재가 아니다. 그들은 자신의 출신 집단의 영향을 받은 가치관과 신념을 가지고 정책 결정과 집행에 깊숙이 개입하고 있으며, 이 과정에서 자신의 견해나 가치를 반영하고자 노력한다.

〈보기〉
ㄱ. 공직자 임용의 정치적 중립성을 보장할 필요성이 대두된다면, A의 주장은 설득력을 얻는다.
ㄴ. 공직자 임용과정의 공정성을 높일 필요성이 부각된다면, B의 주장은 설득력을 얻는다.
ㄷ. 인구의 절반을 차지하는 비수도권 출신 공무원의 비율이 1/4에 그쳐 지역 편향성을 완화할 필요성이 제기된다면, C의 주장은 설득력을 얻는다.

① ㄱ
② ㄴ
③ ㄷ
④ ㄱ, ㄷ
⑤ ㄴ, ㄷ

10 다음 중 문서 작성의 의미와 중요성에 대한 설명으로 적절하지 않은 것은?

① 문서란 제안서, 보고서, 기획서, 편지, 메모, 공지사항 등이 문자로 구성된 것을 말한다.
② 직장인에게 있어 기획서나 보고서, 공문서 등의 문서를 작성할 수 있는 능력은 중요하다.
③ 문서 내용에는 대상·목적·시기가 포함되어야 하며, 제안서는 경우에 따라 기대효과가 포함되어야 한다.
④ 문서는 한 사안을 한 장의 용지에 작성해야 한다.
⑤ 문서를 작성할 때는 주로 한자를 사용하여 상대방이 쉽게 이해할 수 있도록 한다.

11 다음은 인터넷 공유활동 참여 현황을 정리한 자료이다. 이를 바르게 이해하지 못한 사람은?

〈인터넷 공유활동 참여율(복수응답)〉

(단위 : %)

구분		커뮤니티 이용	퍼나르기	블로그 운영	댓글달기	UCC게시
성별	남성	79.1	64.1	49.9	52.2	46.1
	여성	76.4	59.6	55.1	38.4	40.1
연령	10대	75.1	63.9	54.7	44.3	51.3
	20대	88.8	74.4	76.3	47.3	54.4
	30대	77.3	58.5	46.3	44.0	37.5
	40대	66.0	48.6	27.0	48.2	29.6

※ 성별, 연령별 조사인원은 동일하다.

① A사원 : 자료에 의하면 20대가 다른 연령대에 비해 인터넷상에서 공유활동을 활발히 참여하고 있네요.
② B주임 : 대체로 남성이 여성에 비해 상대적으로 활발한 활동을 하고 있는 것 같아요. 그런데 블로그 운영 활동은 여성이 더 많네요.
③ C대리 : 남녀 간의 참여율 격차가 가장 큰 영역은 댓글달기네요. 반면에 커뮤니티 이용은 남녀 간의 참여율 격차가 가장 적네요.
④ D사원 : 10대와 30대의 공유활동 참여율을 크기순으로 나열하면 재미있게도 두 연령대의 활동 순위가 동일하네요.
⑤ E사원 : 40대는 대부분의 공유활동에서 모든 연령대의 참여율보다 낮지만, 댓글달기에서는 가장 높은 참여율을 보이고 있네요.

12 다음은 청소년의 경제의식에 대한 설문조사 결과이다. 이에 대한 설명으로 옳은 것은?

〈경제의식에 대한 설문조사 결과〉

(단위 : %)

설문 내용	구분	전체	성별		학교별	
			남	여	중학교	고등학교
용돈을 받는지 여부	예	84.2	82.9	85.4	87.6	80.8
	아니오	15.8	17.1	14.6	12.4	19.2
월간 용돈 금액	5만 원 미만	75.2	73.9	76.5	89.4	60
	5만 원 이상	24.8	26.1	23.5	10.6	40
금전출납부 기록 여부	기록한다.	30	22.8	35.8	31	27.5
	기록 안 한다.	70	77.2	64.2	69.0	72.5

① 용돈을 받는 남학생의 비율이 용돈을 받는 여학생의 비율보다 높다.
② 월간 용돈을 5만 원 미만으로 받는 비율은 중학생이 고등학생보다 높다.
③ 고등학생 전체 인원을 100명이라 한다면, 월간 용돈을 5만 원 이상 받는 학생은 40명이다.
④ 금전출납부는 기록하는 비율이 기록 안 하는 비율보다 높다.
⑤ 용돈을 받지 않는 중학생 비율이 용돈을 받지 않는 고등학생 비율보다 높다.

13 J사원은 각 생산부서의 사업평가 자료를 취합하였는데 커피를 흘려 자료의 일부가 훼손되었다. 다음 중 빈칸 (가) ~ (라)에 들어갈 수치로 옳은 것은?(단, 인건비와 재료비 이외의 투입요소는 없다)

〈사업평가 자료〉

구분	목표량	인건비	재료비	산출량	효과성 순위	효율성 순위
A부서	(가)	200	50	500	3	2
B부서	1,000	(나)	200	1,500	2	1
C부서	1,500	1,200	(다)	3,000	1	3
D부서	1,000	300	500	(라)	4	4

※ (효과성)＝(산출량)÷(목표량)
※ (효율성)＝(산출량)÷(투입량)

	(가)	(나)	(다)	(라)
①	300	500	800	800
②	500	800	300	800
③	800	500	300	300
④	500	300	800	800
⑤	800	800	300	500

14 어느 한 사람이 5지선다형 문제 2개를 풀고자 한다. 첫 번째 문제의 정답은 선택지 중 1개이지만, 두 번째 문제의 정답은 선택지 중 2개이며, 모두 맞혀야 정답으로 인정된다. 두 문제 중 하나만 맞힐 확률은?

① 18%　　　　　　　　　　　　② 20%

③ 26%　　　　　　　　　　　　④ 30%

⑤ 44%

15 다음은 2023년 우리나라의 LPCD(Liter Per Capital Day)에 대한 자료이다. 1인 1일 사용량에서 영업용 사용량이 차지하는 비중과 1인 1일 가정용 사용량의 하위 두 항목이 차지하는 비중을 순서대로 바르게 나열한 것은?(단, 소수점 셋째 자리에서 반올림한다)

① 27.57%, 16.25%　　　　　　　② 27.57%, 19.24%

③ 28.37%, 18.33%　　　　　　　④ 28.37%, 19.24%

⑤ 30.56%, 20.78%

16 다음은 지역별 전력 최종에너지 소비량 변화에 대한 자료이다. 〈보기〉 중 이에 대한 설명으로 옳지 않은 것은?

〈지역별 전력 최종에너지 소비량 변화〉

구분	2013년		2023년		연평균 증가율(%)
	소비량(천 TOE)	비중(%)	소비량(천 TOE)	비중(%)	
전국	28,588	100.0	41,594	100.0	3.8
서울	3,485	12.2	3,903	9.4	1.1
부산	1,427	5.0	1,720	4.1	1.9
대구	1,063	3.7	1,286	3.1	1.9
인천	1,562	5.5	1,996	4.8	2.5
광주	534	1.9	717	1.7	3.0
대전	624	2.2	790	1.9	2.4
울산	1,793	6.3	2,605	6.3	3.8
세종	–	–	227	0.5	–
경기	5,913	20.7	9,034	21.7	4.3
강원	1,065	3.7	1,394	3.4	2.7
충북	1,244	4.4	1,974	4.7	4.7
충남	1,931	6.8	4,067	9.8	7.7
전북	1,169	4.1	1,899	4.6	5.0
전남	1,617	5.7	2,807	6.7	5.7
경북	2,852	10.0	3,866	9.3	3.1
경남	2,072	7.2	2,913	7.0	3.5
제주	238	0.8	381	0.9	4.8

〈보기〉

전력은 모든 지역에서 소비가 증가하였다. 특히 ㉠ 충청남도가 7.7%로 가장 높은 상승세를 나타냈으며, 이어서 ㉡ 전라도가 5%대의 연평균 증가율을 보이며 뒤를 이었다. 또한 ㉢ 서울과 달리 부산 및 인천 지역은 그에 비해 증가율이 상대적으로 낮은 편인 것으로 나타났다.

인구가 가장 많은 경기도는 20%대의 비중을 유지하면서 가장 높은 수준의 전력을 소비하는 지역으로 나타났으며, ㉣ 2013년에 두 번째로 많은 전력을 소비했던 서울은 충청남도에 밀려 2023년에는 세 번째가 되었다.

한편, ㉤ 전국 에너지 소비량은 10년 사이 10,000천 TOE 이상의 증가를 나타냈다.

① ㉠
② ㉡
③ ㉢
④ ㉣
⑤ ㉤

17 다음은 지역별 마약류 단속에 대한 자료이다. 이에 대한 설명으로 옳은 것은?

〈지역별 마약류 단속 건수〉

(단위 : 건, %)

구분	대마	코카인	향정신성의약품	합계	비중
서울	49	18	323	390	22.1
인천 · 경기	55	24	552	631	35.8
부산	6	6	166	178	10.1
울산 · 경남	13	4	129	146	8.3
대구 · 경북	8	1	138	147	8.3
대전 · 충남	20	4	101	125	7.1
강원	13	0	35	48	2.7
전북	1	4	25	30	1.7
광주 · 전남	2	4	38	44	2.5
충북	0	0	21	21	1.2
제주	0	0	4	4	0.2
전체	167	65	1,532	1,764	100.0

※ 수도권은 서울과 인천 · 경기를 합한 지역이다.
※ 마약류는 대마, 코카인, 향정신성의약품으로만 구성된다.

① 대마 단속 전체 건수는 코카인 단속 전체 건수의 3배 이상이다.
② 수도권의 마약류 단속 건수는 마약류 단속 전체 건수의 50% 이상이다.
③ 코카인 단속 건수가 없는 지역은 5곳이다.
④ 향정신성의약품 단속 건수는 대구 · 경북 지역이 광주 · 전남 지역의 4배 이상이다.
⑤ 강원 지역은 향정신성의약품 단속 건수가 대마 단속 건수의 3배 이상이다.

18 A와 B는 휴일을 맞아 B의 집에서 49km 떨어진 전시회에 가기 위해 각자 집에서 출발하여 전시회 주차장에서 만나려고 한다. B는 항상 70km/h의 속력으로 운전하고, A는 항상 55km/h의 속력으로 운전한다. 전시회장에서 B의 집이 A의 집보다 더 멀어 30분 먼저 출발해야 같은 시간에 전시회 주차장에 도착할 수 있을 때, A와 B의 집 사이의 거리는 몇 km인가?(단, A와 B의 운전 방향은 같다)

① 37km
② 38km
③ 39km
④ 40km
⑤ 41km

19 K전력회사에서 가정용 전기요금 체계를 개편했다. 사용 전력량의 10kWh까지는 기본요금을 부과하고, 10kWh 초과 100kWh 이하일 때는 기본요금에 10kWh를 초과한 양에 대하여 1kWh당 단위요금을 더한다. 또한, 사용 전력량이 100kWh 초과일 때는 초과한 양에 대하여 1kWh당 단위요금에 20%를 가산한 금액을 더하기로 했다. 민지의 집은 11월에 70kWh를 사용하여 15,000원을, 12월에는 120kWh를 사용하여 42,000원을 냈다. 1kWh당 단위요금에 20%를 가산한 금액은 얼마인가?

① 500원   ② 510원
③ 540원   ④ 600원
⑤ 620원

20 수현이는 규칙을 정해서 100쪽짜리 소설책을 읽기로 계획하였다. 모든 화요일에는 6쪽씩, 화요일이 아닌 다른 요일에는 4쪽씩 읽거나 전혀 읽지 않는다. 또한 3쪽 이하로 읽거나 읽다가 그만두는 일은 없다고 했을 때, 수현이가 9월 1일부터 소설책을 읽기 시작하여 최대한 빨리 읽어서 9월의 어느 월요일에 끝마쳤다고 한다. 수현이가 소설책을 다 읽은 날짜는?(단, 9월 1일은 화요일이다)

① 9월 22일   ② 9월 24일
③ 9월 26일   ④ 9월 28일
⑤ 9월 30일

※ 다음은 K공단의 출장비 지급규정이다. 자료를 보고 이어지는 질문에 답하시오. [21~22]

〈출장비 지급규정〉

- 일비는 직급별로 지급되는 금액을 기준으로 출장일수에 맞게 지급한다.
- 교통비는 대중교통(버스, 기차 등) 및 택시를 이용한 금액만 실비로 지급한다.
- 숙박비는 1박당 제공되는 숙박비를 넘지 않는 선에서 실비로 지급한다.
- 식비는 직급별로 지급되는 금액을 기준으로 1일당 3식으로 계산하여 지급한다.

〈출장 시 지급비용〉

(단위 : 원)

구분	일비(1일)	숙박비(1박)	식비(1식)
사원	20,000	100,000	6,000
대리	30,000	120,000	8,000
과장	50,000	150,000	10,000
부장	60,000	180,000	10,000

21 대리 1명과 과장 1명이 2박 3일간 부산으로 출장을 다녀왔다면, 지급받을 수 있는 출장비는 총 얼마인가?

〈부산 출장 지출내역〉

- 서울 시내버스 및 지하철 이동 : 3,200원(1인당)
- 서울 – 부산 KTX 이동(왕복) : 121,800원(1인당)
- 부산 P호텔 스탠다드 룸 : 150,000원(1인당, 1박)
- 부산 시내 택시 이동 : 10,300원

① 1,100,300원
② 1,124,300원
③ 1,179,300원
④ 1,202,300원
⑤ 1,224,300원

22 사원 2명과 대리 1명이 1박 2일간 강릉으로 출장을 다녀왔다면, 지급받을 수 있는 출장비는 총 얼마인가?

〈강릉 출장 지출내역〉

- 서울 – 강릉 자가용 이동(왕복) : 주유비 100,000원
- 강릉 X호텔 트리플룸 : 80,000원(1인당, 1박)
- 식비 : 총 157,000원

① 380,000원
② 480,000원
③ 500,000원
④ 537,000원
⑤ 545,000원

23 K회사에서는 냉방 효율을 위하여 층별 에어컨 수와 종류를 조정하기 위해 판매하는 구형 에어컨과 구입하는 신형 에어컨의 수를 최소화하려고 한다. 이 경우, 에어컨을 사고팔 때 드는 비용은 얼마인가?

〈냉방 효율 조정 방안〉

구분	조건	미충족 시 조정 방안
1	층별 전기료 월 75만 원 미만	구형 에어컨을 판매
2	층별 구형 에어컨 대비 신형 에어컨 비율 $\frac{1}{2}$ 이상 유지	신형 에어컨을 구입

※ 구형 에어컨 1대 전기료는 월 5만 원이고, 신형 에어컨 1대 전기료는 월 3만 원이다.
※ 구형 에어컨 1대 중고 판매가는 10만 원이고, 신형 에어컨 1대 가격은 50만 원이다.
※ 조건과 조정 방안은 1번부터 적용하며 2번 적용 후 1번 조정 방안을 다시 적용하지 않는다.

〈층별 냉방시설 현황〉

(단위 : 대)

구분	1층	2층	3층	4층	5층
구형	10	13	15	11	12
신형	4	5	7	6	5

① 50만 원   ② 55만 원
③ 60만 원   ④ 65만 원
⑤ 70만 원

24 K회사는 해외지사에서 근무 중인 직원들 중 업무성과가 우수한 직원을 선발하여 국내로 초청하고자 한다. 다음 자료를 토대로 추청했을 때 각국 직원들이 국내에 도착하는 순서로 가장 적절한 것은?

〈각국 해외지사 직원들의 비행 스케줄〉

출발지	출발지 기준 이륙시각	비행시간 (출발지 → 대한민국)
독일(뮌헨)	2024년 3월 8일(금) 오후 04:20	11시간 30분
인도(뉴델리)	2024년 3월 8일(금) 오후 10:10	8시간 30분
미국(뉴욕)	2024년 3월 8일(금) 오전 07:40	14시간

〈동일시점에서의 각국의 현지 시각〉

국가	현지 시각
대한민국(서울)	2024년 3월 8일(금) 오전 06:20
독일(뮌헨)	2024년 3월 7일(목) 오후 11:20
인도(뉴델리)	2024년 3월 8일(금) 오전 03:50
미국(뉴욕)	2024년 3월 7일(목) 오후 05:20

① 인도 - 독일 - 미국 ② 인도 - 미국 - 독일
③ 미국 - 독일 - 인도 ④ 미국 - 인도 - 독일
⑤ 독일 - 미국 - 인도

25 K공사는 미세먼지 정화설비 A~F 중 일부를 도입하고자 한다. 설비들의 호환성에 따른 도입규칙이 다음과 같을 때, 도입하는 설비만으로 짝지어진 것은?

〈호환성에 따른 도입규칙〉

- A설비는 반드시 도입한다.
- B설비를 도입하지 않으면 D설비를 도입한다.
- E설비를 도입하면 A설비를 도입하지 않는다.
- B・E・F설비 중 적어도 두 개는 반드시 도입한다.
- E설비를 도입하지 않고, F설비를 도입하면 C설비는 도입하지 않는다.
- 최대한 많은 설비를 도입한다.

① A, C, E ② A, B, F
③ A, B, C, E ④ A, B, D, F
⑤ A, C, D, E, F

※ 다음 글을 읽고 이어지는 질문에 답하시오. [26~27]

〈상황〉

K사는 냉동핫도그를 주력으로 판매하고 있다. 현재까지 높은 판매율을 보이고 있으나, 제품개발팀에서는 새로운 제품을 만들겠다고 아이디어를 제시한다. 하지만 경영진의 반응은 차갑기만 하다.

〈회의 내용〉

제품개발팀장 : 저희 팀에서는 새로운 제품을 개발하자는 의견이 계속해서 나오고 있습니다. 현재의 상품에 좋은 반응이 이어지고 있지만, 이 제품만으로는 안주할 수 없습니다. 신제품 개발에 대해 서로의 상황을 인지하고 문제 상황을 해결해 보자는 의미로 이 회의 자리를 마련했습니다. 각 팀 내에서 거론되었던 의견들을 제시해 주십시오.

기획팀장 : 저희는 찬성하는 입장입니다. 요즘처럼 고객의 요구가 빠르게 변화하는 사회에선 끊임없는 새로운 제품 개발과 출시가 당연한 듯합니다.

마케팅팀장 : 최근 냉동핫도그 고급화 전략을 내세우는 곳이 많던데요. 혹시 제품개발팀에서는 어떤 방향으로 제품 개발을 생각하고 있으신가요?

제품개발팀장 : 네, 저희도 고급화로 접근하고자 합니다. 단순히 간단하게 먹는 음식이 아닌 간단하지만 유명 맛집이나 호텔에서 즐길 수 있는 그런 퀄리티가 높은 음식으로 말이죠. 기존엔 조리법도 너무 간단하게 안내가 되었는데, 이제는 더욱 색다르고 제대로 된 맛을 느낄 수 있는 조리법도 함께 담았으면 합니다. 특히 핫도그에 감자나 고구마를 이용하여 여러 종류의 냉동핫도그를 출시하고자 합니다.

마케팅팀장 : 그런데 냉동핫도그 보관이 길고 간편한 것이 장점인데, 고급화하게 되면 보관 기간이 줄어들거나 조리법이 어려워지는 건 아닐까요?

제품개발팀장 : 저희도 그 부분들에 대해 고민 중입니다. 다양한 재료를 생각해 보았으나, 냉동과 해동 과정에서 맛이 바뀌는 경우들이 있어서 아직 다양한 재료들을 더 고민해 봐야 할 것 같습니다.

기획팀장 : 보관 기간은 정말 중요합니다. 재고관리에도 도움이 되고요.

마케팅팀장 : 퀄리티는 높이되 간편함과 보관 기간은 유지하자는 말씀이시죠?

제품개발부장 : 네, 그렇습니다. 우선 다양한 종류의 제품을 만들게 되었을 때, 물량 차이가 얼마나 있는지도 확인이 필요할 것 같습니다.

연구팀장 : 네, 그 부분에 대해서는 조금 더 논의가 필요할 것 같습니다. 검토해 보겠습니다.

마케팅팀장 : 좋은 의견들이 많이 나온 것 같습니다. 고급화 신제품뿐 아니라 또 다른 제품이나 브랜딩에 대한 의견이 있으시다면 자유롭게 말씀해 주세요.

26 다음 중 윗글의 내용에 해당하는 문제해결 과정 단계는?

① 문제인식 ② 문제도출
③ 원인분석 ④ 해결안 개발
⑤ 해결안 실행 및 평가

27 다음 중 윗글을 통해 알 수 있는 문제해결을 위한 사고로 가장 적절한 것은?

① 전략적 사고 ② 분석적 사고
③ 발상의 전환 ④ 내외부자원의 효과적 활용
⑤ 사실 지향적 사고

28 다음은 자동차 외판원인 A~F의 판매실적에 대한 정보이다. 이를 참고할 때, 옳은 것은?

- A는 B보다 실적이 높다.
- C는 D보다 실적이 낮다.
- E는 F보다 실적이 낮지만, A보다는 높다.
- B는 D보다 실적이 높지만, E보다는 낮다.

① 실적이 가장 높은 외판원은 F이다.
② C의 실적은 꼴찌가 아니다.
③ B의 실적보다 낮은 외판원은 3명이다.
④ E의 실적이 가장 높다.
⑤ A의 실적이 C의 실적보다 적다.

29 K공사는 2024년에 신입사원 채용을 진행하고 있다. 최종 관문인 다대다 면접평가를 위해 A ~ E면접자를 포함한 총 8명이 다음 〈조건〉과 같이 의자에 앉았다. D면접자가 2번 의자에 앉았을 때, 항상 옳은 것은?(단, 면접실 의자는 순서대로 1번부터 8번까지 번호가 매겨져 있다)

---〈조건〉---
- C면접자와 D면접자는 이웃해 앉지 않고, D면접자와 E면접자는 이웃해 앉지 않는다.
- A면접자와 C면접자 사이에는 2명이 앉는다.
- A면접자는 양 끝(1번, 8번)에 앉지 않는다.
- B면접자는 6번 또는 7번 의자에 앉고, E면접자는 3번 의자에 앉는다.

① A면접자는 4번에 앉는다.

② C면접자는 1번에 앉는다.

③ A면접자와 B면접자가 서로 이웃해 앉는다면 C면접자는 4번 또는 8번에 앉는다.

④ B면접자가 7번에 앉으면 A면접자와 B면접자 사이에 2명이 앉는다.

⑤ C면접자가 8번에 앉으면 B면접자는 6번에 앉는다.

30 K공사는 현재 모든 사원과 연봉 협상을 하는 중이다. 연봉은 전년도 성과지표에 따라 결정되며 직원들의 성과지표가 다음과 같을 때, 가장 많은 연봉을 받을 직원은 누구인가?

〈성과지표별 가중치〉

(단위 : 원)

성과지표	수익 실적	업무 태도	영어 실력	동료 평가	발전 가능성
가중치	3,000,000	2,000,000	1,000,000	1,500,000	1,000,000

〈사원별 성과지표 결과〉

구분	수익 실적	업무 태도	영어 실력	동료 평가	발전 가능성
A사원	3	3	4	4	4
B사원	3	3	3	4	4
C사원	5	2	2	3	2
D사원	3	3	2	2	5
E사원	4	2	5	3	3

※ (당해 연도 연봉)=3,000,000원+(성과금)
※ 성과금은 각 성과지표와 그에 해당하는 가중치를 곱한 뒤 모두 더한다.
※ 성과지표의 평균이 3.5 이상인 경우 당해 연도 연봉에 1,000,000원이 추가된다.

① A사원   ② B사원

③ C사원   ④ D사원

⑤ E사원

31 K물류회사에서 근무 중인 H사원에게 화물운송기사 두 명이 찾아와 운송시간에 대한 질문을 하였다. 주요 도시 간 이동시간 자료를 참고했을 때, 두 기사에게 안내해야 할 시간은?(단, H사원과 두 기사는 A도시에 위치하고 있다)

> Q기사 : 저는 여기서 화물을 싣고 E도시로 운송한 후에 C도시로 가서 다시 화물을 싣고 여기로 돌아와야 하는데 시간이 얼마나 걸릴까요? 최대한 빨리 마무리지었으면 좋겠는데….
>
> P기사 : 저는 여기서 출발해서 모든 도시를 한 번씩 거쳐 다시 여기로 돌아와야 해요. 만약에 가장 짧은 이동시간으로 다녀오면 얼마나 걸릴까요?

〈주요도시 간 이동시간〉

(단위 : 시간)

출발도시 \ 도착도시	A	B	C	D	E
A	–	1.0	0.5	–	–
B	–	–	–	1.0	0.5
C	0.5	2.0	–	–	–
D	1.5	–	–	–	0.5
E	–	–	2.5	0.5	–

※ 화물을 싣고 내리기 위해 각 도시에서 정차하는 시간은 고려하지 않음
※ '–' 표시가 있는 구간은 이동이 불가능함

	Q기사	P기사		Q기사	P기사
①	4시간	4시간	②	4.5시간	5시간
③	4.5시간	6시간	④	5.5시간	5시간
⑤	5.5시간	6시간			

32 K공사 기획팀 A사원은 다음 주 금요일에 열릴 세미나 장소를 섭외하라는 B부장의 지시를 받았다. 세미나에 참여할 인원은 총 17명이며, 모든 인원이 앉을 수 있는 테이블과 의자, 발표에 사용할 빔 프로젝터 1개가 필요하다. A사원은 모든 회의실의 잔여상황을 살펴보고 가장 적합한 대회의실을 선택하였고, 필요한 비품은 다른 회의실과 창고에서 확보한 후 부족한 물건을 주문하였다. 주문한 비품이 도착한 후 물건을 확인했지만, 수량을 착각해 빠트린 것이 있어 다시 주문하였다면 A사원이 주문할 물품 목록으로 가장 적절한 것은?

〈회의실별 비품 현황〉

(단위 : 개)

구분	대회의실	1회의실	2회의실	3회의실	4회의실
테이블(2인용)	1	1	2	–	–
의자	3	2	–	–	4
빔 프로젝터	–	–	–	–	–
화이트보드	–	–	–	–	–
보드마커	2	3	1	–	2

〈창고 내 비품 보유 현황〉

(단위 : 개)

구분	테이블(2인용)	의자	빔 프로젝터	화이트보드	보드마커
창고	–	2	1	5	2

〈1차 주문서〉

- 테이블(2인용) 4개
- 화이트보드 1개
- 의자 1개
- 보드마커 2개

① 빔 프로젝터 1개, 의자 3개
② 빔 프로젝터 1개, 테이블 1개
③ 테이블 1개, 의자 5개
④ 테이블 9개, 의자 6개
⑤ 테이블 9개, 의자 3개

※ K공사는 고객 초청행사 안내 현수막을 설치하려고 한다. 다음 자료를 참고하여 이어지는 질문에 답하시오. **[33~34]**

<table>
<tr><td colspan="6" align="center">〈현수막 설치 후보 장소〉</td></tr>
<tr><th>구분</th><th>주민센터</th><th>공사 본부</th><th>우체국</th><th>주유소</th><th>마트</th></tr>
<tr><td>설치가능 일자</td><td>3월 31일</td><td>3월 29일</td><td>3월 30일</td><td>3월 31일</td><td>4월 2일</td></tr>
<tr><td>게시기간</td><td>3월 31일 ~
4월 15일</td><td>3월 29일 ~
4월 18일</td><td>3월 30일 ~
4월 8일</td><td>3월 31일 ~
4월 8일</td><td>4월 2 ~ 25일</td></tr>
<tr><td>하루평균
유동인구</td><td>230명</td><td>300명</td><td>260명</td><td>270명</td><td>310명</td></tr>
<tr><td>설치비용</td><td>200만 원</td><td>300만 원</td><td>250만 원</td><td>200만 원</td><td>300만 원</td></tr>
<tr><td>게시비용</td><td>10만 원/일</td><td>8만 원/일</td><td>12만 원/일</td><td>12만 원/일</td><td>7만 원/일</td></tr>
</table>

※ 현수막은 유동인구가 가장 많은 2곳에 설치할 예정이다.
※ 유동인구가 하루 20명 이상 차이나지 않는 경우 게시기간이 긴 장소에 설치한다.
※ 설치비용은 한 번만 지불한다.

33 현수막을 3월에만 게시하고자 할 때, 다음 중 안내 현수막을 설치할 장소를 모두 고르면?(단, 설치장소 선정에 설치 및 게시 비용은 고려하지 않는다)

① 주민센터, 공사 본부
② 공사 본부, 우체국
③ 공사 본부, 주유소
④ 우체국, 마트
⑤ 주유소, 마트

34 상부 지시로 다른 조건은 모두 배제하고 설치 및 게시 비용만 고려하여 가장 저렴한 곳에 현수막을 설치하기로 하였다. 다음 중 현수막을 설치할 장소는?(단, 현수막은 장소마다 제시되어 있는 게시기간 모두를 사용한다)

① 주민센터
② 공사 본부
③ 우체국
④ 주유소
⑤ 마트

35 다음은 직원 인사규정 중 벌점 규정에 대한 자료이다. 직원들의 올해 업무 평정 내역이 아래와 같을 때, 올해 업무 평정 최종점수에서 가장 낮은 점수를 받은 직원은?

> **벌점(제25조)**
> 1. 일반사고는 회당 올해 업무 평정에서 20점을 차감한다.
> 2. 중대사고는 회당 올해 업무 평정에서 40점을 차감한다.
> 3. 수상경력이 있는 경우 올해 업무 평정에서 100점을 더한다.
>
> 〈평정 내역〉
>
> | 구분 | 올해 업무 평정 | 일반사고 | 중대사고 | 수상경력 |
> | --- | --- | --- | --- | --- |
> | A사원 | 420 | 4 | 2 | – |
> | B사원 | 380 | 9 | 0 | 1회 |
> | C대리 | 550 | 11 | 1 | – |
> | D대리 | 290 | 0 | 3 | 2회 |
> | E과장 | 440 | 5 | 3 | – |

① A사원   ② B사원
③ C대리   ④ D대리
⑤ E과장

36 다음과 같은 〈조건〉에서 귀하가 판단할 수 있는 내용으로 옳지 않은 것은?

> ───── 〈조건〉 ─────
> • 프로젝트는 A부터 E까지의 작업으로 구성되며, 모든 작업은 동일 작업장 내에서 행해진다.
> • 각 작업의 필요 인원과 기간은 다음과 같다.
>
> | 프로젝트 | A작업 | B작업 | C작업 | D작업 | E작업 |
> | --- | --- | --- | --- | --- | --- |
> | 필요 인원(명) | 5 | 3 | 5 | 2 | 4 |
> | 기간(일) | 10 | 18 | 50 | 18 | 16 |
>
>   – B작업은 A작업이 완료된 이후에 시작할 수 있음
>   – E작업은 D작업이 완료된 이후에 시작할 수 있음
> • 각 인력은 A부터 E까지 모든 작업에 동원될 수 있으며, 각 작업에 투입된 인력의 생산성은 동일하다.
> • 프로젝트에 소요되는 비용은 1인당 1일 10만 원의 인건비와 1일 50만 원의 작업장 사용료로 구성된다.
> • 각 작업의 필요 인원은 증원 또는 감원될 수 없다.

① 프로젝트를 완료하기 위해 필요한 최소 인력은 5명이다.
② 프로젝트를 완료하기 위해 소요되는 최단기간은 50일이다.
③ 프로젝트를 완료하는 데 들어가는 비용은 최소 7천만 원 이하이다.
④ 프로젝트를 최단기간에 완료하는 데 투입되는 최소 인력은 10명이다.
⑤ 프로젝트를 최소 인력으로 완료하는 데 소요되는 최단기간은 94일이다.

37 K기업은 설날을 맞이하여 6차 산업 우수제품 특판 행사에서 직원 선물을 구매하려고 한다. 총무부인 B사원은 상품 명단을 공지하여 부서별로 상품을 하나씩 선택하게 하였다. 상품 선택 결과가 다음과 같을 때, ㉮~㉲의 가격을 포함한 주문총액을 구하면?

〈6차 산업 우수제품 설맞이 특판〉

K기업에서는 우수 6차 산업 제품 판매 촉진을 위해 전국 6차 산업 인증 사업자 협회와 함께 2024년 갑진년 설맞이 '6차 산업 우수제품 특판 행사'를 진행합니다.

대한민국 정부가 인증한 6차 산업 경영체가 지역의 농산물을 이용해 생산하여, 신선하고 믿을 수 있는 제품입니다.

이번 행사에는 선물용 세트 12종(흑삼, 한과 등)을 시중 판매 가격 대비 최대 40% 이상 할인된 가격으로 판매하니 많은 주문 바랍니다.

- 주문기간 : 2024년 1월 9일(화)~2024년 1월 23일(화)
- 주문방법 : 상품 주문서 작성 후 이메일 또는 팩스 발송

구분	상품명	구성	단가 정상가(원)	단가 할인율
1	흑삼 에브리진생	흑삼농축액 스틱형(10ml×10포×3입)	75,000	34%
2	하루절편	흑삼절편 200g(20g×10입)	45,000	12%
3	천지수인고	배·도라지·생강 농축액(240g×3입)	120,000	40%
4	도자기꿀	500g	80,000	40%
5	한과 선물세트	찹쌀유과 700g(콩, 백년초, 쑥)	28,000	26%
6	슬로푸드 선물세트	매실액기스 500ml+감식초 500ml	28,000	29%

※ 할인율 적용 시 10원 단위는 절사한다.

〈부서별 상품주문 현황〉

구분	상품명	개수	가격
총무부	하루절편	10개	396,000원
마케팅부	슬로푸드 선물세트	13개	㉮
영업부	도자기꿀	8개	384,000원
인사부	흑삼 에브리진생	16개	㉯
기술부	한과 선물세트	9개	㉰

① 1,230,000원
② 1,235,700원
③ 1,236,900원
④ 2,010,000원
⑤ 2,015,700원

38 R부장은 모스크바 현지 영업소로 출장을 갈 계획이다. 4일 오후 2시 회의가 예정되어 있어 모스크바 공항에 적어도 오전 11시 이전에는 도착하고자 한다. 인천에서 모스크바까지는 8시간이 걸리며, 시차는 인천이 모스크바보다 6시간 더 빠르다. R부장은 인천에서 늦어도 몇 시에 출발하는 비행기를 예약해야 하는가?

① 3일 09:00   ② 3일 19:00

③ 4일 09:00   ④ 4일 11:00

⑤ 5일 02:00

39 오전 5시 40분에 당고개에서 출발하는 4호선 오이도행 열차가 있다. 다음은 오이도역에서 출발하는 4호선 당고개행 열차의 출발 시각이다. 오이도에서 당고개까지 총 47개의 역일 때, 당고개에서 출발하는 열차가 오이도에서 출발하는 열차와 몇 번째 역에서 마주치게 되겠는가?(단, 다음 정차역까지 걸리는 시간은 모두 2분 간격이며, 오이도역을 1번으로 하여 순번을 매긴다)

〈당고개행 열차 오이도 출발 시각〉

열차	출발 시각
㉮	06:00
㉯	06:24
㉰	06:48

	㉮	㉯	㉰		㉮	㉯	㉰
①	21번째 역	15번째 역	9번째 역	②	19번째 역	13번째 역	7번째 역
③	17번째 역	11번째 역	5번째 역	④	14번째 역	10번째 역	4번째 역
⑤	14번째 역	9번째 역	3번째 역				

40 한국의 A사, 오스트레일리아의 B사, 아랍에미리트의 C사, 러시아의 D사는 상호협력프로젝트를 추진하고자 화상회의를 하려고 한다. 한국 시각을 기준으로 삼을 때 화상회의 가능 시각으로 옳은 것은?

〈국가별 시간〉

국가(도시)	현지시각
대한민국(서울)	2023. 12. 15 08:00am
오스트레일리아(시드니)	2023. 12. 15 10:00am
UAE(두바이)	2023. 12. 15 03:00am
러시아(모스크바)	2023. 12. 15 02:00am

※ 각 회사의 위치는 위 자료에 있는 도시에 있다.
※ 모든 회사의 근무시간은 현지시각으로 오전 9시 ~ 오후 6시이다.
※ A, B, D사의 식사시간은 현지시각으로 오후 12시 ~ 오후 1시이다.
※ C사의 식사시간은 오전 11시 30분 ~ 오후 12시 30분이고 오후 12시 30분부터 오후 1시까지 전 직원이 종교활동을 한다.
※ 화상회의 소요시간은 1시간이다.

① 오후 1시 ~ 오후 2시
② 오후 2시 ~ 오후 3시
③ 오후 3시 ~ 오후 4시
④ 오후 4시 ~ 오후 5시
⑤ 오후 5시 ~ 오후 6시

41 H교사는 학생들의 상·벌점을 관리하고 있다. 학생들에 대한 상·벌점 영역인 [B3:B9]에 대해 [셀 서식] − [사용자 지정 형식] 기능을 이용하여 양수는 파란색으로, 음수는 빨간색으로 표현하고자 할 때, 표시 형식의 내용으로 옳은 것은?(단, [B3:B9]의 영역의 표시결과는 그대로 나타나야 한다)

	A	B
1	〈상·벌점 현황〉	
2	이름	상·벌점
3	감우성	10
4	김지훈	8
5	김채연	−12
6	나선정	−5
7	도지환	15
8	도현수	7
9	모수빈	13

① [빨강]#;[파랑]#

② [파랑]#;[빨강]

③ [파랑]+#;[빨강]−#

④ [파랑]#;[빨강]#

⑤ [파랑]#;[빨강]−#

42 각 워크시트에서 채우기 핸들을 [A3]로 끌었을 때 [A3] 셀에 입력되는 값으로 옳지 않은 것은?

①

②

③

④

⑤

43 파워포인트에서 도형을 그리려고 할 때, 다음 설명 중 옳지 않은 것은?

① 타원의 경우 도형 선택 후 〈Shift〉 키를 누르고 드래그하면 정원으로 크기 조절이 가능하다.

② 도형 선택 후 〈Shift〉 키를 누르고 도형을 회전시키면 30° 간격으로 회전시킬 수 있다.

③ 타원을 중심에서부터 정비례로 크기를 조절하려면 〈Ctrl〉+〈Shift〉 키를 함께 누른 채 드래그한다.

④ 도형 선택 후 〈Ctrl〉+〈D〉 키를 누르면 크기와 모양이 같은 도형이 일정한 간격으로 반복해서 나타난다.

⑤ 도형을 선택하고 〈Ctrl〉+〈Shift〉 키를 누르고 수직 이동하면 수직 이동된 도형이 하나 더 복사된다.

44 다음 중 다양한 상황과 변수에 따른 여러 가지 결괏값의 변화를 가상의 상황을 통해 예측하여 분석할 수 있는 도구는?

① 시나리오 관리자 ② 목표값 찾기
③ 부분합 ④ 통합
⑤ 데이터 표

45 직장인 K씨는 아침회의에 프레젠테이션을 이용하여 발표를 진행하다가 키보드의 〈Home〉 버튼을 잘못 눌러 슬라이드 쇼 화면 상태에서 슬라이드가 처음으로 되돌아가 버렸다. 발표를 진행했던 슬라이드부터 프레젠테이션을 실행하기 위해 〈ESC〉 버튼을 눌러 쇼 화면 상태에서 나간 후, [여러 슬라이드]에서 해당 슬라이드를 선택하여 프레젠테이션을 실행하려고 할 때, 직장인 K씨가 눌러야 할 단축키 내용으로 옳은 것은?

① 〈Ctrl〉+〈S〉 ② 〈Shift〉+〈F5〉
③ 〈Ctrl〉+〈P〉 ④ 〈Shift〉+〈F10〉
⑤ 〈Ctrl〉+〈M〉

46 왼쪽 워크시트 [A1:C8] 영역에 오른쪽과 같이 규칙의 조건부 서식을 적용하는 경우 지정된 서식이 적용되는 셀의 개수는?(단, 조건부 서식 규칙에서 규칙 유형 선택을 '고유 또는 중복 값만 서식 지정'으로 설정한다)

① 2개

② 7개

③ 10개

④ 12개

⑤ 24개

47 다음 [C2:C3] 셀과 같이 함수식을 작성한 셀에 결과가 아닌 함수식 자체가 출력되도록 하는 방법으로 옳은 것은?

① [수식] 탭 – [수식 분석] 그룹 – [수식 표시] 클릭

② [보기] 탭 – [표시 / 숨기기] 그룹 – [수식 입력줄] 클릭

③ [셀 서식] – [표시 형식] 탭 – [수식] 선택

④ [셀 서식] – [표시 형식] 탭 – [계산식] 선택

⑤ [수식] 탭 – [수식 분석] 그룹 – [수식 계산] 클릭

48 다음 중 데이터 입력에 대한 설명으로 옳지 않은 것은?

① 셀 안에서 줄 바꿈을 하려면 〈Alt〉+〈Enter〉 키를 누른다.

② 한 행을 블록 설정한 상태에서 〈Enter〉 키를 누르면 블록 내의 셀이 오른쪽 방향으로 순차적으로 선택되어 행단위로 데이터를 쉽게 입력할 수 있다.

③ 여러 셀에 숫자나 문자 데이터를 한 번에 입력하려면 여러 셀이 선택된 상태에서 데이터를 입력한 후 바로 〈Shift〉+〈Enter〉 키를 누른다.

④ 열의 너비가 좁아 입력된 날짜 데이터 전체를 표시하지 못하는 경우 셀의 너비에 맞춰 '#'이 반복 표시된다.

⑤ 〈Ctrl〉+세미콜론(;)을 누르면 오늘 날짜, 〈Ctrl〉+〈Shift〉+세미콜론(;)을 누르면 현재 시각이 입력된다.

49 다음 중 입력자료에 주어진 표시형식으로 지정한 경우 그 결과가 옳지 않은 것은?

	표시형식	입력자료	표시결과
①	#,##0,	12345	12
②	0.00	12345	12345.00
③	dd-mmm-yy	2015/06/25	25-June-15
④	@@"**"	컴활	컴활컴활**
⑤	@사랑	우리	우리사랑

50 귀하는 최근 회사 내 업무용 개인 컴퓨터의 보안을 강화하기 위하여 다음과 같은 메일을 받았다. 메일 내용을 토대로 귀하가 취해야 할 행동으로 옳지 않은 것은?

발신 : 전산보안팀

수신 : 전 임직원

제목 : 업무용 개인 컴퓨터 보안대책 공유

내용 :
안녕하십니까. 전산팀 P팀장입니다.
최근 개인정보 유출 등 전산보안 사고가 자주 발생하고 있어 각별한 주의가 필요한 상황입니다. 이에 따라 자사에서도 업무상 주요 정보가 유출되지 않도록 보안프로그램을 업그레이드하는 등 전산보안을 더욱 강화하고 있습니다.
무엇보다 업무용 개인 컴퓨터를 사용하는 분들이 특히 신경을 많이 써 주셔야 철저한 보안이 실천됩니다. 번거로우시더라도 아래와 같은 사항을 따라 주시길 바랍니다.

• 인터넷 익스플로러를 종료할 때마다 검색기록이 삭제되도록 설정해 주세요.
• 외출 또는 외근으로 장시간 컴퓨터를 켜 두어야 하는 경우에는 인터넷 검색기록을 직접 삭제해 주세요.
• 인터넷 검색기록 삭제 시 기본 설정되어 있는 항목 외에도 '다운로드 기록', '양식 데이터', '암호', '추적방지와 ActiveX 필터링 및 Do Not Track 데이터'를 모두 체크하여 삭제해 주세요(단, 즐겨찾기 웹 사이트 데이터 보존 부분은 체크 해제할 것).
• 인터넷 익스플로러에서 방문한 웹 사이트 목록을 저장하는 기간을 5일로 변경해 주세요.
• 자사에서 제공 중인 보안프로그램은 항시 업데이트하여 최신 상태로 유지해 주세요.

위 사항을 적용하는 데 어려움이 있을 경우에는 아래 첨부파일에 이미지와 함께 친절하게 설명되어 있으니 참고 바랍니다.

〈첨부〉 업무용 개인 컴퓨터 보안대책 적용 방법 설명(이미지).zip

---

① 검색기록 삭제 시 [인터넷 옵션]의 '일반' 카테고리에 있는 [삭제]를 클릭하여 기존에 설정되어 있는 항목을 포함한 모든 항목을 체크하여 삭제한다.
② 장시간 외출할 경우에는 [인터넷 옵션]의 '일반' 카테고리에 있는 [삭제]를 클릭해 직접 삭제한다.
③ 인터넷 익스플로러에서 [도구(또는 톱니바퀴 모양)]를 클릭하여 [인터넷 옵션]의 '일반' 카테고리에 있는 [종료할 때 검색기록 삭제]를 체크한다.
④ [인터넷 옵션]의 '일반' 카테고리 중 검색기록 부분에서 [설정]을 클릭하고, '기록' 카테고리의 [페이지 보관일수]를 5일로 설정한다.
⑤ 자사의 보안프로그램을 실행하고 [설정]에서 업데이트를 실행한다.

41 다음 설명에 해당하는 벤치마킹으로 가장 적절한 것은?

동일한 업종의 기업을 대상으로 상품이나 기술 및 경영방식 등을 배워 자사에 맞게 재창조하는 것으로, 동일한 업종이긴 하나 윤리적 문제가 발생할 여지가 없기 때문에 정보에 대한 접근 및 자료 수집이 용이하다. 하지만 문화나 제도적인 차이가 있기 때문에 이로 인해 발생할 문제에 대한 분석을 철저히 하지 않는다면 잘못된 결과를 얻을 수 있다.

① 내부 벤치마킹
② 경쟁적 벤치마킹
③ 비경쟁적 벤치마킹
④ 글로벌 벤치마킹
⑤ 간접적 벤치마킹

42 다음 글에서 설명하고 있는 것은?

농부는 농기계와 화학비료를 써서 밀을 재배하고 수확한다. 이렇게 생산된 밀은 보관업자, 운송업자, 제분회사, 제빵 공장을 거쳐 시장으로 판매된다. 보다 높은 생산성을 위해 화학비료를 연구하고, 공장을 가동하기 위해 공작기계와 전기를 생산한다. 보다 빠른 운송을 위해 트럭이나 기차, 배가 개발되었고, 보다 효과적인 운송수단과 농기계를 운용하기 위해 증기기관에서 석유에너지로 발전하였다. 이렇듯 우리의 식탁에 올라오는 빵은 여러 기술이 네트워크로 결합하여 시너지를 내고 있다.

① 기술시스템
② 기술혁신
③ 기술경영
④ 기술이전
⑤ 기술경쟁

※ K유치원에서는 유아 교육자료 제작을 위해 코팅기를 구입하였다. 다음 설명서를 보고 이어지는 질문에 답하시오.
[43~45]

■ **사용방법**

1) 앞면에 있는 스위치를 'ON'으로 돌리면 파란불이 들어오며 예열을 시작합니다.
2) 3 ~ 5분 정도의 예열이 끝나면 예열표시등이 빨간불로 바뀌고 코팅을 할 수 있습니다.
3) 코팅할 서류를 코팅지에 넣어 주시고, 봉합된 변까지 밀어 넣습니다.
   - 각 변에 최소 3 ~ 5mm 여유 공간을 남겨 주십시오.
   - 두께가 160micron 이상이거나 100micron 이하인 코팅지를 사용하지 마십시오.
4) 서류를 넣은 코팅지는 봉합된 부분부터 평행으로 코팅 투입구에 넣어 주십시오.
5) 코팅지는 코팅기를 통과하며 기기 뒷면 코팅 배출구에서 나옵니다.
   - 임의로 코팅지를 잡아당기면 안 됩니다.
6) 코팅지가 전부 나온 후 기기에서 분리해 주십시오.
7) 사용 완료 후 스위치를 'OFF'로 돌려 주십시오.
   - 사용 후 1 ~ 2시간 정도 열을 식혀 주십시오.

■ **코팅지 걸림 발생 시**

1) 코팅지가 기기에 걸렸을 경우 앞면의 스위치를 'OFF'로 돌린 다음 기기 전원을 차단시킵니다.
2) 기기 뒷면에 있는 'REMOVE' 스위치를 화살표 방향으로 밀면서 코팅 서류를 조심스럽게 당겨 뽑아 주십시오.

■ **주의사항**

- 기기가 작동 중일 때 표면이 매우 뜨거우므로 손으로 만지지 마십시오.
- 기기를 사용한 후, 기계 플러그를 뽑고 열이 충분히 식은 후에 이동 및 보관을 합니다.
- 기기 위에 무겁거나 날카로운 물건을 두지 마십시오.
- 기기의 내부에 물을 떨어뜨리지 마십시오.
- 기기에 다른 물질을 넣지 마십시오.
- 전문가의 도움 없이 절대 분해하거나 재조립 또는 수리하지 마십시오.
- 기기를 장시간 사용하지 않을 경우 전원 코드를 뽑아 주십시오.
- 사용 중 기기가 과열되거나 이상한 냄새가 나거나 종이 걸림이 있을 경우 신속히 전원을 끕니다.

■ **문제해결**

증상	원인	해결
코팅 중에 코팅물이 나오지 않을 때	• 필름을 잘라서 사용했을 경우 • 두께를 초과하는 용지로 코팅했을 경우 • 과도하게 용지를 투입했을 경우 • 코팅지가 롤러에 말린 경우	• 전원을 끄고 'REMOVE' 스위치를 화살표 방향으로 밀면서 말린 필름을 제거합니다.
필름을 투입했지만, 필름이 들어가지 않고 멈춰 있을 때	• 투입 불량으로 접착액이 다량으로 붙어 있는 경우	• 전원을 끄고 냉각시킨 다음 다시 시도해 봅니다.
전원 지시등이 켜지지 않을 때	• 기기 전원 스위치가 접속되어 있지 않은 경우	• 전원코드 및 기기 스위치가 'ON'으로 되어 있는지 확인합니다.

43 A교사는 연구수업에 쓰일 교육자료 제작을 위해 코팅기를 사용하였다. 다음 중 A교사의 행동으로 가장 적절한 것은?

① 코팅기기 앞면의 스위치를 'ON'으로 놓자마자 코팅지를 투입하였다.

② 코팅지를 평행으로 놓고, 봉합된 부분의 반대 방향부터 투입구에 넣었다.

③ 120micron 코팅지에 코팅할 서류를 넣었다.

④ 코팅기를 통과하면서 나오는 코팅지를 뒷면에서 잡아당겼다.

⑤ 사용 완료 후 기기 전원을 끄고 바로 보관함 상자에 넣었다.

44 B원장은 기기 관리를 위해 교사들에게 코팅기 사용 시 주의사항에 대해 안내하고자 한다. 다음 중 코팅기 사용 시 주의해야 할 사항으로 적절하지 않은 것은?

① 기기 사용 중에는 표면이 많이 뜨거우므로 아이들의 손이 닿지 않도록 주의하세요.

② 기기 위에 무거운 물건이나 날카로운 물건을 올리지 마세요.

③ 사용 후에는 스위치를 'OFF'로 돌려 놓고, 퇴근 시에는 전원코드를 뽑아 주세요.

④ 사용 중 이상한 냄새가 날 경우 신속히 전원을 끄도록 합니다.

⑤ 사용 중 기기에 코팅지가 걸릴 경우 기기 앞면에서 코팅 서류를 조심스럽게 꺼냅니다.

45 C교사가 코팅기를 사용하는데 코팅물이 나오지 않았다. 다음 중 문제의 원인으로 적절하지 않은 것은?

① 코팅 필름을 잘라서 코팅기기에 넣었다.

② 두꺼운 코팅 필름을 사용해 코팅기기에 넣었다.

③ 코팅물이 빠져나오지 않은 상태에서 새로운 코팅물을 넣었다.

④ 코팅지가 롤러 사이에 말려 있었다.

⑤ 접착액이 코팅지 주변으로 붙어 있었다.

46 K공사에는 직원들의 편의를 위해 휴게실에 전자레인지가 구비되어 있다. E사원은 공사의 기기를 관리하는 업무를 맡고 있는데, 동료 사원들로부터 전자레인지를 사용할 때 가끔씩 불꽃이 튀고 음식이 잘 데워지지 않는다는 이야기를 들었다. 다음 제품설명서를 토대로 서비스를 접수하기 전에 점검할 사항이 아닌 것은?

증상	원인	조치 방법
전자레인지가 작동하지 않는다.	• 전원 플러그가 콘센트에 바르게 꽂혀 있습니까? • 문이 확실히 닫혀 있습니까? • 배전판 퓨즈나 차단기가 끊어지지 않았습니까? • 조리방법을 제대로 선택하셨습니까? • 혹시 정전은 아닙니까?	• 전원 플러그를 바로 꽂아 주십시오. • 문을 다시 닫아 주십시오. • 끊어졌으면 교체하고 다시 연결시켜 주십시오. • 취소를 누르고 다시 시작하십시오.
동작 시 불꽃이 튄다.	• 조리실 내벽에 금속 제품 등이 닿지 않았습니까? • 금선이나 은선으로 장식된 그릇을 사용하고 계십니까? • 조리실 내에 찌꺼기가 있습니까?	• 벽에 닿지 않도록 하십시오. • 금선이나 은선으로 장식된 그릇은 사용하지 마십시오. • 깨끗이 청소해 주십시오.
조리 상태가 나쁘다.	• 조리 순서, 시간 등 사용 방법을 잘 선택하셨습니까?	• 요리책을 다시 확인하고 사용해 주십시오.
회전 접시가 불균일하게 돌거나 돌지 않는다.	• 회전 접시와 회전 링이 바르게 놓여 있습니까?	• 각각을 정확한 위치에 놓아 주십시오.
불의 밝기나 동작 소리가 불균일하다.	• 출력의 변화에 따라 일어난 현상이니 안심하고 사용하셔도 됩니다.	

① 조리실 내 위생 상태 점검
② 사용 가능 용기 확인
③ 사무실, 전자레인지 전압 확인
④ 조리실 내벽 확인
⑤ 조리 순서, 시간 확인

47 다음 중 기술능력이 뛰어난 사람의 특징에 대한 설명으로 옳지 않은 것은?

① 인식된 문제를 위한 다양한 해결책을 개발하고 평가한다.
② 지식이나 기타 자원을 선택하고 최적화시키며 적용한다.
③ 불가능한 부분의 해결을 필요로 하는 문제를 인식한다.
④ 주어진 한계 속에서 제한된 자원을 사용한다.
⑤ 여러 상황 속에서 기술의 체계와 도구를 사용하고 습득한다.

48 B사원은 최근 K전자의 빔 프로젝터를 구입하였으며, 빔 프로젝터 고장 신고 전 확인사항을 읽어보았다. 빔 프로젝터의 증상과 그에 따른 확인 및 조치사항으로 옳은 것은?

〈빔 프로젝터 고장 신고 전 확인사항〉

분류	증상	확인 및 조치사항
설치 및 연결	전원이 들어오지 않음	• 제품 배터리의 충전 상태를 확인하세요. • 만약 그래도 제품이 전혀 동작하지 않는다면 제품 옆면의 'Reset' 버튼을 1초간 누르시기 바랍니다.
	전원이 자동으로 꺼짐	• 본 제품은 약 20시간 지속 사용 시 제품의 시스템 보호를 위해 전원이 자동 차단될 수 있습니다.
	외부기기가 선택되지 않음	• 외부기기 연결선이 신호 단자에 맞게 연결되었는지 확인하고, 연결 상태를 점검해 주시기 바랍니다.
메뉴 및 리모컨	리모컨이 작동하지 않음	• 리모컨의 건전지 상태 및 건전지가 권장 사이즈에 부합하는지 확인해 주세요. • 리모컨 각도와 거리가 적당한지(10m 이하), 제품과 리모컨 사이에 장애물이 없는지 확인해 주세요.
	메뉴가 선택되지 않음	• 메뉴의 글자가 회색으로 나와 있지 않은지 확인해 주세요. 회색의 글자 메뉴는 선택되지 않습니다.
화면 및 소리	영상이 희미함	• 리모컨 메뉴창의 초점 조절 기능을 이용하여 초점을 조절해 주세요. • 투사거리가 초점에서 너무 가깝거나 멀리 떨어져 있지 않은지 확인해 주세요.(권장거리 1 ~ 3m).
	제품에서 이상한 소리가 남	• 이상한 소리가 계속해서 발생할 경우 사용을 중지하고 서비스 센터로 문의해 주시기 바랍니다.
	화면이 안 나옴	• 제품 배터리의 충전 상태를 확인해 주세요. • 본체의 발열이 심할 경우 화면이 나오지 않을 수 있습니다.
	화면에 줄, 잔상, 경계선 등이 나타남	• 일정시간 정지된 영상을 지속적으로 표시하면 부분적으로 잔상이 발생합니다. • 영상의 상·하·좌·우의 경계선이 고정되어 있거나 빛의 투과량이 서로 상이한 영상을 장시간 시청 시 경계선에 자국이 발생할 수 있습니다.

① 영상이 너무 희미해 초점과 투사거리를 확인하여 조절하였다.
② 메뉴가 선택되지 않아 외부기기와 연결선이 제대로 연결되었는지 확인하였다.
③ 일주일째 이상한 소리가 나 제품 배터리가 충분히 충전된 상태인지 살펴보았다.
④ 언젠가부터 화면에 잔상이 나타나 제품과 리모콘 배터리의 충전 상태를 확인하였다.
⑤ 영화를 보는 중에 갑자기 전원이 꺼진 것은 본체의 발열이 심해서 그런 것이므로 약 20시간 동안 사용을 중지하였다.

49 다음은 산업재해를 예방하기 위해 제시되고 있는 하인리히의 법칙이다. 이를 참고할 때, 산업재해의 예방을 위해 조치를 취해야 하는 단계는 무엇인가?

> 1931년 미국의 한 보험회사에서 근무하던 하인리히는 회사에서 접한 수많은 사고를 분석하여 하나의 통계적 법칙을 발견하였다. '1 : 29 : 300 법칙'이라고도 부르는 이 법칙은 큰 사고로 인해 산업재해가 발생하면 이 사고가 발생하기 이전에 같은 원인으로 발생한 작은 사고 29번, 잠재적 사고 징후가 300번이 있었다는 것을 나타낸다.
>
> 하인리히는 이처럼 심각한 산업재해의 발생 전에 여러 단계의 사건이 도미노처럼 발생하기 때문에 앞 단계에서 적절히 대처한다면 산업재해를 예방할 수 있다고 주장했다.

① 사회 환경적 문제가 발생한 단계
② 개인 능력의 부족이 보이는 단계
③ 기술적 결함이 나타난 단계
④ 불안전한 행동 및 상태가 나타난 단계
⑤ 작업 관리상 문제가 나타난 단계

50 다음은 기술 시스템의 발전 단계를 나타낸 자료이다. 빈칸에 들어갈 단계로 가장 적절한 것은?

〈기술 시스템의 발전 단계〉

1단계 : 발명 · 개발 · 혁신의 단계
↓
2단계 : 기술 이전의 단계
↓
3단계 : _____
↓
4단계 : 기술 공고화 단계

① 기술 협조의 단계
② 기술 경영의 단계
③ 기술 평가의 단계
④ 기술 경쟁의 단계
⑤ 기술 투자의 단계

제3회
한국전력공사
고졸채용

NCS 직무능력검사

〈모의고사 안내〉

지원하시는 분야에 따라 다음 영역의 문제를 풀어 주시기 바랍니다.

사무	배전·송변전
|01| 공통영역(의사소통능력, 수리능력, 문제해결능력)	
|02| 자원관리능력	|02| 자원관리능력
|03| 정보능력	|04| 기술능력

| 01 | 공통영역

01 다음은 통신 미들웨어에 관한 글이다. K-DDS의 특징으로 적절하지 않은 것은?

> 통신 미들웨어란 상이한 운영체제나 프로토콜 등의 통신환경을 갖는 디바이스 또는 시스템 간에 원활한 통신이 가능한 서비스를 제공하는 소프트웨어로 응용프로그램과 운영체제 사이(Middle)에 위치하는 제품(Ware)이다. 이러한 통신 미들웨어는 발전, 송・변전, 배전, 판매 등 계통 전반에 존재하는 다수 시스템 및 전력 디바이스가 상호 연결되는 전력계통 시스템에서 중요한 역할을 한다. 경제적이고 안정적인 전력공급을 위해서는 신뢰할 수 있는 고성능 통신 인프라 및 미들웨어의 지원이 필요하기 때문이다. 또한 최근 전력산업에서는 4차 산업혁명과 정부의 사물인터넷(Internet of Things) 기술 융합과 분산전원 확대 정책에 따라 데이터의 양이 급증하고 전력망의 복잡성이 증가하고 있다. 이와 같은 급격한 환경 변화에 적응하기 위해 전력산업에서의 통신 미들웨어는 필수적이다.
> K-DDS는 전력계통 데이터의 빠르고 안정적인 통신기반을 제공하기 위해 개발된 국제 표준(OMG DDS)기반의 통신 미들웨어로, 분산 데이터의 실시간 배포 및 처리를 지원하며 통신 신뢰도 설정, 데이터 필터링, 리소스 관리 등 다양한 기능과 DDS 응용개발을 위한 Java, C, C++, API를 제공한다. 또한 다양한 운영체제 및 복잡한 네트워크 환경에서 상호 운용성 및 호환성을 보장하며, 통신 애플리케이션 테스트 및 모니터링을 위한 도구를 지원한다. 본 솔루션은 분산된 통신노드 간 직접통신(Peer to Peer)을 하는 발간・구독 통신 방식을 사용함으로써 기존의 Server-Client 기반 통신 방식의 문제점인 단일 장애점을 해소하여 신뢰도를 향상시키고, 통신 객체 자동탐색 기능을 내장하여 확장성을 증가시킴으로써 개발・운영비용을 절감할 수 있게 한다.
> 현재 K-DDS 버전 1.0 개발이 완료되어 차세대 배전 지능화 시스템 통신 분야 적용을 추진 중이며, 지속적인 고도화를 통하여 향후 에너지 ICT 전 분야에 확대 적용할 계획이다. 또한 본 솔루션을 통해 전력계통 차세대 통신방식에 대한 표준을 제시함으로써 신사업 창출에 기여하고, 실시간 통신 미들웨어 핵심기술 확보로 전력 환경 기술변화에 유연한 대처가 가능할 것으로 기대한다.

① K-DDS는 분산 데이터의 실시간 배포 및 처리를 지원하고 있다.
② K-DDS는 안정적인 통신기반을 제공하기 위해 개발된 국제 표준 기반의 통신 미들웨어이다.
③ K-DDS는 다양한 기능과 DDS 응용개발을 위한 Java, C, C++, Visual basic을 제공한다.
④ K-DDS는 다양한 운영체제 및 복잡한 네트워크 환경에서 상호 운용성 및 호환성을 보장한다.
⑤ K-DDS는 통신 객체 자동탐색 기능을 내장하여 확장성을 증가시켰다.

02 다음 글을 읽고 알 수 있는 사실로 적절하지 않은 것은?

인류의 역사를 석기시대, 청동기시대 그리고 철기시대로 구분한다면 현대는 '플라스틱시대'라고 할 수 있을 만큼 플라스틱은 현대사회에서 가장 혁명적인 물질 중 하나이다. "플라스틱은 현대 생활의 뼈, 조직, 피부가 되었다."는 미국의 과학 저널리스트 수전 프라인켈(Susan Freinkel)의 말처럼 플라스틱은 인간 생활에 많은 부분을 차지하고 있다. 저렴한 가격과 필요에 따라 내구성, 강도, 유연성 등을 조절할 수 있는 장점 덕분에 일회용 컵부터 옷, 신발, 가구 등 플라스틱이 아닌 것이 거의 없을 정도이다. 그러나 플라스틱에는 치명적인 단점이 있다. 플라스틱이 지닌 특성 중 하나인 영속성(永續性)이다. 인간이 그동안 생산한 플라스틱은 바로 분해되지 않고 어딘가에 계속 존재하고 있어 환경오염의 원인이 된 지 오래이다.

치약, 화장품, 피부 각질제거제 등 생활용품에 들어 있는 작은 알갱이의 성분은 '마이크로비드(Microbead)'라는 플라스틱이다. 크기가 1mm보다 작은 플라스틱을 '마이크로비드'라고 하는데, 이 알갱이는 정수처리과정에서 걸러지지 않고 생활 하수구에서 강으로, 바다로 흘러간다. 이 조그만 알갱이들은 바다를 떠돌면서 생태계의 먹이사슬을 통해 동식물 체내에 축적되어 면역체계 교란, 중추신경계 손상 등의 원인이 되는 잔류성유기오염물질(Persistent Organic Pollutants)을 흡착한다. 그리고 물고기, 새 등 여러 생물은 마이크로비드를 먹이로 착각해 섭취한다. 마이크로비드를 섭취한 해양생물은 다시 인간의 식탁에 올라온다. 즉, 우리가 버린 플라스틱을 우리가 다시 먹게 되는 셈이다.

플라스틱 포크로 음식을 먹고, 플라스틱 컵으로 물을 마시는 등 음식을 먹기 위한 수단으로만 플라스틱을 생각했지 직접 먹게 되리라고는 상상도 못했을 것이다. 우리가 먹은 플라스틱이 우리 몸에 남아 분해되지 않고 큰 질병을 키우게 될 것을 말이다.

① 플라스틱은 필요에 따라 유연성, 강도 등을 조절할 수 있고, 값이 싼 장점이 있다.
② 플라스틱은 바로 분해되지 않고 어딘가에 존재한다.
③ 마이크로비드는 크기가 작기 때문에 정수처리과정에서 걸러지지 않고 바다로 유입된다.
④ 마이크로비드는 잔류성유기오염물질을 분해하는 역할을 한다.
⑤ 물고기 등 해양생물들은 마이크로비드를 먹이로 착각해 먹는다.

※ 다음 글을 읽고 이어지는 질문에 답하시오. [3~4]

광고는 세상에 널리 알림 또는 그런 일을 뜻한다. 상품이나 서비스 정보를 소비자에게 널리 알리는 의도적인 활동이다. 1963년 미국마케팅협회는 '광고란 누구인지를 확인할 수 있는 광고주가 하는 일체의 유료 형태에 의한 아이디어, 상품 또는 서비스의 비대개인적(非對個人的) 정보 제공 또는 판촉 활동이다.'라고 정의한 바 있다.

(가) 정의한 바와 같이 광고는 비용을 내고 알리는 행위이다. 광고주가 비용을 지급하므로 효과를 얻으려고 하는 것은 당연하다. 이때, 정직하게 알리는 경우도 있지만 허위·과장 요소도 스며든다. 상품을 잘 팔기 위해 상품의 기능을 부풀리기도 하는데, 이런 경우가 과장 광고이다. 사실에 해당하지 않는 자료나 정보를 사용하는 광고는 허위 광고이다. 이처럼 광고는 허위·과장의 가능성이 있어 소비자는 광고 보는 눈을 키워야 한다. 허위·과장 광고에 속으면 피해가 발생한다.

(나) 시민의 발로 불리는 지하철의 광고 또한 많은 것을 시사한다. 초창기에는 지하철 전동차 내부에 인쇄물 광고가 슬금슬금 붙더니 차차 차량 외벽은 물론 출입문 유리에도 광고로 도배되기 시작했다. 지하철 승강장 게이트 회전바에도 광고가 빙글빙글 돌아간다. 전동차 내부의 광고 종류도 다양하다. 인쇄물 광고는 물론이고 전동차 안팎의 안내 모니터에도 광고가 쉴 새 없이 상영돼 지하철은 거대한 광고판으로 바뀐 지 오래이다. 눈을 돌리면 광고 천지인, 우리가 사는 이 세상은 이미 거대한 광고판이다.

(다) 예전에는 프로그램과 광고가 분리돼 프로그램 시작 전이나 끝난 뒤에 광고가 나왔다. 요즘 인기 TV 프로그램의 상당수는 '이 프로그램은 간접 광고 및 가상 광고를 포함하고 있습니다.'라는 안내 문구가 따라붙는다. PPL 광고(Product Placement : 특정 기업의 협찬을 대가로 영화나 드라마에서 해당 기업의 상품이나 브랜드 이미지를 끼워 넣는 광고기법)의 등장으로 프로그램인지 광고인지 분간하지 못할 정도이다. 광고가 프로그램을 좌지우지할 정도로 영향력이 큰 경우도 있다.

(라) 즉, 현대 자본주의 시대에는 광고가 세상을 지배한다. 소비자는 광고 보는 눈을 높여 광고에 유혹되지 않아야 한다. 수억 원대는 보통인 모델의 몸값은 결국 소비자가 낸다. 모델의 몸값은 그 제품을 사는 소비자가 십시일반(十匙一飯)으로 내는 것이다. 광고는 광고일 뿐 광고가 품질을 보장하는 것은 아니다. 광고에 돈을 쏟아붓는 기업보다는 제품의 본질에 투자하는 기업을 선택하는 것이 소비자의 권리이자 책임 중 하나이다.

03 다음 중 제시된 문단에 이어질 내용을 논리적 순서대로 바르게 나열한 것은?

① (가) - (나) - (다) - (라)
② (가) - (다) - (나) - (라)
③ (가) - (다) - (라) - (나)
④ (나) - (가) - (다) - (라)
⑤ (다) - (가) - (나) - (라)

04 다음 중 허위·과장 광고의 사례로 적절하지 않은 것은?

① 홍보하는 용량과 달리 실제 내용물은 홍보 용량보다 더 적었던 음료판매점
② 그래픽만으로 사진 성형을 하여 홍보물을 제작한 성형외과
③ 협회가 인증한 범위보다 더 넓은 범위에 인증 표시를 사용한 의료기기 제작회사
④ 중학생 때 다니다가 학원을 끊은 학생이 들어간 대학교를 현수막에 걸어놓은 학원
⑤ 해당 연예인이 사용한 제품이 아니지만 연예인을 모델로 해 홍보한 다이어트 보조제회사

05 다음 중 밑줄 친 ㉠~㉣에 대한 설명으로 적절하지 않은 것은?

뇌 안에서 어떤 일이 일어나고 있는지를 어떻게 알 수 있을까? 뇌를 연구하는 과학자들조차 뇌 안에서 일어나고 있는 활동을 육안으로 볼 수는 없다. 성능 좋은 현미경으로도 볼 수 없는 살아있는 인간의 뇌 활동을 들여다보는 기술이 바로 뇌 영상 기술이다. 1970년대에 개발된 CT를 시초로 하여 PET, MRI, fMRI 등 다양한 뇌 영상 기술이 연달아 등장하였다.

㉠ CT(컴퓨터 단층 촬영)는 인체 내부 장기마다 X선을 투과하는 양이 다르다는 성질을 이용하여 인체 내부 단면을 촬영하는 장치이다. CT는 X선 발생 장치가 설치된 도넛형의 기계가 돌아가면서 X-ray를 여러 번 찍은 후 그 영상들을 조합하여 컴퓨터상에 인체의 횡단면에 해당하는 하나의 영상을 만들어 낸다. 15초 정도면 영상 자료를 얻을 수 있기 때문에 응급 환자의 진단을 위해 주로 활용한다. 또 X선을 통해 혈액 등을 구별할 수 있기 때문에 뇌출혈 등의 진단에도 활용할 수 있다. 하지만 뇌가 어떻게 작용하고 있는지는 볼 수 없다. CT 이후 방사성 의약품을 이용해 인체의 생화학적 상태를 3차원 영상으로 나타낼 수 있는 ㉡ PET(양전자단층촬영술)가 등장하였다. 방사성 포도당은 특수 카메라나 스캐너로 볼 수 있는 양전자를 방사하기 때문에 소량의 방사성 포도당을 환자의 몸에 주입한 후 뇌의 뉴런들이 포도당을 이용하는 상황을 PET로 찍는다. 이 기술은 우리 뇌가 포도당과 산소를 원료로 이용한다는 것을 고려한 것으로, 뇌 활동이 활발한 곳은 붉은 색으로, 별로 활발하지 않은 곳은 파란색으로 나타난다. PET는 신체의 생화학적 변화를 탐지할 수 있기 때문에 뇌종양, 뇌 신경계 질환 등의 조기 진단에 활용되고, 암세포가 정상 세포보다 포도당을 많이 흡수하는 성질을 이용하여 방사성 포도당이 많이 모인 곳을 찾음으로써 암의 위치를 발견하는 데도 쓰인다.

CT와 PET가 방사선을 이용한 기술이라는 점과 달리 ㉢ MRI(자기공명 영상 장치)는 고주파에 의해 몸속의 특정 원소인 수소 원자핵을 공명시켜 각 조직에서 나오는 신호를 디지털 정보로 변환하여 영상을 구현하는 장치이다. MRI는 엄청난 자력을 이용하여 환자의 몸 주변에 자기장을 만들고, 전자파를 환자에게 발사한다. 작은 자석처럼 활동하는 몸의 원자들이 MRI 전자파에 부딪혀 자체의 파동을 생성하면 MRI는 그 파동을 측정하고 컴퓨터를 통해 이를 사진으로 변환한다. 이 장치는 좁은 터널에 들어가야 하므로 폐소공포증이 있는 환자에게는 사용할 수 없지만, 해상도가 뛰어나기 때문에 뇌 신경계 질환을 진단하기에 효율적이다.

MRI는 CT와 달리 횡단면, 종단면, 측면, 사면 등 3차원 영상을 제공한다. 하지만 자기장을 사용하는 기술이므로 심장 박동기나 치아 보철물 등 자기장을 형성할 수 있는 인공 장치가 몸에 있는 사람은 이용할 수가 없다.

기능성 MRI인 ㉣ fMRI는 뇌가 활동이 많은 부위일수록 많은 산소가 필요하다는 것을 활용하여 뇌 혈류 속의 산소 수준을 반복 측정하여 뇌의 기능적 활성화 부위를 표시하는 방식으로 뇌 영상을 구현한다. 환자에게 어떤 이미지를 제시한 후 인지 과제를 수행할 때의 뇌 활성과 그렇지 않을 때의 뇌 활성을 비교함으로써 특정한 행위나 의식과 연관된 뇌 부위를 찾아 이를 뇌 단면의 해부 구조를 나타내는 영상 위에 색채로 표시해 주는 방식이다.

지난 20여 년 동안 급격히 발전해 온 뇌 영상 기술은 인간에게 뇌에 대한 풍부한 정보를 제공했을 뿐만 아니라 뇌출혈, 뇌경색, 뇌종양 등 그간 속수무책이었던 질병을 치료할 수 있게 해주었다. 또 인지과학이나 심리학의 영역에서는 최근의 뇌 영상 기술이 전통적인 방법보다 인간의 마음과 행동을 이해하는 좀 더 정확한 방법으로 인정되고 있다. 법학 분야에서는 뇌 영상 자료가 법정에서 증거 능력이 있는 것으로 여겨져야 한다는 주장이 활발하게 제기되고 있다. 기존의 거짓말 탐지기보다 훨씬 정확한 결과를 보증하기 때문이다.

① ㉢과 달리 ㉠, ㉡은 방사선을 이용한 기술이다.
② ㉡과 ㉢은 뇌에 대한 3차원적 영상을 제공한다.
③ ㉠보다 ㉡, ㉢은 뇌신경질환 진단에 효율적이다.
④ ㉡과 ㉣은 뇌의 활동 부위를 색채로 표시해 주는 방식이다.
⑤ ㉠과 ㉡은 환자에게 의약품을 투여하여야 영상을 얻을 수 있다.

06 K회사의 신입사원인 A~E는 회사에서 문서작성 시 주의해야 할 사항에 대한 교육을 받은 뒤 이야기를 나누었다. 다음 중 잘못된 내용을 이야기하고 있는 사람을 〈보기〉에서 모두 고르면?

〈보기〉

A사원 : 문서를 작성할 때는 주로 '누가, 언제, 어디서, 무엇을, 어떻게, 왜'의 육하원칙에 따라 작성해야 해.

B사원 : 물론 육하원칙에 따라 글을 작성하는 것도 중요하지만, 되도록 글이 한눈에 들어올 수 있도록 하나의 사안은 한 장의 용지에 작성해야 해.

C사원 : 글은 한 장의 용지에 작성하되, 자료는 최대한 많이 첨부하여 문서를 이해하는 데 어려움이 없도록 하는 것이 좋아.

D사원 : 문서를 작성한 후에는 내용을 다시 한 번 검토해 보면서 높임말로 쓰인 부분은 없는지 살펴보고, 있다면 이를 낮춤말인 '해라체'로 고쳐 써야 해.

E사원 : 특히 문서나 첨부 자료에 금액이나 수량, 일자 등이 사용되었다면 정확하게 쓰였는지 다시 한 번 꼼꼼하게 검토하는 것이 좋겠지.

---

① A사원, B사원

② A사원, C사원

③ B사원, D사원

④ C사원, D사원

⑤ D사원, E사원

07 다음 중 (가) ~ (마) 문단의 주제로 적절하지 않은 것은?

> (가) 한 아이가 길을 가다가 골목에서 갑자기 튀어나온 큰 개에게 발목을 물렸다. 아이는 이 일을 겪은 뒤 개에 대한 극심한 불안에 시달렸다. 멀리 있는 강아지만 봐도 몸이 경직되고 호흡 곤란을 느꼈으며 심할 경우 응급실을 찾기도 하였다. 이것은 한 번의 부정적인 경험이 공포증으로 이어진 경우라고 할 수 있다.
>
> (나) '공포증'이란 위의 경우에서 보듯이 특정 대상에 대한 과도한 두려움으로 그 대상을 계속해서 피하게 되는 증세를 말한다. 특정한 동물, 높은 곳, 비행기나 엘리베이터 등이 공포증을 유발하는 대상이 될 수 있다. 물론 일반적인 사람들도 이런 대상을 접하여 부정적인 경험을 할 수 있지만 공포증으로까지 이어지는 경우는 드물다.
>
> (다) 심리학자 와이너는 부정적인 경험을 한 상황을 어떻게 해석하느냐에 따라 이러한 공포증이 생길 수도 있고 그렇지 않을 수도 있으며, 공포증이 지속될 수도 있고 극복될 수도 있다고 했다. 그는 상황을 해석하는 방식을 설명하기 위해 상황의 원인을 어디에서 찾느냐, 상황의 변화 가능성에 대해 어떻게 인식하느냐의 두 가지 기준을 제시했다. 상황의 원인을 자신에게서 찾으면 '내부적'으로 해석한 것이고, 자신이 아닌 다른 것에서 찾으면 '외부적'으로 해석한 것이다. 또 상황이 바뀔 가능성이 전혀 없다고 생각하면 '고정적' 으로 인식한 것이고, 상황이 충분히 바뀔 수 있다고 생각하면 '가변적'으로 인식한 것이다.
>
> (라) 와이너에 의하면, 큰 개에게 물렸지만 공포증에 시달리지 않는 사람들은 개에게 물린 상황에 대해 '내 대처 방식이 잘못되었어.'라며 내부적이고 가변적으로 해석한다. 이것은 나의 대처 방식에 따라 상황이 충분히 바뀔 수 있다고 생각하는 것이므로 이들은 개와 마주치는 상황을 굳이 피하지 않는다. 그 후 개에게 물리지 않는 상황이 반복되면 '나도 어떤 경우라도 개를 감당할 수 있어.'라며 내부적이고 고정적으로 해석하는 단계로 나아가게 된다.
>
> (마) 반면에 공포증을 겪는 사람들은 개에 물린 상황에 대해 '나는 약해서 개를 감당하지 못해.'라며 내부적이고 고정적으로 해석하거나 '개는 위험한 동물이야.'라며 외부적이고 고정적으로 해석한다. 자신의 힘이 개보다 약하다고 생각하거나 개를 맹수로 여기는 것이므로 이들은 자신이 개에게 물린 것을 당연한 일로 받아들인다. 하지만 공포증에 시달리지 않는 사람들처럼 상황을 해석하고 개를 피하지 않는 노력을 기울이면 공포증에서 벗어날 수 있다.

① (가) : 공포증이 생긴 구체적 상황
② (나) : 공포증의 개념과 공포증을 유발하는 대상
③ (다) : 와이너가 제시한 상황 해석의 기준
④ (라) : 공포증을 겪지 않는 사람들의 상황 해석 방식
⑤ (마) : 공포증을 겪는 사람들의 행동 유형

충전과 방전을 통해 반복적으로 사용할 수 있는 충전지는 양극에 사용되는 금속 산화 물질에 따라 납 충전지, 니켈 충전지, 리튬 충전지로 나눌 수 있다. 충전지가 방전될 때 양극 단자와 음극 단자 간에 전압이 발생하는데, 방전이 진행되면서 전압이 감소한다. 이렇게 변화하는 단자 전압의 평균을 공칭 전압이라 한다. 충전지를 크게 만들면 충전 용량과 방전 전류 세기를 증가시킬 수 있으나, 전극의 물질을 바꾸지 않는 한 공칭 전압은 변하지 않는다. 납 충전지의 공칭 전압은 2V, 니켈 충전지는 1.2V, 리튬 충전지는 3.6V이다.

충전지는 최대 용량까지 충전하는 것이 효율적이며 이러한 상태를 만충전이라 한다. 충전지를 최대 용량을 넘어서 충전하거나 방전 하한 전압 이하까지 방전시키면 충전지의 수명이 줄어들기 때문에 충전 양을 측정·관리하는 것이 중요하다. 특히 과충전 시에는 발열로 인해 누액이나 폭발의 위험이 있다. 니켈 충전지의 일종인 니켈카드뮴 충전지는 다른 충전지와 달리 메모리 효과가 있어서 일부만 방전한 후 충전하는 것을 반복하면 충·방전할 수 있는 용량이 줄어든다.

충전에 사용하는 충전기의 전원 전압은 충전지의 공칭 전압보다 높은 전압을 사용하고, 충전지로 유입되는 전류를 저항으로 제한한다. 그러나 충전이 이루어지면서 충전지의 단자 전압이 상승하여 유입되는 전류의 세기가 점점 줄어들게 된다. 그러므로 이를 막기 위해 충전기에는 충전 전류의 세기가 일정하도록 하는 정전류 회로가 사용된다. 또한 정전압 회로를 사용하기도 하는데, 이는 회로에 입력되는 전압이 변해도 출력되는 전압이 일정하도록 해 준다. 리튬 충전지를 충전할 경우, 정전류 회로를 사용하여 충전하다가 만충전 전압에 이르면 정전압 회로로 전환하여 정해진 시간 동안 충전지에 공급하는 전압을 일정하게 유지함으로써 충전지 내부에 리튬 이온이 고르게 분포될 수 있게 한다.

① 니켈 충전지는 납 충전지보다 공칭 전압이 낮으므로 전압을 높이려면 크기를 더 크게 만들면 되겠군.

② 사용하는 리튬 충전지의 용량이 1,000mAh라면 전원 전압이 2V보다 높은 충전기를 사용해야겠군.

③ 니켈카드뮴 충전지를 오래 사용하려면 방전 하한 전압 이하까지 방전시킨 후에 충전하는 것이 좋겠어.

④ 충전지를 충전하는 과정에서 충전지의 온도가 과도하게 상승한다면 폭발의 위험이 있을 수 있으므로 중지하는 것이 좋겠어.

⑤ 리튬 충전지의 공칭 전압은 3.6V이므로 충전 시 3.6V에 이르면 충전기의 정전압 회로가 전압을 일정하게 유지하는 것이군.

09 직장 내에서의 의사소통은 반드시 필요하지만, 적절한 의사소통을 형성한다는 것은 쉽지 않다. 다음과 같은 갈등 상황을 유발하는 원인으로 가장 적절한 것은?

> 기획팀의 J대리는 팀원들과 함께 프로젝트를 수행하고 있다. J대리는 이번 프로젝트를 조금 여유 있게 진행할 것을 팀원들에게 요청하였다. 팀원들은 프로젝트 진행을 위해 회의를 진행하였는데, L사원과 P사원의 의견이 서로 대립하는 바람에 결론을 내리지 못한 채 회의를 마치게 되었다. J대리가 회의 내용을 살펴본 결과, L사원은 프로젝트 기획 단계에서 좀 더 꼼꼼하고 상세한 자료를 모으자는 의견이었고, 반대로 P사원은 여유 있는 시간을 프로젝트 수정·보완 단계에서 사용하자는 의견이었다.

① L사원과 P사원이 J대리의 의견을 서로 다르게 받아들였기 때문이다.
② L사원은 J대리의 고정적 메시지를 잘못 이해하고 있기 때문이다.
③ L사원과 P사원이 자신의 정보를 상대방이 이해하기 어렵게 표현하고 있기 때문이다.
④ L사원과 P사원이 서로 잘못된 정보를 전달하고 있기 때문이다.
⑤ L사원과 P사원이 서로에 대한 선입견을 갖고 있기 때문이다.

10 다음 중 밑줄 친 부분과 같은 의미로 쓰인 것은?

> 고통을 <u>나누면</u> 반이 되고, 즐거움을 <u>나누면</u> 배가 된다.

① 일이 마무리되면 수익금을 공정하게 <u>나누기로</u> 하였다.
② 이번에 마련한 자리를 통해 매장을 운영하면서 겪은 어려움을 함께 <u>나누었다</u>.
③ 감독님, 이렇게 팀을 <u>나눈</u> 기준이 무엇인가요?
④ 나는 피를 <u>나눈</u> 가족을 지구 반대편에 두고 이민을 왔다.
⑤ 자, 그럼 서로 인사를 <u>나누기</u> 바랍니다.

11 다음은 K공사 영업부의 분기별 영업 실적을 나타낸 그래프이다. 전체 실적에서 1 ~ 2분기와 3 ~ 4분기가 각각 차지하는 비중을 바르게 연결한 것은?(단, 비중은 소수점 둘째 자리에서 반올림한다)

	1 ~ 2분기	3 ~ 4분기
①	48.6%	51.4%
②	50.1%	46.8%
③	51.4%	48.6%
④	46.8%	50.1%
⑤	50.0%	50.0%

12 미술 전시를 위해 정육면체 모양의 석고 조각의 각 면에 빨강, 주황, 노랑, 초록, 파랑, 검정으로 색을 칠하려고 한다. 가지고 있는 색깔은 남김없이 모두 사용해야 하고, 이웃하는 면에는 같은 색깔을 칠하지 않는다. 회전해서 같아지는 조각끼리는 서로 같은 정육면체라고 할 때, 만들 수 있는 서로 다른 정육면체는 모두 몇 가지인가?

① 60가지 ② 120가지
③ 180가지 ④ 240가지
⑤ 300가지

13 다음은 민간 분야 사이버 침해사고 발생현황에 대한 자료이다. 이에 대한 설명으로 옳지 않은 것을 〈보기〉에서 모두 고르면?

〈민간 분야 사이버 침해사고 발생현황〉

(단위 : 건)

구분	2020년	2021년	2022년	2023년
홈페이지 변조	6,490	10,148	5,216	3,727
스팸릴레이	1,163	988	731	365
기타 해킹	3,175	2,743	4,126	2,961
단순침입시도	2,908	3,031	3,019	2,783
피싱 경유지	2,204	4,320	3,043	1,854
전체	15,940	21,230	16,135	11,690

〈보기〉

ㄱ. 단순침입시도 분야의 침해사고는 매년 스팸릴레이 분야의 침해사고 건수의 두 배 이상이다.

ㄴ. 2020년 대비 2023년 침해사고 건수가 50% 이상 감소한 분야는 2개 분야이다.

ㄷ. 2022년 홈페이지 변조 분야의 침해사고 건수가 차지하는 비중은 35% 이하이다.

ㄹ. 2021년 대비 2023년은 모든 분야의 침해사고 건수가 감소하였다.

① ㄱ, ㄴ
② ㄱ, ㄹ
③ ㄴ, ㄷ
④ ㄴ, ㄹ
⑤ ㄷ, ㄹ

14 세탁기는 세제 용액의 농도를 0.9%로 유지해야 세탁이 가장 잘 된다. 농도가 0.5%인 세제 용액 2kg에 세제를 4스푼 넣었더니, 농도가 0.9%인 세제 용액이 됐다. 물 3kg에 세제를 몇 스푼 넣으면 농도가 0.9%인 세제 용액이 되는가?

① 12스푼
② 12.5스푼
③ 13스푼
④ 13.5스푼
⑤ 14스푼

15 다음은 세계 주요 터널 화재 사고 A ~ F에 대한 자료이다. 이에 대한 설명으로 옳은 것은?

〈세계 주요 터널 화재 사고 통계〉

사고	터널길이(km)	화재규모(MW)	복구비용(억 원)	복구기간(개월)	사망자(명)
A	50.5	350	4,200	6	1
B	11.6	40	3,276	36	39
C	6.4	120	72	3	12
D	16.9	150	312	2	11
E	0.2	100	570	10	192
F	1.0	20	18	8	0

※ (사고비용)=(복구비용)+[(사망자 수)×5억 원]

① 터널길이가 길수록 사망자가 많다.

② 화재규모가 클수록 복구기간이 길다.

③ 사고 A를 제외하면 복구기간이 길수록 복구비용이 많다.

④ 사망자가 가장 많은 사고 E는 사고비용도 가장 많다.

⑤ 사망자가 30명 이상인 사고를 제외하면 화재규모가 클수록 복구비용이 많다.

16 A지점을 출발하여 B지점에 도착하는 J열차와 G열차가 있다. J열차는 G열차보다 분당 속도가 3km 빠르다. 두 열차가 동시에 A지점을 출발했고, 전체 운행 거리의 $\frac{4}{5}$ 지점에서 J열차가 분당 속도를 5km 늦췄더니, 두 열차가 B지점에 동시에 도착했다. J열차의 처음 출발 속도는 얼마인가?

① 6km/min

② 7km/min

③ 8km/min

④ 9km/min

⑤ 10km/min

※ 다음은 K씨가 8월까지 사용한 지출 내역이다. 이어지는 질문에 답하시오. **[17~18]**

〈8월까지 사용한 지출 내역〉

종류	내역
신용카드	2,500,000원
체크카드	3,500,000원
현금영수증	–

※ 연봉의 25%를 초과한 금액에 한해 신용카드는 15%, 현금영수증·체크카드는 30%를 공제한다.
※ 공제는 초과한 금액에 대해 공제율이 높은 종류를 우선 적용한다.

17 K씨의 예상 연봉 금액이 35,000,000원일 때, 연말정산에 대비하기 위한 전략 또는 자료에 대한 설명으로 옳지 않은 것은?

① 신용카드와 체크카드 사용금액이 연봉의 25%를 넘어야 공제가 가능하다.

② 2,750,000원보다 더 사용해야 소득공제가 가능하다.

③ 만약에 체크카드를 5,000,000원 더 사용한다면, 2,250,000원이 소득공제금액에 포함되고 공제액은 675,000원이다.

④ 만약에 체크카드를 5,750,000원 더 사용한다면, 3,000,000원이 소득공제금액에 포함되고 공제액은 900,000원이다.

⑤ 신용카드 사용금액이 더 적기 때문에 체크카드보다 신용카드를 많이 사용하는 것이 공제에 유리하다.

18 K씨는 8월 이후로 신용카드를 4,000,000원 더 사용했고, 현금영수증 금액을 확인해보니 5,000,000원이었다. 또한, 연봉은 40,000,000원으로 상승하였다. 다음의 세율 표를 적용하여 신용카드, 현금영수증 등 소득공제금액에 대한 세금은?

과표	세율
연봉 1,200만 원 이하	6%
연봉 4,600만 원 이하	15%
연봉 8,800만 원 이하	24%
연봉 15,000만 원 이하	35%
연봉 15,000만 원 초과	38%

① 90,000원

② 225,000원

③ 247,500원

④ 450,000원

⑤ 1,500,000원

19 다음은 A ~ H국의 GDP 및 에너지 사용량에 대한 자료이다. 이에 대한 설명으로 옳지 않은 것은?

① 에너지 사용량이 가장 많은 국가는 A국이고, 가장 적은 국가는 D국이다.

② 1인당 에너지 사용량은 C국이 D국보다 많다.

③ GDP가 가장 낮은 국가는 D국이고, 가장 높은 국가는 A국이다.

④ 1인당 GDP는 H국이 B국보다 높다.

⑤ 에너지 사용량 대비 GDP는 A국이 B국보다 낮다.

20 다음은 저탄소 녹색성장 10대 기술 분야의 특허 출원 및 등록 현황에 대한 자료이다. 이에 대한 설명으로 옳지 않은 것을 〈보기〉에서 모두 고르면?

〈저탄소 녹색성장 10대 기술 분야의 특허 출원 및 등록 현황〉

(단위 : 건)

연도 구분 기술 분야	2021년		2022년		2023년	
	출원	등록	출원	등록	출원	등록
태양광 / 열 / 전지	1,079	1,534	898	1,482	1,424	950
수소바이오 / 연료전지	1,669	900	1,527	1,227	1,393	805
CO_2 포집저장처리	552	478	623	409	646	371
그린홈 / 빌딩 /시티	792	720	952	740	867	283
원전플랜트	343	294	448	324	591	282
전력IT	502	217	502	356	484	256
석탄가스화	107	99	106	95	195	88
풍력	133	46	219	85	363	87
수력 및 해양에너지	126	25	176	45	248	33
지열	15	7	23	15	36	11
전체	5,318	4,320	5,474	4,778	6,247	3,166

〈보기〉

ㄱ. 2021 ~ 2023년 동안 출원 건수와 등록 건수가 모두 매년 증가한 기술 분야는 없다.

ㄴ. 2022년에 출원 건수가 전년 대비 감소한 기술 분야에서는 2023년 등록 건수도 전년 대비 감소하였다.

ㄷ. 2023년 등록 건수가 많은 상위 3개 기술 분야의 등록 건수 합은 2023년 전체 등록 건수의 70% 이상을 차지한다.

ㄹ. 2023년 출원 건수가 전년 대비 50% 이상 증가한 기술 분야의 수는 3개이다.

① ㄱ, ㄴ

② ㄱ, ㄷ

③ ㄴ, ㄹ

④ ㄱ, ㄷ, ㄹ

⑤ ㄴ, ㄷ, ㄹ

21 신입사원인 수호, 민석, 경수는 임의의 순서로 검은색 · 갈색 · 흰색 책상에 이웃하여 앉아 있고, 커피 · 주스 · 콜라 중 한 가지씩을 좋아한다. 또한 기획 · 편집 · 디자인의 서로 다른 업무를 하고 있다. 알려진 정보가 〈조건〉과 같을 때, 반드시 참인 것을 〈보기〉에서 모두 고르면?

─〈조건〉─
- 경수는 갈색 책상에 앉아 있다.
- 검은색 책상에 앉은 사람은 편집 업무를 담당한다.
- 기획 담당과 디자인 담당은 서로 이웃해 있지 않다.
- 디자인을 하는 사람은 커피를 좋아한다.
- 수호는 편집 담당과 이웃해 있다.
- 수호는 주스를 좋아한다.

─〈보기〉─
ㄱ. 경수는 커피를 좋아한다.
ㄴ. 민석이와 경수는 이웃해 있다.
ㄷ. 수호는 편집을 하지 않고, 민석이는 콜라를 좋아하지 않는다.
ㄹ. 민석이는 흰색 책상에 앉아 있다.
ㅁ. 수호는 기획 담당이다.

① ㄱ, ㄴ
② ㄴ, ㄷ
③ ㄷ, ㄹ
④ ㄱ, ㄴ, ㅁ
⑤ ㄱ, ㄷ, ㅁ

22 다음 〈조건〉을 바탕으로 팀장의 나이를 바르게 추론한 것은?

─〈조건〉─
- 팀장의 나이는 과장보다 4살이 많다.
- 대리의 나이는 31세이다.
- 사원은 대리보다 6살 어리다.
- 팀장과 과장의 나이 합은 사원과 대리의 나이 합의 2배이다.

① 56세
② 57세
③ 58세
④ 59세
⑤ 60세

23 K공사에서는 약 2개월 동안 근무할 인턴사원을 선발하고자 다음과 같은 공고를 게시하였다. 이에 지원한 A ~ E지원자 중 K공사의 인턴사원으로 가장 적합한 지원자는?

〈인턴 모집 공고〉

• 근무기간 : 약 2개월(7 ~ 8월)
• 자격 요건
  − 1개월 이상 경력자
  − 포토샵 가능자
  − 근무 시간(9 ~ 18시) 이후에도 근무가 가능한 자
• 기타사항
  − 경우에 따라서 인턴 기간이 연장될 수 있음

A지원자	• 경력 사항 : 출판사 3개월 근무 • 컴퓨터 활용 능력 中(포토샵, 워드 프로세서) • 대학 휴학 중(9월 복학 예정)
B지원자	• 경력 사항 : 없음 • 포토샵 능력 우수 • 전문대학 졸업
C지원자	• 경력 사항 : 마케팅 회사 1개월 근무 • 컴퓨터 활용 능력 上(포토샵, 워드 프로세서, 파워포인트) • 4년제 대학 졸업
D지원자	• 경력 사항 : 제약 회사 3개월 근무 • 포토샵 가능 • 저녁 근무 불가
E지원자	• 경력 사항 : 마케팅 회사 1개월 근무 • 컴퓨터 활용 능력 中(워드 프로세서, 파워포인트) • 대학 졸업

① A지원자   ② B지원자
③ C지원자   ④ D지원자
⑤ E지원자

24 해외로 출장을 가는 김대리는 다음 〈조건〉과 같이 이동하려고 계획하고 있다. 연착 없이 계획대로 출장지에 도착했다면, 도착했을 때의 현지 시각은?

〈조건〉

- 서울 시각으로 5일 오후 1시 35분에 출발하는 비행기를 타고, 경유지 한 곳을 거쳐 출장지에 도착한다.
- 경유지는 서울보다 1시간 빠르고, 출장지는 경유지보다 2시간 느리다.
- 첫 번째 비행은 3시간 45분이 소요된다.
- 경유지에서 3시간 50분을 대기하고 출발한다.
- 두 번째 비행은 9시간 25분이 소요된다.

---

① 오전 5시 35분
② 오전 6시
③ 오후 5시 35분
④ 오후 6시
⑤ 오후 7시 35분

25 K공사 총무부 직원들은 사무실을 재배치하였다. 재배치 조건을 참고할 때, 이에 대한 설명으로 적절하지 않은 것은?

〈재배치 조건〉

- 같은 직급은 옆자리로 배정하지 않는다.
- 사원 옆자리와 앞자리는 비어있을 수 없다.
- 부서장은 동쪽을 바라보며 앉고 부서장의 앞자리에는 상무 또는 부장이 앉는다.
- 부서장을 제외한 직원들은 마주보고 앉는다.
- 총무부 직원은 부서장, 사원 2명(김사원, 이사원), 대리 2명(성대리, 한대리), 상무 1명(이상무), 부장 1명(최부장), 과장 2명(김과장, 박과장)이다.

〈사무실 자리 배치표〉

부서장	A	B	성대리	C	D
	E	김사원	F	이사원	G

---

① 부서장 앞자리에 빈자리가 있다.
② A와 D는 빈자리이다.
③ F와 G에 김과장과 박과장이 앉는다.
④ C에 최부장이 앉으면 E에는 이상무가 앉는다.
⑤ B와 C에 이상무와 박과장이 앉으면 F에는 한대리가 앉을 수 있다.

26 남학생 A, B, C, D와 여학생 W, X, Y, Z 8명이 있다. 어떤 시험을 본 뒤 득점을 살펴보았더니, 남녀 모두 1명씩 짝을 이루어 동점을 받았다. 다음 〈조건〉을 모두 만족할 때, 항상 옳은 것은?

〈조건〉

- 여학생 X는 남학생 B 또는 C와 동점이다.
- 여학생 Y는 남학생 A 또는 B와 동점이다.
- 여학생 Z는 남학생 A 또는 C와 동점이다.
- 남학생 B는 여학생 W 또는 Y와 동점이다.

① 여학생 W는 남학생 C와 동점이다.
② 여학생 X는 남학생 B와 동점이다.
③ 여학생 Z와 남학생 C는 동점이다.
④ 여학생 Y는 남학생 A와 동점이다.
⑤ 남학생 D와 여학생 W는 동점이다.

27 물품 보관함에는 자물쇠로 잠긴 채 오랫동안 방치되고 있는 보관함 네 개가 있다. 휴게소 관리 직원인 L씨는 방치 중인 보관함을 정리하기 위해 사무실에서 보유하고 있는 1 ~ 6번까지의 열쇠로 네 개의 자물쇠를 모두 열어 보았다. 〈조건〉이 다음과 같을 때, 항상 참인 것은?(단, 하나의 자물쇠는 정해진 하나의 열쇠로만 열린다)

〈조건〉

- 첫 번째 자물쇠는 1번 또는 2번 열쇠로 열렸다.
- 두 번째 자물쇠와 네 번째 자물쇠는 3번 열쇠로 열리지 않았다.
- 6번 열쇠로는 어떤 자물쇠도 열지 못했다.
- 두 번째 또는 세 번째 자물쇠는 4번 열쇠로 열렸다.
- 세 번째 자물쇠는 4번 또는 5번 열쇠로 열렸다.

① 첫 번째 자물쇠는 반드시 1번 열쇠로 열린다.
② 두 번째 자물쇠가 2번 열쇠로 열리면, 세 번째 자물쇠는 5번 열쇠로 열린다.
③ 세 번째 자물쇠가 5번 열쇠로 열리면, 네 번째 자물쇠는 2번 열쇠로 열린다.
④ 네 번째 자물쇠가 5번 열쇠로 열리면, 두 번째 자물쇠는 2번 열쇠로 열린다.
⑤ 3번 열쇠로는 어떤 자물쇠도 열지 못한다.

28 다음은 부서별 핵심역량 중요도와 신입사원들의 핵심역량 평가결과이다. 자료를 참고할 때, C사원과 E사원의 부서배치로 적절한 것은?(단, '―'는 중요도가 상관없다는 표시이다)

〈핵심역량 중요도〉

구분	창의성	혁신성	친화력	책임감	윤리성
영업팀	―	중	상	중	―
개발팀	상	상	하	중	상
지원팀	―	중	―	상	하

〈핵심역량 평가결과〉

구분	창의성	혁신성	친화력	책임감	윤리성
A사원	상	하	중	상	상
B사원	중	중	하	중	상
C사원	하	상	상	중	하
D사원	하	하	상	하	중
E사원	상	중	중	상	하

	C사원	E사원			C사원	E사원
①	개발팀	지원팀		②	영업팀	지원팀
③	개발팀	영업팀		④	지원팀	개발팀
⑤	지원팀	영업팀				

29 다음은 문제의 의미에 대한 글이다. 이를 참고할 때, 〈보기〉의 내용 중 성격이 다른 하나는?

> 문제란 원활한 업무수행을 위해 해결해야 하는 질문이나 의논 대상을 의미한다. 즉, 해결하기를 원하지만 실제로 해결해야 하는 방법을 모르고 있는 상태나 얻고자 하는 해답이 있지만 그 해답을 얻는 데 필요한 일련의 행동을 알지 못한 상태이다. 이러한 문제는 흔히 문제점과 구분하지 않고 사용하는데, 문제점이란 문제의 근본 원인이 되는 사항으로 문제해결에 필요한 열쇠인 핵심 사항을 말한다.

─────〈보기〉─────

> 전기밥솥에 밥을 지어놓고 부모는 잠시 다른 일을 하러 갔다. 그 사이 아이는 전기밥솥을 가지고 놀다가 전기밥솥에서 올라오는 연기에 화상을 입었다.

① 아이의 화상
② 아이의 호기심
③ 부모의 부주의
④ 전기밥솥의 열기
⑤ 안전사고 발생 가능성에 대한 부주의

30 다음 사례에 적용된 문제해결 방법 중 원인 파악 단계의 결과로 가장 적절한 것은?

> 1980년대 초반에 헝가리 부다페스트 교통 당국은 혼잡한 시간대에 대처하기 위해 한 노선에 버스를 여러 대씩 운행시켰다. 그러나 사람들은 45분씩 기다려야 하거나 버스 서너 대가 한꺼번에 온다고 짜증을 냈다. 사람들은 버스 운전사가 멍청하거나 아니면 악의적으로 배차를 그렇게 한다고 여겼다. 다행스럽게도 당국은 금방 문제의 원인을 파악했고, 해결책도 찾았다. 버스 세 대 이상을 노선에 투입하고 간격을 똑같이 해 놓으면, 버스의 간격은 일정하게 유지되지 않는다. 앞서 가는 버스는 승객을 많이 태우게 되기 때문에 정차 시간이 길어진다. 바로 뒤따라가는 버스는 승객이 앞차만큼 많지 않기 때문에 정차 시간이 짧아진다. 이러다 보면 어쩔 수 없이 뒤차가 앞차를 따라 잡아서 버스가 한참 안 오다가 줄줄이 두세 대씩 한꺼번에 몰려오게 된다. 버스들이 자기 조직화 때문에 몰려 다니게 되는 것이다.
>
> 상황을 이해하고 나면 해결책도 나온다. 버스 관리자는 이 문제가 같은 노선의 버스는 절대로 앞차를 앞지르지 못하게 되어 있기 때문임을 인지했다. 문제를 없애기 위해 당국은 운전사들에게 새로운 규칙을 따르게 했다. 같은 노선의 버스가 서 있는 것을 보면 그 버스가 정류장의 승객을 다 태우지 못할 것 같아도 그냥 앞질러 가라는 것이다. 이렇게 하면 버스들이 한꺼번에 줄줄이 오는 것을 막게 되어 더 효율적으로 운행할 수 있다.

① 버스 운전사의 운전 미숙
② 부다페스트의 열악한 도로 상황
③ 유연하지 못한 버스 운행 시스템
④ 의도적으로 조절한 버스 배차 시간
⑤ 정차된 같은 노선의 버스를 앞지르는 규칙

| 02 | 자원관리능력(사무 / 배전 · 송변전)

※ K공사에서는 새로운 직원을 채용하기 위해 채용시험을 실시하고자 한다. 다음은 K공사에서 채용시험을 실시할 때 필요한 〈조건〉과 채용시험장 후보 대상에 대한 정보이다. 자료를 참고하여 이어지는 질문에 답하시오.
[31~32]

―――――〈조건〉―――――

• 신입직 지원자는 400명이고, 경력직 지원자는 80명이다(단, 지원자 모두 시험에 응시한다).
• 시험은 방송으로 진행되므로 스피커가 있어야 한다.
• 시험 안내를 위해 칠판이나 화이트보드가 있어야 한다.
• 신입직의 경우 3시간, 경력직의 경우 2시간 동안 시험이 진행된다.
• 비교적 비용이 저렴한 시설을 선호한다.

〈채용시험장 후보 대상〉

구분	A중학교	B고등학교	C대학교	D중학교	E고등학교
수용 가능 인원	380명	630명	500명	460명	500명
시간당 대여료	300만 원	450만 원	700만 원	630만 원	620만 원
시설	스피커, 화이트보드	스피커, 칠판	칠판, 스피커	화이트보드, 스피커	칠판
대여 가능 시간	토 ~ 일요일 10 ~ 13시	일요일 09 ~ 12시	토 ~ 일요일 14 ~ 17시	토요일 14 ~ 17시	토 ~ 일요일 09 ~ 12시 13 ~ 15시

31 K공사가 신입직 채용시험을 토요일에 실시한다고 할 때, 다음 중 채용시험 장소로 가장 적절한 곳은?

① A중학교   ② B고등학교
③ C대학교   ④ D중학교
⑤ E고등학교

32 K공사는 채용 일정이 변경됨에 따라 신입직과 경력직의 채용시험을 동시에 동일한 장소에서 실시하려고 한다. 다음 중 채용시험 장소로 가장 적절한 곳은?(단, 채용시험일은 토요일이나 일요일로 한다)

① A중학교   ② B고등학교
③ C대학교   ④ D중학교
⑤ E고등학교

33 K공사 해외사업부는 7월 중에 2박 3일로 워크숍을 떠나려고 한다. 사우들의 단합을 위해 일정은 주로 야외 활동으로 잡았다. 다음 7월 미세먼지 예보와 〈조건〉을 고려했을 때, 워크숍 일정으로 가장 적합한 날짜는?

〈미세먼지 등급〉

구간	좋음	보통	약간 나쁨	나쁨	매우 나쁨	
예측농도 (μg/m^3·일)	0~30	31~80	81~120	121~200	201~300	301~

〈7월 미세먼지 예보〉

일요일	월요일	화요일	수요일	목요일	금요일	토요일
	1 204μg/m^3	2 125μg/m^3	3 123μg/m^3	4 25μg/m^3	5 132μg/m^3	6 70μg/m^3
7 10μg/m^3	8 115μg/m^3	9 30μg/m^3	10 200μg/m^3	11 116μg/m^3	12 121μg/m^3	13 62μg/m^3
14 56μg/m^3	15 150μg/m^3	16 140μg/m^3	17 135μg/m^3	18 122μg/m^3	19 98μg/m^3	20 205μg/m^3
21 77μg/m^3	22 17μg/m^3	23 174μg/m^3	24 155μg/m^3	25 110μg/m^3	26 80μg/m^3	27 181μg/m^3
28 125μg/m^3	29 70μg/m^3	30 85μg/m^3	31 125μg/m^3			

〈조건〉

• 첫째 날과 둘째 날은 예측농도가 '좋음 ~ 약간 나쁨' 사이여야 한다.
• 워크숍 일정은 평일로 하되 불가피할 시 토요일을 워크숍 마지막 날로 정할 수 있다.
• 매달 2·4주 수요일은 기획회의가 있다.
• 셋째 주 금요일 저녁에는 우수성과팀 시상식이 있다.
• 7월 29 ~ 31일은 중국 현지에서 열리는 콘퍼런스에 참여한다.

① 1 ~ 3일
② 8 ~ 10일
③ 17 ~ 19일
④ 25 ~ 27일
⑤ 29 ~ 31일

※ K공사는 고령 임직원을 위한 스마트뱅킹 교육을 실시하려고 한다. 다음 자료를 참고하여 이어지는 질문에 답하시오. [34~35]

〈고령 임직원을 위한 스마트뱅킹 교육〉

• 참가인원 : 직원 50명, 임원 15명
• 교육일시 : 2024년 5월 28일 오전 9 ~ 11시
• 필요장비 : 컴퓨터, 빔 프로젝터, 마이크
• 특이사항
 – 교육 종료 후 다과회가 있으므로 별도 회의실이 필요하다.
 – 교육 장소는 조건을 충족하는 장소 중에서 가장 저렴한 장소로 선택한다.

〈센터별 대여료 및 세부사항〉

구분	대여료	보유 장비	수용인원	사용가능 시간	비고
A센터	400,000원	컴퓨터, 빔 프로젝터, 마이크	50명	3시간	회의실 보유
B센터	420,000원	컴퓨터, 빔 프로젝터, 마이크	65명	4시간	회의실 보유
C센터	350,000원	컴퓨터, 마이크	45명	3시간	–
D센터	500,000원	마이크, 빔 프로젝터	75명	1시간	회의실 보유
E센터	400,000원	빔 프로젝터, 마이크, 컴퓨터	70명	2시간	–

34 다음 중 고령 임직원을 위한 스마트뱅킹 교육 계획에 맞는 장소로 적절한 곳은?

① A센터
② B센터
③ C센터
④ D센터
⑤ E센터

35 교육의 참여자가 30명으로 변경되었을 때, 다음 중 선택할 교육 장소로 적절한 곳은?

① A센터
② B센터
③ C센터
④ D센터
⑤ E센터

※ K공사는 사내 장기자랑을 열기 위해 조를 편성하기로 했다. 다음 자료를 참고하여 이어지는 질문에 답하시오.
[36~37]

〈조 편성 조건〉

- 2명씩 총 5개 조를 편성한다.
- 같은 팀끼리는 같은 조가 될 수 없다.
- 혼성 조는 20대에서만 편성한다.
- 20대는 20대끼리, 30대는 30대끼리 조를 편성한다.
- 조원 간 나이 차는 5세 이하로 제한한다.

〈K공사 직원 명단 및 나이〉

(단위 : 세)

	이름	전민수	김민형	이시원	김성훈	김현우
남자	나이	39	27	36	29	24
	소속	안전관리팀	기술팀	인사팀	기획팀	총무팀
	이름	한혜진	이나래	최지은	정혜원	김사랑
여자	나이	35	30	23	32	37
	소속	인사팀	기술팀	총무팀	안전관리팀	기획팀

36 다음 중 조원이 될 수 있는 사람끼리 바르게 짝지은 것은?

① 김현우, 김민형　　　　　　　　② 최지은, 김현우
③ 정혜원, 한혜진　　　　　　　　④ 이시원, 김성훈
⑤ 김사랑, 정혜원

37 세대 간 화합을 위해 다음과 같이 〈조건〉을 변경하기로 했다. 조원이 될 수 있는 사람끼리 바르게 짝지은 것은?

〈조건〉

- 2명씩 조를 편성한다.
- 가장 나이 차가 많이 나는 조합부터 조를 편성한다(가장 나이가 어린 사람과 가장 나이가 많은 사람이 한 조가 된다).

① 정혜원, 김사랑　　　　　　　　② 전민수, 김현우
③ 한혜진, 김성훈　　　　　　　　④ 김민형, 이나래
⑤ 최지은, 이시원

38 다음 제시된 명제가 모두 참일 때, 반드시 참인 명제는?

> • 물을 녹색으로 만드는 조류는 냄새 물질을 배출한다.
> • 독소 물질을 배출하는 조류는 냄새 물질을 배출하지 않는다.
> • 물을 황색으로 만드는 조류는 물을 녹색으로 만들지 않는다.

① 독소 물질을 배출하지 않는 조류는 물을 녹색으로 만든다.
② 물을 녹색으로 만들지 않는 조류는 냄새 물질을 배출하지 않는다.
③ 독소 물질을 배출하는 조류는 물을 녹색으로 만들지 않는다.
④ 냄새 물질을 배출하지 않는 조류는 물을 황색으로 만들지 않는다.
⑤ 냄새 물질을 배출하는 조류는 독소 물질을 배출한다.

39 다음은 K기술원 소속 인턴들의 직업선호 유형 및 책임자의 관찰 사항에 대한 자료이다. 소비자들의 불만을 접수해서 처리하는 업무를 맡기기에 가장 적합한 인턴은 누구인가?

〈직업선호 유형 및 책임자의 관찰 사항〉

구분	유형	유관 직종	책임자의 관찰 사항
A인턴	RI	DB개발, 요리사, 철도기관사, 항공기 조종사, 직업군인, 운동선수, 자동차 정비원	부서 내 기기 사용에 문제가 생겼을 때 해결 방법을 잘 찾아냄
B인턴	AS	배우, 메이크업 아티스트, 레크리에이션 강사, 광고기획자, 디자이너, 미술교사, 사회복지사	자기주장이 강하고 아이디어가 참신한 경우가 종종 있었음
C인턴	CR	회계사, 세무사, 공무원, 비서, 통역가, 영양사, 사서, 물류전문가	무뚝뚝하나 잘 흥분하지 않으며, 일처리가 신속하고 정확함
D인턴	SE	사회사업가, 여행안내원, 교사, 한의사, 응급구조 요원, 스튜어디스, 헤드헌터, 국회의원	부서 내 사원들에게 인기 있으나 일처리는 조금 늦은 편임
E인턴	IA	건축설계, 게임기획, 번역, 연구원, 프로그래머, 의사, 네트워크엔지니어	분석적이나 부서 내에서 잘 융합되지 못하고, 겉도는 것처럼 보임

① A인턴
② B인턴
③ C인턴
④ D인턴
⑤ E인턴

40 K유통업체는 현재 바코드를 사용하여 물품을 관리하고 있다. K유통업체에 근무 중인 A ~ E는 다음 기사를 읽고 관세청이 병행수입물품 관리에 사용한 방법을 자사의 물품관리 시스템에 도입하기 위해 의견을 나누었다. 다음 중 잘못된 의견을 제시하고 있는 사람은?

관세청은 병행수입 활성화와 소비자 권리 강화를 위해 275개 상표에 부착하던 '병행수입물품 통관표지'를 595개 상표로 확대해 실시한다고 밝혔다. QR코드 방식의 병행수입물품 통관표지는 수입자와 품명, 상표명, 수입일자, 통관, 세관 등의 정보를 담고 있어 소비자는 스마트폰을 통해 통관정보를 손쉽게 확인할 수 있다. 통관표지는 지난 2012년 8월부터 시작해 의류나 핸드백 등 35개 품목, 275개 상표의 병행수입물품을 대상으로 부착됐다.

관세청은 섬유유연제나 방향제 같은 생활용품을 비롯해 캠핑용 그릴, 등산배낭, 자동차용 엔진오일 등 국민생활과 밀접한 품목을 추가해 모두 595개 상표의 병행수입물품에 통관표지를 부착하기로 하였다.

---

① A : 1차원의 코드를 사용하고 있는 우리 회사와 달리 관세청은 사각형의 가로세로 격자무늬의 2차원 코드를 사용하여 병행수입물품을 관리하고 있군.

② B : 관세청의 물품관리 방법을 도입하면 현재보다 더 빠르게, 더 많은 양의 정보를 파악할 수 있겠어.

③ C : 게다가 코드의 일부분이 오염되거나 손상되어도 정보를 복원할 수 있다는 장점도 있어.

④ D : 기존에는 일반적으로 물품에 대한 정보를 파악하기 위해 전용 단말기가 필요했지만, 관세청의 물품관리 방법을 도입하면 별도의 단말기 없이 스마트폰만으로도 정보를 파악할 수 있겠군.

⑤ E : 하지만 관세청이 사용한 사각형의 코드 모양은 방향에 따라 다르게 인식될 수 있기 때문에 이를 유의하여 정보를 파악해야 해.

| 03 | 정보능력(사무)

41 다음 워크시트에서 [틀 고정] 기능을 통해 A열과 1행을 고정하고자 할 때, 어느 셀을 클릭한 후 [틀 고정]을 해야 하는가?

	A	B	C
1	코드번호	성명	취미
2	A001	이몽룡	컴퓨터
3	A002	홍길동	축구
4	A003	성춘향	미술
5	A004	변학도	컴퓨터
6	A005	임꺽정	농구

① [A1] ② [A2]

③ [B1] ④ [B2]

⑤ [C2]

42 다음 프로그램의 실행 결과로 옳은 것은?

```c
#include <stdio.h>
void func() {
  static int num1= 0;
  int num2 = 0;
  num1++;
  num2++;
  printf("num1 : %d, num2: %d \n",num1, num2);
}

void main()
{
  int i;
  for(i=0; i<5; i++) {
    func();
  }
}
```

① num1 : 0, num2 : 0

② num1 : 1, num2 : 1

③ num1 : 1, num2 : 5

④ num1 : 5, num2 : 1

⑤ num1 : 5, num2 : 5

43 다음 [B1] 셀을 기준으로 오른쪽 그림과 같이 자동 필터를 적용하였을 때, A열에 추출되지 않는 성명은?

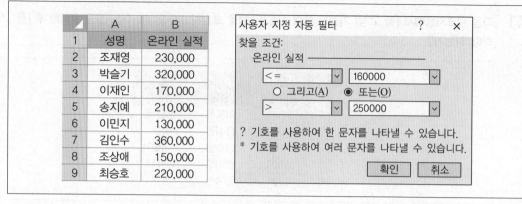

① 박슬기　　　　　　　　　　② 이재인
③ 이민지　　　　　　　　　　④ 김인수
⑤ 조상애

44 다음 [A2:B8] 영역을 선택한 후 오른쪽 그림과 같이 중복된 항목을 제거하였다. 다음 중 유지되는 행의 개수로 옳은 것은?

① 1개　　　　　　　　　　　② 2개
③ 3개　　　　　　　　　　　④ 4개
⑤ 5개

45 다음 중 스프레드 시트의 고급필터에 대한 설명으로 옳지 않은 것은?

① 고급필터는 자동필터에 비해 복잡한 조건을 사용하거나 여러 필드를 결합하여 조건을 지정할 경우에 사용한다.

② 원본 데이터와 다른 위치에 추출된 결과를 표시할 수 있으며, 조건에 맞는 특정한 필드(열)만을 추출할수도 있다.

③ 조건을 지정하거나 특정한 필드만을 추출할 때 사용하는 필드명은 반드시 원본 데이터의 필드명과 같아야한다.

④ AND조건은 지정한 모든 조건을 만족하는 데이터만 출력되며 조건을 모두 같은 행에 입력해야 한다.

⑤ OR조건은 지정한 조건 중 하나의 조건이라도 만족하는 경우 데이터가 출력되며 조건을 모두 같은 열에입력해야 한다.

46 다음 중 데이터베이스 시스템의 특징으로 적절하지 않은 것은?

① 서로 다른 여러 사용자가 데이터베이스를 동시에 함께 사용할 수 있도록 한다.

② 일부 데이터가 변경되어도 관련 있는 데이터가 함께 변경되도록 한다.

③ 데이터베이스의 구조가 변해도 영향을 받지 않도록 한다.

④ 허용되지 않은 사용자도 데이터 접근이 가능하도록 한다.

⑤ 데이터의 중복을 최소화한다.

47 다음 중 워크시트의 [머리글 / 바닥글] 설정에 대한 설명으로 옳지 않은 것은?

① '페이지 레이아웃' 보기 상태에서는 워크시트 페이지 위쪽이나 아래쪽을 클릭하여 머리글 / 바닥글을 추가할 수 있다.

② 첫 페이지, 홀수 페이지, 짝수 페이지의 머리글 / 바닥글 내용을 다르게 지정할 수 있다.

③ 머리글 / 바닥글에 그림을 삽입하고, 그림 서식을 지정할 수 있다.

④ '페이지 나누기 미리보기' 상태에서는 미리 정의된 머리글이나 바닥글을 선택하여 쉽게 추가할 수 있다.

⑤ 숨기기 취소 대화상자에서 숨기기 기능에 체크하면 워크시트가 숨겨진다.

48 다음 중 셀 서식 관련 바로 가기 키에 대한 설명으로 옳지 않은 것은?

① 〈Ctrl〉+〈1〉 : 셀 서식 대화상자가 표시된다.
② 〈Ctrl〉+〈2〉 : 선택한 셀에 글꼴 스타일 '굵게'가 적용되며, 다시 누르면 적용이 취소된다.
③ 〈Ctrl〉+〈3〉 : 선택한 셀에 밑줄이 적용되며, 다시 누르면 적용이 취소된다.
④ 〈Ctrl〉+〈5〉 : 선택한 셀에 취소선이 적용되며, 다시 누르면 적용이 취소된다.
⑤ 〈Ctrl〉+〈9〉 : 선택한 셀의 행이 숨겨진다.

49 다음 중 스프레드 시트의 메모에 대한 설명으로 옳지 않은 것은?

① 메모를 삭제하려면 메모가 삽입된 셀을 선택한 후 [검토] 탭 [메모]그룹의 [삭제]를 선택한다.
② [서식 지우기] 기능을 이용하여 셀의 서식을 지우면 설정된 메모도 함께 삭제된다.
③ 메모가 삽입된 셀을 이동하면 메모의 위치도 셀과 함께 변경된다.
④ 작성된 메모의 내용을 수정하려면 메모가 삽입된 셀의 바로 가기 메뉴에서 [메모편집]을 선택한다.
⑤ 삽입된 메모가 메모 표시 상태로 있다면 보이는 메모의 텍스트를 클릭하여 바로 편집할 수 있다.

50 다음 중 UNIX의 특징이 아닌 것은?

① 많은 터미널을 연결하되 사용자는 온라인 실시간으로 사용할 수 있다.
② 계층구조, 트리 형태의 파일 구조를 사용한다.
③ 타 기종에 이식성이 높다.
④ 단일 사용자용 운영체제로서 온라인 대화형 시스템이다.
⑤ 간결하고 사용하기 쉬운 명령어들로 구성되어 있다.

41 다음 글의 빈칸에 들어갈 내용으로 적절하지 않은 것은?

> 기술능력은 직업에 종사하기 위해 모든 사람들이 필요로 하는 능력이며, 이것을 넓은 의미로 확대해 보면 기술교양(Technical Literacy)이라는 개념으로 사용될 수 있다. 즉, 기술능력은 기술교양의 개념을 보다 구체화시킨 개념으로 볼 수 있다. 일반적으로 기술교양을 지닌 사람들은 _____

① 기술학의 특성과 역할을 이해한다.
② 기술과 관련된 위험을 평가할 수 있다.
③ 기술에 의한 윤리적 딜레마에 대해 합리적으로 반응할 수 있다.
④ 기술체계가 설계되고, 사용되고, 통제되어지는 방법을 이해한다.
⑤ 기술과 관련된 이익을 가치화하지 않는다.

42 다음 글에서 나타나는 산업재해의 원인으로 가장 적절한 것은?

> J씨는 퇴근하면서 회사 엘리베이터를 이용하던 중 갑자기 엘리베이터가 멈춰 그 안에 20분 동안 갇히는 사고를 당하였다. 20분 후 J씨는 실신한 상태로 구조되었고 바로 응급실로 옮겨졌다. 이후 J씨는 의식을 되찾았지만, 극도의 불안감과 공포감을 느껴 결국 병원에서는 J씨에게 공황장애 진단을 내렸다.

① 교육적 원인   ② 기술적 원인
③ 작업 관리상 원인   ④ 불안전한 행동
⑤ 불안전한 상태

※ K호텔에서는 편의시설로 코인세탁기를 설치하고자 한다. 다음 설명서를 보고 이어지는 질문에 답하시오. **[43~44]**

<코인세탁기 설명서>

■ 설치 시 주의사항

- 전원은 교류 220V / 60Hz 콘센트를 제품 단독으로 사용하세요.
- 전원코드를 임의로 연장하지 마세요.
- 열에 약한 물건 근처나 습기, 기름, 직사광선 및 물이 닿는 곳이나 가스가 샐 가능성이 있는 곳에 설치하지 마세요.
- 안전을 위해서 반드시 접지하도록 하며 가스관, 플라스틱 수도관, 전화선 등에는 접지하지 마세요.
- 제품을 설치할 때는 전원코드를 빼기 쉬운 곳에 설치하세요.
- 바닥이 튼튼하고 수평인 곳에 설치하세요.
- 세탁기와 벽면과는 10cm 이상 거리를 두어 설치하세요.
- 물이 새는 곳이 있으면 설치하지 마세요.
- 온수 단독으로 연결하지 마세요.
- 냉수와 온수 호스의 연결이 바뀌지 않도록 주의하세요.

■ 문제해결방법

증상	확인	해결
동작이 되지 않아요.	세탁기의 전원이 꺼져 있는 것은 아닌가요?	세탁기의 전원버튼을 눌러 주세요.
	문이 열려있는 건 아닌가요?	문을 닫고 동작 버튼을 눌러 주세요.
	물을 받고 있는 중은 아닌가요?	물이 설정된 높이까지 채워질 때까지 기다려 주세요.
	수도꼭지가 잠겨 있는 것은 아닌가요?	수도꼭지를 열어 주세요.
세탁 중 멈추고 급수를 해요.	옷감의 종류에 따라 물을 흡수하는 세탁물이 있어 물의 양을 보충하기 위해 급수하는 것입니다.	이상이 없으니 별도의 조치가 필요 없어요.
	거품이 많이 발생하는 세제를 권장량보다 과다 투입 시 거품 제거를 위해 배수 후 재급수하는 것입니다.	이상이 없으니 별도의 조치가 필요 없어요.
세제 넣는 곳 앞으로 물이 흘러 넘쳐요.	세제를 너무 많이 사용한 것은 아닌가요?	적정량의 세제를 넣어 주세요.
	물이 지나치게 뜨거운 것은 아닌가요?	50℃ 이상의 온수를 단독으로 사용하면 세제 투입 시 거품이 발생하여 넘칠 수 있습니다.
	세제 넣는 곳이 더럽거나 열려 있는 것은 아닌가요?	세제 넣는 곳을 청소해 주세요.
겨울에 진동이 심해요.	세탁기가 언 것은 아닌가요?	세제 넣는 곳이나 세탁조에 60℃ 정도의 뜨거운 물 10L 정도 넣어 세탁기를 녹여 주세요.
급수가 안 돼요.	거름망에 이물질이 끼어 있는 것은 아닌가요?	급수호수 연결부에 있는 거름망을 청소해 주세요.
탈수 시 세탁기가 흔들리거나 움직여요.	세탁기를 앞뒤 또는 옆으로 흔들었을 때 흔들리나요?	세탁기 또는 받침대를 다시 설치해 주세요.
	세탁기를 나무나 고무판 위에 설치하셨나요?	바닥이 평평한 곳에 설치하세요.
문이 열리지 않아요.	세탁기 내부온도가 높나요?	세탁기 내부온도가 70℃ 이상이거나 물 온도가 50℃ 이상인 경우 문이 열리지 않습니다. 내부온도가 내려갈 때까지 잠시 기다리세요.
	세탁조에 물이 남아 있나요?	탈수를 선택하여 물을 배수하세요.

43 다음 중 세탁기를 놓을 장소 선정 시 고려해야 할 사항으로 적절하지 않은 것은?

① 세탁기와 수도꼭지와의 거리를 확인한다.

② 220V / 60Hz 콘센트인지 확인한다.

③ 물이 새는 곳이 있는지 확인한다.

④ 바닥이 튼튼하고 수평인지 확인한다.

⑤ 전원코드를 임의로 연장하지 않도록 콘센트가 가까운 곳에 있는지 확인한다.

44 호텔 투숙객이 세탁기 이용 도중 세탁기 문이 열리지 않고, 진동이 심하다며 불편사항을 접수하였다. 다음 중 투숙객의 불편사항에 대한 해결방법으로 가장 적절한 것은?

① 세탁조에 물이 남아 있는 것을 확인하고 급수를 선택하여 물을 급수하도록 안내한다.

② 세탁기 내부온도가 높으므로 세탁조에 차가운 물을 넣도록 안내한다.

③ 세탁기의 받침대를 다시 설치하여 세탁기의 흔들림을 최소화시켜야 한다.

④ 세탁기 내부온도가 높으므로 내부온도가 내려갈 때까지 기다려달라고 안내한다.

⑤ 세탁기가 얼었을 수 있으므로 세제 넣는 곳이나 세탁조에 미온수를 넣어서 녹이도록 안내한다.

※ 다음은 정수기 사용 설명서이다. 이어지는 질문에 답하시오. [45~47]

〈제품규격〉

모델명	SDWP – 8820
전원	AC 220V / 60Hz
외형치수	260(W)×360(D)×1100(H)(단위 : mm)

〈설치 시 주의사항〉

- 낙수, 우수, 목욕탕, 샤워실, 옥외 등 제품에 물이 닿거나 습기가 많은 장소에는 설치하지 마십시오.
- 급수호스가 꼬이거나 꺾이게 하지 마십시오.
- 화기나 직사광선은 피하십시오.
- 단단하고 평평한 곳에 설치하십시오.
- 제품은 반드시 냉수배관에 연결하십시오.
- 설치 위치는 벽면에서 20cm 이상 띄워 설치하십시오.

〈필터 종류 및 교환시기〉

구분	1단계	2단계	3단계	4단계
필터	세디멘트	프리카본	UF중공사막	실버블록카본
교환시기	약 4개월	약 8개월	약 20개월	약 12개월

〈청소〉

세척 부분	횟수	세척방법
외부	7일 1회	플라스틱 전용 세척제 및 젖은 헝겊으로 닦습니다(신나 및 벤젠은 제품의 변색이나 표면이 상할 우려가 있으므로 사용하지 마십시오).
물받이통	수시	중성세제로 닦습니다.
취수구	1일 1회	히든코크를 시계 반대 방향으로 돌려서 분리하고 취수구를 멸균 면봉을 사용하여 닦습니다. 히든코크는 젖은 헝겊을 사용하여 닦습니다.
피팅(연결구)	2년 1회 이상	필터 교환 시 피팅 또는 튜빙을 점검하고 필요 시 교환합니다.
튜빙(배관)		

〈제품 이상 시 조치방법〉

증상	예상원인	조치방법
온수 온도가 낮음	공급 전원 낮음	공급 전원이 220V인지 확인하고 아니면 전원을 220V로 맞춰 주십시오.
	온수 램프 확인	온수 램프에 전원이 들어오는지 확인하고 제품 뒷면의 온수 스위치가 켜져 있는지 확인하십시오.
냉수가 나오지 않음	공급 전원 낮음	공급 전원이 220V인지 확인하고 아니면 전원을 220V로 맞춰 주십시오.
	냉수 램프 확인	냉수 램프에 전원이 들어오는지 확인하고 제품 뒷면의 냉수 스위치가 켜져 있는지 확인하십시오.
물이 나오지 않음	필터 수명 종료	필터 교환 시기를 확인하고 서비스센터에 연락하십시오.
	연결 호스 꺾임	연결 호스가 꺾인 부분이 있으면 그 부분을 펴 주십시오.
냉수는 나오는데 온수가 나오지 않음	온도 조절기 차단	제품 뒷면의 온수 스위치를 끄고 서비스센터에 연락하십시오.
	히터 불량	

정수물이 너무 느리게 채워짐	필터 수명 종료	서비스센터에 연락하고 필터를 교환받으십시오.
제품에서 누수 발생	조립 부위 불량	원수밸브를 잠근 후 작동을 중지시키고 서비스센터에 연락하십시오.
불쾌한 맛이나 냄새 발생	냉수 탱크 세척 불량	냉수 탱크를 세척하여 주십시오.

45 다음 중 설명서를 기준으로 판단할 때, 정수기 관리법에 대한 설명으로 옳지 않은 것은?

① 정수기 청소는 하루에 최소 2곳을 해야 한다.
② 불쾌한 맛이나 냄새가 발생하면 냉수 탱크를 세척하면 된다.
③ 적정 시기에 필터를 교환하지 않으면 발생할 수 있는 문제는 2가지이다.
④ 정수기의 크기는 가로 26cm, 깊이 36cm, 높이 110cm이다.
⑤ 습기가 많은 곳에는 설치하면 안 된다.

46 다음 중 제품에 문제가 발생했을 때, 서비스센터에 연락하지 않고 해결이 가능한 현상은?

① 정수물이 너무 느리게 채워진다.
② 필터의 수명이 다해 물이 나오지 않는다.
③ 제품에서 누수가 발생한다.
④ 냉수는 나오는데 온수가 나오지 않는다.
⑤ 연결 호스가 꺾여 물이 나오지 않는다.

47 다음 중 설명서를 기준으로 판단할 때, 정수기에 대한 설명으로 옳은 것을 〈보기〉에서 모두 고르면?

---〈보기〉---
ㄱ. 정수기에 사용되는 필터는 총 4개이다.
ㄴ. 급한 경우에는 신나 및 벤젠을 사용하여 정수기 외부를 청소해도 된다.
ㄷ. 3년 사용할 경우 프리카본 필터는 3번 교환해야 한다.
ㄹ. 벽면과의 간격을 10cm로 하여 정수기를 설치하면 문제가 발생할 수 있다.

① ㄱ, ㄴ   ② ㄱ, ㄷ
③ ㄱ, ㄹ   ④ ㄴ, ㄷ
⑤ ㄷ, ㄹ

※ K병원에서는 환자들의 휴식 시간을 위해 병실마다 벽걸이 TV를 설치하고자 한다. 다음 자료를 보고 이어지는 질문에 답하시오. [48~49]

■ 설치 시 주의사항
 – 반드시 제공하는 구성품 및 부품을 사용해 주세요.
 – 수직 벽면 이외의 장소에는 설치하지 마세요.
 – 진동이나 충격이 가해질 염려가 있는 곳은 제품이 떨어질 수 있으므로 피하세요.
 – 제품의 열을 감지하고 스프링클러가 작동할 수 있으므로 스프링클러 감지기 옆에는 설치하지 마세요.
 – 고압 케이블의 간섭을 받아 화면이 제대로 나오지 않을 수 있으므로 고압 케이블 근처에는 설치하지 마세요.
 – 난방기기 주변은 과열되어 고장의 염려가 있으므로 피하십시오.
 – 벽면의 안정성을 확인하세요.
 – 설치한 후 벽면과 제품 사이의 거리는 최소 15mm 이상 유지하세요.
 – 제품 주변으로 10cm 이상의 공간을 두어 통풍이 잘 되도록 하세요. 제품 내부 온도의 상승은 화재 및 제품 고장의 원인이 될 수 있습니다.

■ 문제해결

증상	해결
전원이 켜지지 않아요.	• 전원코드가 잘 연결되어 있는지 확인하세요. • 안테나 케이블 연결이 제대로 되어 있는지 확인하세요. • 케이블 방송 수신기의 연결이 제대로 되어 있는지 확인하세요.
전원이 갑자기 꺼져요.	• 에너지 절약을 위한 '취침예약'이 설정되어 있는지 확인하세요. • 에너지 절약을 위한 '자동전원끄기' 기능이 설정되어 있는지 확인하세요.
제품에서 뚝뚝 소리가 나요.	• TV 외관의 기구적 수축이나 팽창 때문에 나타날 수 있는 현상이므로 안심하고 사용하세요.
제품이 뜨거워요.	• 제품 특성상 장시간 시청 시 패널에서 열이 발생하므로, 열이 발생하는 것은 결함이나 동작 사용상의 문제가 되는 것이 아니니 안심하고 사용하세요.
리모컨 동작이 안 돼요.	• 새 건전지로 교체해 보세요.

※ 문제가 해결되지 않는다면 가까운 서비스센터로 문의하세요.

48 다음 중 벽걸이 TV를 설치하기 위한 장소 선정 시 고려해야 할 사항으로 적절하지 않은 것은?

① 전동안마기가 비치되어 있는 병실을 확인한다.
② 스프링클러 감지기가 설치되어 있는 곳을 확인한다.
③ 냉방기가 설치되어 있는 곳을 확인한다.
④ 도면으로 고압 케이블이 설치되어 있는 위치를 확인한다.
⑤ 벽면 강도가 약한 경우 벽면을 보강할 수 있는지 확인한다.

49 TV가 제대로 작동되지 않아 A/S를 요청하기 전 간단하게 문제를 해결하고자 한다. 다음 중 문제를 해결하기 위한 방법으로 가장 적절한 것은?

① 전원이 켜지지 않아 전원코드 및 안테나 케이블, 위성 리시버가 잘 연결되어 있는지 확인했다.

② 전원이 갑자기 꺼져 전력 소모를 줄일 수 있는 기능들이 설정되어 있는지 확인했다.

③ 제품에서 뚝뚝 소리가 나서 TV의 전원을 끄고 다시 켰다.

④ 제품이 뜨거워서 분무기로 물을 뿌리고, 마른 천으로 물기를 깨끗이 닦았다.

⑤ 리모컨이 작동하지 않아 분해 후 녹이 슬어 있는 곳이 있는지 확인했다.

50 다음 중 매뉴얼 작성 방법에 대해 잘못 이야기한 사원은?

> K팀장 : 우리 신제품에 대한 매뉴얼을 작성해야 하는데 어떻게 작성해야 좋을까?
> A사원 : 매뉴얼의 서술에 있어 명령문의 경우 약한 형태보다는 단정적으로 표현하는 것이 좋을 것 같습니다.
> B사원 : 의미 전달을 명확하게 하기 위해서는 능동태보다는 수동태의 동사를 사용해야 할 것입니다.
> C사원 : 사용자가 한 번 본 후 더 이상 매뉴얼이 필요하지 않게 빨리 외울 수 있도록 배려하는 것도 필요하다고 생각합니다.
> D사원 : 사용자의 질문들을 예상하고 사용자에게 답을 제공해야 한다는 마음으로 매뉴얼을 작성해야 할 것입니다.
> E사원 : 짧고 의미 있는 제목과 비고를 통해 사용가가 원하는 정보의 위치를 파악할 수 있었으면 합니다.

① A사원   ② B사원

③ C사원   ④ D사원

⑤ E사원

합격의공식
SD에듀

www.sdedu.co.kr

제4회
한국전력공사
고졸채용

NCS 직무능력검사

〈모의고사 안내〉

지원하시는 분야에 따라 다음 영역의 문제를 풀어 주시기 바랍니다.

사무	배전·송변전
I 01 I 공통영역(의사소통능력, 수리능력, 문제해결능력)	
I 02 I 자원관리능력	I 02 I 자원관리능력
I 03 I 정보능력	I 04 I 기술능력

제4회 모의고사

문항 수 : 50문항
시험시간 : 70분

| 01 | 공통영역

01 다음 글에서 ㉠~㉤의 수정 방안으로 적절하지 않은 것은?

요즘은 안심하고 야외 활동을 즐기기가 어려워졌다. 초미세먼지로 인한 우리나라의 대기 오염이 부쩍 ㉠ <u>심각해</u> <u>졌다.</u> 공기의 질은 우리 삶의 질과 직결되어 있다. 그렇기 때문에 초미세먼지가 어떤 것이며 얼마나 위험한지를 알아야 한다. 또한 초미세먼지에 대응하는 방안을 알고 생활 속에서 그 방안을 실천할 수 있어야 한다.

초미세먼지란 입자의 크기가 매우 작은 먼지를 말한다. 입자가 큰 일반적인 먼지는 코나 기관지에서 걸러지지 만, 초미세먼지는 걸러지지 않는다. 그래서 초미세먼지가 인체에 미치는 유해성이 매우 크다. ㉡ <u>초미세먼지는</u> <u>호흡기의 가장 깊은 곳까지 침투해 혈관으로 들어간다.</u>

우리나라의 초미세먼지는 중국에서 ㉢ <u>날라온</u> 것들도 있지만 국내에서 발생한 것들도 많다. 화석 연료를 사용 해 배출된 공장 매연이 초미세먼지의 주요한 국내 발생원이다. 현재 정부에서는 매연을 통한 오염 물질의 배출 총량을 규제하고 대체 에너지원 개발을 장려하는 등 초미세먼지를 줄이기 위한 노력을 하고 있다. 초미세먼지 를 줄이기 위해서는 우리의 노력도 필요하다. 과도한 난방을 자제하고, ㉣ <u>주·정차시</u> 불필요하게 자동차 시 동을 걸어 놓는 공회전을 줄이기 위한 캠페인 활동에 참여하는 것 등이 우리가 할 수 있는 일이다.

생활 속에서 초미세먼지에 적절히 대응하기 위해서는 매일 알려 주는 초미세먼지에 대한 기상 예보를 확인하 는 것을 습관화해야 한다. 특히 초미세먼지가 나쁨 단계 이상일 때는 외출을 삼가고 부득이 외출할 때는 특수 마스크를 착용해야 한다. ㉤ <u>그리고</u> 초미세먼지로부터 우리 몸을 보호하기 위해 물을 충분히 마시고, 항산화 식품을 자주 섭취하는 것이 좋다. 항산화 식품으로는 과일과 채소가 대표적이다. 자신의 건강도 지키고 깨끗한 공기도 만들기 위한 실천을 시작해 보자.

① ㉠ : 호응 관계를 고려하여 '심각해졌기 때문이다.'로 고친다.

② ㉡ : 문장의 연결 관계를 고려하여 앞의 문장과 위치를 바꾼다.

③ ㉢ : 맞춤법에 어긋나므로 '날아온'으로 고친다.

④ ㉣ : 띄어쓰기가 올바르지 않으므로 '주·정차 시'로 고친다.

⑤ ㉤ : 앞 문장과의 관계를 고려하여 '그러므로'로 고친다.

02 다음 중 밑줄 친 부분과 같은 의미로 쓰인 것은?

> 지훈이는 1등 자리를 <u>지키기</u> 위해 열심히 노력했다.

① 조선 시대 사대부는 죽음으로 절개를 <u>지켰다</u>.
② 정해진 출근 시간을 <u>지킵시다</u>.
③ 군복을 입은 병사들이 국경을 <u>지키고</u> 있다.
④ 적들로부터 반드시 성을 <u>지켜야</u> 한다.
⑤ 공무원은 정치적 중립을 <u>지켜야</u> 한다.

03 다음 중 〈보기〉의 문장이 들어갈 위치로 가장 적절한 곳은?

한국의 전통문화는 근대화의 과정에서 보존되어야 하는가, 아니면 급격한 사회 변동에 따라 해체되어야 하는가? 한국 사회 변동 과정에서 외래문화는 전통문화에 흡수되어 토착화되는가, 아니면 전통문화 자체를 전혀 다른 것으로 변질시키는가? 이러한 질문에 대해서 오늘 한국 사회는 진보주의와 보수주의로 나뉘어 뜨거운 논란을 빚고 있다. (가) 그러나 전통의 유지와 변화에 대한 견해 차이는 단순하게 진보주의와 보수주의로 나뉠 성질의 것이 아니다. 한국 사회는 한 세기 이상의 근대화 과정을 거쳐 왔으며 앞으로도 광범하고 심대한 사회 구조의 변동을 가져올 것이다. (나) 이런 변동 때문에 보수주의적 성향을 가진 사람들도 전통문화의 변질을 어느 정도 수긍하지 않을 수 없고, 진보주의 성향을 가진 사람 또한 문화적 전통의 가치를 인정하지 않을 수 없다. (다) 근대화는 전통문화의 계승과 끊임없는 변화를 다 같이 필요로 하며 외래문화의 수용과 토착화를 동시에 요구하기 때문이다. (라) 근대화에 따르는 사회 구조적 변동이 문화를 결정짓기 때문에 전통문화의 변화 문제는 특수성이나 양자택일이라는 기준으로 다룰 것이 아니라 끊임없는 사회 구조의 변화라는 시각에서 바라보고 분석하는 것이 중요하다. (마)

─────〈보기〉─────

또한, 이 논란은 단순히 외래문화나 전통문화 중 양자택일을 해야 하는 문제도 아니다.

① (가)   ② (나)
③ (다)   ④ (라)
⑤ (마)

04 다음 중 글쓴이의 주장으로 가장 적절한 것은?

> 동물들의 행동을 잘 살펴보면 동물들도 우리가 사용하는 말 못지않은 의사소통 수단을 가지고 있는 듯이 보인다. 즉, 동물들도 여러 가지 소리를 내거나 몸짓을 함으로써 자신들의 감정과 기분을 나타낼 뿐 아니라 경우에 따라서는 인간과 다를 바 없이 의사를 교환하고 있는 듯하다. 그러나 그것은 단지 겉모습의 유사성에 지나지 않을 뿐이고 사람의 말과 동물의 소리에는 아주 근본적인 차이가 존재한다는 점을 잊어서는 안 된다. 동물들이 사용하는 소리는 단지 배고픔이나 고통 같은 생물학적인 조건에 대한 반응이거나, 두려움이나 분노 같은 본능적인 감정들을 표현하기 위한 것에 지나지 않는다.

① 모든 동물이 다 말을 하는 것은 아니지만, 원숭이와 같이 지능이 높은 동물은 말을 할 수 있다.

② 동물들은 인간이 알아듣지 못하는 방식으로 대화할 뿐 서로 대화를 나누고 정보를 교환하며 인간과 같이 의사소통을 한다.

③ 사육사의 지속적인 훈련을 받는다면 동물들은 인간의 소리를 똑같은 목소리로 정확하게 따라 할 수 있다.

④ 동물들이 내는 소리가 때때로 의사소통의 수단으로 이용된다고 해서 그것을 대화나 토론이나 회의와 같은 언어활동이라고 할 수는 없다.

⑤ 자라면서 언어를 익히는 인간과 달리 동물들은 태어날 때부터 소리를 내고, 이를 통해 자신들의 의사를 표현한다.

05 다음 중 문서를 이해하는 과정에 대한 설명으로 옳지 않은 것은?

① 문서를 이해하기 위해서는 우선 문서의 목적을 이해하는 것이 첫 번째로 수행되어야 한다.

② 상대방의 의도를 도표, 그림 등으로 요약해보는 것은 문서의 이해에 큰 도움이 되는 과정이다.

③ 문서의 핵심내용만 아는 것으로는 문서를 이해하는 데에 한계가 있으므로, 모든 내용을 파악하는 것이 필수적이다.

④ 정확한 문서 이해를 위해서는 문서의 내용을 분석하기 이전에 문서 작성의 배경과 주체를 파악하여야 한다.

⑤ 문서에 제시된 현안 문제를 파악한 후에 작성자의 의도를 분석한다.

06 다음 중 설득력 있는 의사표현의 방법으로 옳지 않은 것은?

① 대비효과로 분발심을 불러일으킨다.

② 여운을 남기는 말로 상대방의 감정을 누그러뜨린다.

③ 하던 말을 갑자기 멈추지 않는다.

④ 호칭을 바꿔서 심리적 간격을 좁힌다.

⑤ 상대방의 불평이 가져올 결과를 강조한다.

07 다음 중 밑줄 친 부분과 같은 의미로 쓰인 것은?

잔뜩 취한 아저씨가 <u>비어</u> 있는 술병을 붙잡고 노래를 부른다.

① <u>빈</u> 몸으로 와도 괜찮으니 네가 꼭 와줬으면 좋겠어.

② 논리성이 없는 <u>빈</u> 이론은 쉽게 사라지기 마련이다.

③ 시험공부로 밤을 새웠더니 오히려 머리가 완전히 <u>비어</u> 버린 느낌이야.

④ 텅 <u>빈</u> 사무실에 혼자 앉아 생각에 잠겼다.

⑤ 얼마 전부터 자꾸 매장의 물건이 <u>비자</u> 사장은 CCTV를 설치했다.

08 다음 문단을 논리적 순서대로 바르게 나열한 것은?

> (가) '인력이 필요해서 노동력을 불렀더니 사람이 왔더라.'라는 말이 있다. 인간을 경제적 요소로만 단순하게 생각했으나, 이에 따른 인권문제, 복지문제, 내국인과 이민자와의 갈등 등이 수반된다는 말이다. 프랑스처럼 우선 급하다고 이민자를 선별하지 않고 받으면 인종 갈등과 이민자의 빈곤화 등 많은 사회비용이 발생한다.
>
> (나) 이제 다문화정책의 패러다임을 전환해야 한다. 한국에 들어온 다문화가족을 적극적으로 지원해야 한다. 다문화 가족과 더불어 살면서 다양성과 개방성을 바탕으로 상생의 발전을 도모해야 한다. 그리고 결혼이민자만 다문화가족으로 볼 것이 아니라 외국인 근로자와 유학생, 북한이탈 주민까지 큰 틀에서 함께 보는 것도 필요하다.
>
> (다) 다문화정책의 핵심은 두 가지이다. 첫째, 새로운 사회에 적응하려는 의지가 강해서 언어 배우기, 일자리, 문화 이해에 매우 적극적인 태도를 지닌 좋은 인력을 선별해서 입국하도록 하는 것이다. 둘째, 이민자가 새로운 사회에 잘 정착할 수 있도록 사회통합에 주력해야 하는 것이다. 해외 인구 유입 초기부터 사회비용을 절약할 수 있는 사람들을 들어오게 하는 것이 중요하기 때문이다.
>
> (라) 또한, 이미 들어온 이민자에게는 적극적인 지원을 해야 한다. 언어와 문화, 환경이 모두 낯선 이민자에게는 이민 초기에 세심한 배려가 필요하다. 특히 중요한 것은 다문화 가족이 그들이 가지고 있는 강점을 활용하여 취약 계층이 아닌 주류층으로 설 수 있도록 지원해야 한다. 뿐만 아니라 이민자에 대한 지원 시기를 놓치거나 차별과 편견으로 내국인에게 증오감을 갖게 해서는 안 된다.

① (가) – (나) – (다) – (라)

② (가) – (나) – (라) – (다)

③ (나) – (다) – (라) – (가)

④ (다) – (가) – (라) – (나)

⑤ (라) – (가) – (나) – (다)

09 다음 중 (가) ~ (마) 문단의 내용 전개 방식으로 적절하지 않은 것은?

(가) 내 주변에는 나처럼 생기고 나와 비슷하게 행동하는 수많은 사람들이 있다. 나는 그들과 경험을 공유하며 살아간다. 그렇다면 그들도 나와 같은 느낌을 가지고 있을까? 가령, 나는 손가락을 베이면 아프다는 것을 다른 무엇으로부터도 추리하지 않고 직접 느낀다. 하지만 다른 사람의 경우에는 '아야!'라는 말과 움츠리는 행동을 통해 그가 아픔을 느꼈으리라고 추측할 수밖에 없다. 이때 그가 느낀 아픔은 내가 느낀 아픔과 같은 것일까?

(나) 물론 이 물음은 다른 사람이 실제로는 아프지 않은데 거짓으로 아픈 척했다거나, 그가 아픔을 느꼈을 것이라는 나의 추측이 잘못되었다는 것과는 관계가 없다. '아프냐? 나도 아프다.'라는 말에서처럼, 나는 다른 사람이 아픔을 느낀다는 것을 그의 말이나 행동으로 알고, 그 아픔을 함께 나눌 수도 있다. 하지만 그의 아픔이 정말로 나의 아픔과 같은 것인지 묻는 것은 다른 문제이다.

(다) 이 문제에 대한 고전적인 해결책은 유추의 방법을 사용하는 것이다. 나는 손가락을 베였을 때 느끼는 아픔을 '아야!'라는 말이나 움츠리는 행동을 통해 나타낸다. 그래서 다른 사람도 그러리라 전제하고는, 다른 사람이 나와 같은 말이나 행동을 하면 '저 친구도 나와 같은 아픔을 느꼈겠군.'하고 추론한다. 말이나 행동의 동일성이 느낌의 동일성을 보장한다는 것이다. 그러나 이 논증의 결정적인 단점은 내가 아는 단 하나의 사례, 곧 나의 경험에만 의지하여 다른 사람도 나와 같은 아픔을 느낀다고 판단한다는 것이다.

(라) 이런 문제는 우리가 다른 사람의 느낌을 직접 관찰할 수 없기 때문에 생긴다. 만일 다른 사람의 느낌 자체를 관찰할 방법이 있다면 이 문제는 해결될 수 있을 것이다. 기술이 놀랍게 발달하여 두뇌 속 뉴런의 발화(發火)를 통해 인간의 모든 심리 변화를 관찰할 수 있다고 치자. 그러면 제3자가 나와 다른 사람의 뉴런 발화를 비교하여 그것이 같은지 다른지 판단할 수 있다. 그러나 이때에도 나는 특정한 뉴런 발화가 나의 '이런' 느낌과 관련된다는 것은 분명히 알 수 있지만, 그 관련이 다른 사람의 경우에도 똑같이 적용되는가 하는 것까지는 알 수 없다.

(마) 일부 철학자와 심리학자는 아예 '느낌'을 관찰할 수 있는 모습과 행동 바로 그것이라고 정의하는 방식으로 해결책을 찾기도 한다. 그러나 이것은 분명히 행동 너머에 있는 것처럼 생각되는 느낌을 행동과 같다고 정의해 버렸다는 점에서 문제의 해결이라기보다는 단순한 해소인 것처럼 보인다. 그보다는 다양한 가설을 설정하고 그들 간의 경쟁을 통해 최선의 해결책으로 범위를 좁혀 가는 방법이 합리적일 것이다.

---

① (가) : 일상적인 경험으로부터 화제를 이끌어 내고 있다.
② (나) : 화제에 대한 보충 설명을 통해 문제 의식을 심화하고 있다.
③ (다) : 제기된 의문에 대한 고전적인 해결책을 소개하고 그 문제점을 지적하고 있다.
④ (라) : 제기된 의문이 과학적인 방법에 의해 해결될 수 있음을 보여 주고 있다.
⑤ (마) : 제기된 의문에 대한 새로운 접근 방법의 필요성을 주장하고 있다.

10 다음 글을 읽고 이해한 반응으로 적절하지 않은 것은?

녹차와 홍차는 모두 카멜리아 시넨시스(Camellia Sinensis)라는 식물에서 나오는 찻잎으로 만든다. 공정과정에 따라 녹차와 홍차로 나뉘며, 재배지 품종에 따라서도 종류가 달라진다. 이처럼 같은 잎에서 만든 차일지라도 녹차와 홍차가 가지고 있는 특성에는 차이가 있다.

녹차와 홍차는 발효방법에 따라 구분된다. 녹차는 발효과정을 거치지 않은 것이며, 반쯤 발효시킨 것은 우롱차, 완전히 발효시킨 것은 홍차가 된다. 녹차는 찻잎을 따서 바로 솥에 넣거나 증기로 쪄서 만드는 반면, 홍차는 찻잎을 먼저 햇볕이나 그늘에서 시들게 한 후 천천히 발효시켜 만든다. 녹차가 녹색을 유지하는 반면에 홍차가 붉은색을 띠는 것은 녹차와 달리 높은 발효과정을 거치기 때문이다.

이러한 녹차와 홍차에는 긴장감을 풀어주고 마음을 진정시키는 L-테아닌(L-Theanine)이라는 아미노산이 들어 있는데, 이는 커피에 들어 있지 않은 성분으로 진정효과와 더불어 가슴 두근거림 등의 카페인(Caffeine) 각성 증상을 완화하는 역할을 한다. 또한, 항산화 효과가 강력한 폴리페놀(Polyphenol)이 들어 있어 심장 질환 위험을 줄일 수 있다는 장점도 있다. 한 연구에 따르면, 녹차는 콜레스테롤 수치를 낮춰 심장병과 뇌졸중으로 사망할 위험을 줄이는 것으로 나타났다. 홍차 역시 연구 결과, 하루 두 잔 이상 마실 경우 심장발작 위험을 44% 정도 낮추는 효과를 보였다.

한편, 홍차와 녹차 모두에 폴리페놀 성분이 들어 있지만 그 종류는 다르다. 녹차는 카테킨(Catechin)이 많이 들어 있는 것으로 유명하지만 홍차는 발효과정에서 카테킨의 함량이 어느 정도 감소한다. 이 카테킨에는 EGCG(Epigallocatechin-3-gallate)가 많이 들어 있어 혈중 콜레스테롤 수치를 낮춰 동맥경화 예방을 돕고, 신진대사의 활성화와 지방 배출에 효과적이다. 홍차는 발효과정에서 생성된 테아플라빈(Theaflavins)을 가지고 있는데, 이 역시 혈관 기능을 개선하며, 혈당 수치를 감소시키는 것으로 알려져 있다. 연구에 따르면 홍차에 든 테아플라빈 성분이 인슐린과 유사작용을 보여 당뇨병을 예방하는 효과를 보이는 것으로 나타났다.

만약 카페인에 민감한 경우라면 홍차보다 녹차를 선택하는 것이 좋다. 카페인의 각성효과를 완화해 주는 L-테아닌이 녹차에 더 많기 때문이다. 녹차에도 카페인이 들어 있지만, 커피와 달리 심신의 안정 효과와 스트레스 해소에 도움을 줄 수 있는 것은 이 때문이다. 또한, 녹차의 떫은맛을 내는 카테킨 성분은 카페인을 해독하고 흡수량을 억제하기 때문에 실제 카페인의 섭취량보다 흡수되는 양이 적다.

① 카멜리아 시넨시스의 잎을 천천히 발효시키면 붉은색을 띠겠구나.
② 녹차를 마셨을 때 가슴이 두근거리는 현상이 커피를 마셨을 때보다 적게 나타나는 이유는 L-테아닌 때문이야.
③ 녹차와 홍차에 들어 있는 폴리페놀이 심장 질환 위험을 줄이는 데 도움을 줘.
④ 녹차에 들어 있는 테아플라빈이 혈중 콜레스테롤 수치를 낮추는 역할을 하는구나.
⑤ 녹차가 떫은맛이 나는 이유는 카테킨이 들어 있기 때문이야.

※ 다음은 K공사 직원 1,200명을 대상으로 출·퇴근 수단 이용률 및 출근 시 통근시간을 조사한 자료이다. 자료를 참고하여 이어지는 질문에 답하시오. [11~12]

〈출·퇴근 수단 이용률〉

■ 자가용
■ 도보
■ 대중교통

■ 버스
■ 지하철
■ 버스+지하철

※ K공사 직원들은 그래프에 제시된 교통수단만을 이용한다.
※ 그림은 각 대중교통 수단이 전체에서 차지하는 비율을 나타낸 것이다.

〈출근 시 통근시간〉

(단위 : 명)

구분	30분 이하	35분 초과 45분 이하	45분 초과 60분 이하	60분 초과
인원	( )	260	570	160

11 다음 중 자료에 대한 해석으로 옳지 않은 것은?

① 통근시간이 30분 이하인 직원은 전체의 17.5%이다.
② 대중교통을 이용하는 모든 인원의 통근시간이 45분을 초과하고, 그중 25%의 통근시간이 60분을 초과한 다면 이들은 통근시간이 60분을 초과하는 인원의 80% 이상을 차지한다.
③ 버스와 지하철 모두 이용하는 직원 수는 도보를 이용하는 직원 수보다 174명 적다.
④ 통근시간이 45분 이하인 직원은 60분 초과인 직원의 3.5배 미만이다.
⑤ 전체 직원을 900명이라고 할 때, 자가용을 이용하는 인원은 144명이다.

12 도보 또는 버스만 이용하는 직원 중 25%의 통근시간이 30분 초과, 45분로 이하로 소요된다. 통근시간이 30분 초과 45분 이하인 인원에서 도보 또는 버스만 이용하는 직원 외에는 모두 자가용을 이용한다고 할 때, 이 인원이 자가용으로 출근하는 전체 인원에서 차지하는 비중은 얼마인가?(단, 비율은 소수점 첫째 자리에서 반올림한다)

① 56%
② 67%
③ 74%
④ 80%
⑤ 87%

13 다음은 국가별 지식재산권 사용료 현황에 관한 자료이다. 이에 대한 설명으로 옳지 않은 것은?(단, 증가율과 감소율은 절댓값으로 비교하고, 소수점 둘째 자리에서 반올림한다)

〈국가별 지식재산권 사용료 수입〉

(단위 : 백만 달러)

구분	2023년	2022년	2021년
버뮤다	2	0	0
캐나다	4,458	4,208	4,105
멕시코	6	7	7
미국	127,935	124,454	124,442
칠레	52	43	42
콜롬비아	63	46	52
파라과이	36	33	33
페루	26	9	7
우루과이	35	33	38

〈국가별 지식재산권 사용료 지급〉

(단위 : 백만 달러)

구분	2023년	2022년	2021년
버뮤다	10	8	9
캐나다	10,928	10,611	10,729
멕시코	292	277	260
미국	48,353	44,392	39,858
칠레	1,577	1,614	1,558
콜롬비아	457	439	471
파라과이	19	19	19
페루	306	324	302
우루과이	113	109	101

① 2021 ~ 2023년 동안 지적재산권 사용료 수입이 지급보다 많은 국가는 2곳이다.

② 2022 ~ 2023년까지 미국의 지식재산권 사용료 지급은 수입의 30% 이상을 차지한다.

③ 2022 ~ 2023년 동안 전년 대비 지식재산권 수입과 지급이 증가한 나라는 1곳이다.

④ 2021년 캐나다 지식재산권 사용료 수입은 미국을 제외한 국가의 총수입보다 20배 이상 많다.

⑤ 2023년 전년 대비 멕시코의 지식재산권 사용료 지급 증가율은 2022년 전년 대비 콜롬비아의 지식재산권 사용료 수입 감소율보다 5.5%p 더 높다.

※ 다음은 공공체육시설 현황 및 1인당 체육시설 면적을 나타낸 자료이다. 이어지는 질문에 답하시오. [14~16]

〈공공체육시설 현황 및 1인당 체육시설 면적〉

(단위 : 개소, m²)

구분		2020년	2021년	2022년	2023년
공공체육시설의 수	축구장	467	558	618	649
	체육관	529	581	639	681
	간이운동장	9,531	10,669	11,458	12,194
	테니스장	428	487	549	565
	기타	1,387	1,673	1,783	2,038
1인당 체육시설 면적		2.54	2.88	3.12	3.29

14 2022년에 전년 대비 시설이 가장 적게 늘어난 곳과 가장 많이 늘어난 곳의 2022년 시설 수의 합은 얼마인가?

① 10,197개소
② 11,197개소
③ 12,097개소
④ 12,197개소
⑤ 13,197개소

15 2020년 전체 공공체육시설 중 체육관이 차지하고 있는 비율은 얼마인가?(단, 소수점 둘째 자리에서 반올림한다)

① 5.4%
② 4.3%
③ 3.2%
④ 2.1%
⑤ 1.0%

16 다음 중 자료에 대한 설명으로 옳지 않은 것은?

① 테니스장은 2022년에 전년 대비 약 12.7% 증가했다.
② 2021년 간이운동장의 수는 같은 해 축구장 수의 약 19.1배이다.
③ 2023년 1인당 체육시설 면적은 2020년에 비해 약 1.3배 증가했다.
④ 2021년 축구장 수는 전년 대비 91개소 증가했다.
⑤ 2023년 공공체육시설의 수는 총 14,127개소이다.

17 터널의 길이가 10km이고 열차의 길이가 2km, 열차의 속력이 3km/h라면 열차가 터널을 완전히 통과하는 데 걸리는 시간은 몇 시간인가?

① 3시간
② 4시간
③ 5시간
④ 6시간
⑤ 7시간

18 다음은 2019년과 2023년의 장소별 인터넷 이용률을 나타낸 자료이다. 자료를 변형한 그래프로 적절한 것은?(단, 모든 그래프의 단위는 '%'이다)

② 2019 ─●─ 2023

③ ■공공시설 ■상업시설 ■회사 ■학교 ■가정

④ ■ 2019　■ 2023

⑤ 2019 ─●─ 2023

19 다음은 초·중·고등학생의 사교육비에 대한 자료이다. 학생 만 명당 사교육비가 가장 높은 해는?

① 2023년　　　　　　　　　　　　② 2021년
③ 2019년　　　　　　　　　　　　④ 2017년
⑤ 2015년

20 K초등학교 1, 2학년 학생들에게 다섯 가지 색깔 중 선호하는 색깔을 선택하게 하였다. 1학년 전체 학생 중 빨강을 좋아하는 학생 수의 비율과 2학년 전체 학생 중 노랑을 좋아하는 학생 수의 비율을 바르게 나열한 것은?(단, 각 학년의 인원수는 250명이다)

① 20%, 30%　　　　　　　　　　② 25%, 25%
③ 30%, 30%　　　　　　　　　　④ 20%, 25%
⑤ 30%, 50%

21 K공사는 A ~ N직원 중 연구위원을 선발하여 위원회를 구성하고자 한다. 연구위원회 구성 조건이 다음과 같을 때, 위원회가 구성될 수 있는 조합은?

〈위원회 구성 조건〉

- 위원회는 8명 이하로 구성한다.
- 위원회의 남녀 성비는 남성 비율을 60% 이하로 한다.
- 위원회의 40% 이상이 석사 이상의 학위를 소지하여야 한다.
- 위원회 내 동일 전공자 비율은 25% 이하로 한다.
- 모든 연구위원의 경력은 10년 이상으로 한다.

〈위원회 선발 예정 인원〉

직원	성별	학력	전공	경력
A	남자	학사	경제학	9년
B	여자	석사	경영학	12년
C	남자	박사	경영학	15년
D	여자	석사	경제학	10년
E	남자	학사	국문학	7년
F	여자	석사	국문학	8년
G	남자	박사	물리학	20년
H	여자	학사	경영학	5년
I	남자	박사	물리학	9년
J	여자	석사	회계학	11년
K	남자	학사	회계학	16년
L	여자	학사	국문학	3년
M	남자	석사	철학	10년
N	여자	박사	철학	13년

① A, B, C, D, E, F, M, N
② B, C, D, J, K, L, M
③ C, E, J, K, M, N
④ C, D, J, K, M, N
⑤ B, C, D, G, J, K, M, N

22 기획부 A ~ E직원이 다음 〈조건〉에 따라 야근을 한다고 할 때, 수요일에 야근하는 사람은?

〈조건〉

• 사장님이 출근할 때는 모든 사람이 야근을 한다.
• A가 야근할 때 C도 반드시 해야 한다.
• 사장님은 월요일과 목요일에 출근을 한다.
• B는 금요일에 야근을 한다.
• E는 화요일에 야근을 한다.
• 수요일에는 한 명만 야근을 한다.
• 월요일부터 금요일까지 한 사람당 3번 야근한다.

① A   ② B
③ C   ④ D
⑤ E

23 다음 기사에 나타난 문제 유형을 바르게 설명한 것은?

도색이 완전히 벗겨진 차선과 지워지기 직전의 흐릿한 차선이 서울 강남의 도로 여기저기서 발견되고 있다. 알고 보니 규격 미달의 불량 도료 때문이었다. 시공 능력이 없는 업체들이 서울시가 발주한 도색 공사를 따낸 뒤, 브로커를 통해 전문 업체에 공사를 넘겼고, 이 과정에서 수수료를 떼인 전문 업체들은 손해를 만회하기 위해 값싼 도료를 사용한 것이다. 차선용 도료에 값싼 일반용 도료를 섞다 보니 야간에 차선이 잘 보이도록 하는 유리알이 제대로 붙어있지 못해 차선 마모는 더욱 심해졌다. 지난 4년간 서울 전역에서는 74건의 부실시공이 이뤄졌고, 공사 대금은 총 183억 원에 달하는 것으로 밝혀졌다.

① 발생형 문제로, 일탈 문제에 해당한다.
② 발생형 문제로, 미달 문제에 해당한다.
③ 탐색형 문제로, 잠재 문제에 해당한다.
④ 탐색형 문제로, 예측 문제에 해당한다.
⑤ 탐색형 문제로, 발견 문제에 해당한다.

24 다음 글과 표를 근거로 판단할 때, A사원이 선택할 4월의 광고수단은?

- 주어진 예산은 월 3천만 원이며, A사원은 월별 광고효과가 가장 큰 광고수단 하나만을 선택한다.
- 광고비용이 예산을 초과하면 해당 광고수단은 선택하지 않는다.
- 광고효과는 아래와 같이 계산한다.

$$(광고효과) = \frac{(총광고\ 횟수) \times (회당\ 광고\ 노출자\ 수)}{(광고비용)}$$

- 광고수단은 한 달 단위로 선택된다.

광고수단	광고 횟수	회당 광고 노출자 수	월 광고비용
TV	월 3회	100만 명	30,000천 원
버스	일 1회	10만 명	20,000천 원
KTX	일 70회	1만 명	35,000천 원
지하철	일 60회	2천 명	25,000천 원
포털사이트	일 50회	5천 명	30,000천 원

① TV
② 버스
③ KTX
④ 지하철
⑤ 포털사이트

25 과장인 귀하는 올해 입사한 A~C사원의 중간 평가를 해야 한다. 업무 능력, 리더십, 인화력의 세 영역에 대해 평가하며, 평가는 절대 평가 방식에 따라 −1(부족), 0(보통), 1(우수)로 이루어진다. 세 영역의 점수를 합산하여 개인별로 총점을 낸다면 가능한 평가 결과표의 개수는?

사원 \ 영역	업무 능력	리더십	인화력
A			
B			
C			

〈평가 결과표〉

※ 각자의 총점은 0이다.
※ 각 영역의 점수 합은 0이다.
※ 인화력 점수는 A가 제일 높고, 그다음은 B, C 순서이다.

① 3개
② 4개
③ 5개
④ 6개
⑤ 7개

26 7층 건물에 A ~ G가 살고 있다. 다음 〈조건〉을 바탕으로 추론할 때, 항상 옳은 것은?

〈조건〉

- 한 층에 한 명이 산다.
- 축구, 야구, 농구 중 한 개의 스포츠를 좋아한다.
- 키우는 반려동물로는 개, 고양이, 새가 있다.
- 이웃한 사람끼리는 서로 다른 스포츠를 좋아하고 다른 반려동물을 키운다.
- G는 맨 위층에 산다.
- 짝수 층 사람들은 축구를 좋아한다.
- B는 유일하게 개를 기르는 사람이다.
- 2층에 사는 사람은 고양이를 키운다.
- E는 농구를 좋아하며, D는 새를 키운다.
- A는 E의 아래층에 살며, B의 위층에 산다.
- 개는 1층에서만 키울 수 있다.

① C와 E는 이웃한다.
② G는 야구를 좋아하며 고양이를 키운다.
③ 홀수 층에 사는 사람은 모두 새를 키운다.
④ D는 5층에 산다.
⑤ F는 6층에 살며 고양이를 키운다.

27 다음 제시된 커피의 종류, 은희의 취향 및 오늘 아침의 상황으로 판단할 때, 오늘 아침에 은희가 주문할 커피는?

〈커피의 종류〉

에스프레소		아메리카노	
	• 에스프레소		• 에스프레소 • 따뜻한 물
카페라테		카푸치노	
	• 에스프레소 • 데운 우유		• 에스프레소 • 데운 우유 • 우유거품
비엔나 커피		카페모카	
	• 에스프레소 • 따뜻한 물 • 휘핑크림		• 에스프레소 • 초코시럽 • 데운 우유 • 휘핑크림

〈은희의 취향〉

• 배가 고플 때에는 데운 우유가 들어간 커피를 마신다.
• 다른 음식과 함께 커피를 마실 때에는 데운 우유를 넣지 않는다.
• 스트레스를 받으면 휘핑크림이나 우유거품을 추가한다.
• 피곤하면 휘핑크림이 들어간 경우에 한하여 초코시럽을 추가한다.

〈오늘 아침의 상황〉

출근을 하기 위해 지하철을 탄 은희는 꽉 들어찬 사람들 사이에서 스트레스를 받으며 내리기만을 기다리고 있었다. 목적지에 도착한 은희는 커피를 마시며 기분을 달래기 위해 커피전문점에 들렀다. 아침식사를 하지 못해 배가 고프고 고된 출근길에 피곤하지만, 시간 여유가 없어 오늘 아침은 커피만 마실 생각이다. 그런데 은희는 체중관리를 위해 휘핑크림은 넣지 않기로 하였다.

① 카페라테
② 아메리카노
③ 비엔나 커피
④ 카페모카
⑤ 카푸치노

28 남성 정장 제조 전문회사에서 20대를 위한 캐주얼 SPA 브랜드에 신규 진출하려고 한다. 귀하는 3C 분석 방법을 취하여 다양한 자료를 조사했으며, 다음과 같은 분석내용을 도출하였다. 자사에서 추진하려는 신규 사업 계획의 타당성에 대해서 바르게 설명한 것은?

3C	상황분석
고객 (Customer)	• 40대 중년 남성을 대상으로 한 정장 시장은 정체 및 감소 추세 • 20대 캐주얼 및 SPA 시장은 매년 급성장
경쟁사 (Competitor)	• 20대 캐주얼 SPA 시장에 진출할 경우, 경쟁사는 글로벌 및 토종 SPA 기업, 캐주얼 전문 기업 외에도 비즈니스 캐주얼, 아웃도어 의류 기업도 포함 • 경쟁사들은 브랜드 인지도, 유통망, 생산 등에서 차별화된 경쟁력을 가짐 • 경쟁사들 중 상위업체는 하위업체와의 격차 확대를 위해 파격적 가격정책과 20대 지향 디지털마케팅 전략을 구사
자사 (Company)	• 신규 시장 진출 시 막대한 마케팅 비용 발생 • 낮은 브랜드 인지도 • 기존 신사 정장 이미지 고착 • 유통과 생산 노하우 부족 • 디지털마케팅 역량 미흡

① 20대 SPA 시장이 급성장하고, 경쟁이 치열해지고 있지만 자사의 유통 및 생산 노하우로 가격경쟁력을 확보할 수 있으므로 신규 사업을 추진하는 것이 바람직하다.

② 40대 중년 정장 시장은 감소 추세에 있으므로 새로운 수요 발굴이 필요하며, 기존의 신사 정장 이미지를 벗어나 20대 지향 디지털마케팅 전략을 구사하면 신규 시장의 진입이 가능하므로 신규 사업을 진행하는 것이 바람직하다.

③ 20대 SPA 시장이 급성장하고 있지만, 하위업체의 파격적인 가격정책을 이겨내기에 막대한 비용이 발생하므로 신규 사업의 진출은 적절하지 않다.

④ 20대 SPA 시장은 계속해서 성장하고 매력적이지만 경쟁이 치열하고 경쟁자의 전략이 막강한 데 비해 자사의 자원과 역량은 부족하여 신규 사업의 진출은 하지 않는 것이 바람직하다.

⑤ 브랜드 경쟁력을 유지하기 위해서는 20대 SPA 시장 진출이 필요하며 파격적 가격정책을 도입하면 자사의 높은 브랜드 이미지와 시너지 효과를 낼 수 있기에 신규 사업을 진행하는 것이 바람직하다.

29 K공사는 1차 서류전형, 2차 직업기초능력, 3차 직무수행능력, 4차 면접전형을 모두 마친 면접자들의 평가 점수를 최종 합격자 선발기준에 따라 판단하여 A~E 중 상위자 2명을 최종 합격자로 선정하고자 한다. 다음 중 최종 합격자들로 바르게 짝지어진 것은?

〈최종 합격자 선발기준〉

평가요소	의사소통능력	문제해결능력	조직이해능력	대인관계능력	합계
평가비중	40%	30%	20%	10%	100%

〈면접평가 결과〉

구분	A	B	C	D	E
의사소통능력	A^+	A^+	A^+	B^+	C
문제해결능력	B^+	B+5	A^+	B+5	A+5
조직이해능력	A+5	A	C^+	A^+	A
대인관계능력	C	A^+	B^+	C^+	B^++5

※ 등급별 변환 점수 : A^+=100, A=90, B^+=80, B=70, C^+=60, C=50
※ 면접관의 권한으로 등급별 점수에 +5점을 가점할 수 있음

① A, B

② B, C

③ C, D

④ C, E

⑤ D, E

30 다음 글과 대화를 근거로 판단할 때 대장 두더지는?

- 갑은 튀어나온 두더지를 뿅망치로 때리는 '두더지 게임'을 했다.
- 두더지는 총 5마리(A~E)이며, 이 중 1마리는 대장 두더지이고 나머지 4마리는 부하 두더지이다.
- 대장 두더지를 맞혔을 때는 2점, 부하 두더지를 맞혔을 때는 1점을 획득한다.
- 두더지 게임 결과, 갑은 총 14점을 획득하였다.
- 두더지 게임이 끝난 후 두더지들은 아래와 같은 대화를 하였다.

A두더지 : 나는 맞은 두더지 중에 가장 적게 맞았고, 맞은 횟수는 짝수야.
B두더지 : 나는 C두더지와 똑같은 횟수로 맞았어.
C두더지 : 나와 A두더지, D두더지가 맞은 횟수를 모두 더하면 모든 두더지가 맞은 횟수의 $\frac{3}{4}$이야.
D두더지 : 우리 중에 한 번도 맞지 않은 두더지가 1마리 있지만 나는 아니야.
E두더지 : 우리가 맞은 횟수를 모두 더하면 12번이야.

① A두더지

② B두더지

③ C두더지

④ D두더지

⑤ E두더지

31 K은행 A지점은 개점 5주년을 맞이하여 행사기간 동안 방문하는 고객에게 소정의 사은품을 나누어 주는 행사를 진행하고자 한다. 행사에 필요한 예산을 본사에 요청하기 위해 다음과 같이 기획안과 예산안을 제출하고자 한다. 다음 중 총필요 예산금액(A)으로 적절한 것은?

〈기획안〉

- 행사명 : 5주년 고객감사 특별행사
- 행사기간 : 6월 11일(화) ~ 22일(토)
- 참여대상 : 행사기간 내 본 지점 내방 고객
- 추첨방법 : 룰렛판을 돌려 화살표가 지시하는 상품을 제공함
- 경품내역 : 볼펜, 핸드로션, 휴대전화 거치대, 주방세제, 밀폐용기 세트, 상품권(1만 원)

〈예산안〉

- 예상 참여인원 : 4,000명(전년 동월 방문객 수 참고)
- 총필요 예산금액 : [A]

〈경품 추첨용 도구(룰렛)〉

※ 원점을 중심으로 각 부채꼴의 각은 동일함

〈구매상품 리스트〉

품목	볼펜	핸드로션	휴대전화 거치대	주방세제	밀폐용기 세트	상품권
단가	500원	2,000원	3,000원	5,000원	10,000원	10,000원
수량						
총액						

① 9,500,000원

② 10,250,000원

③ 11,750,000원

④ 12,500,000원

⑤ 13,250,000원

※ K공사는 천연가스 운송을 위한 운송기지를 건설하려고 한다. 다음 후보지역 평가 현황 자료를 참고하여 이어지는 질문에 답하시오. **[32~33]**

〈후보지역 평가 현황〉

(단위 : 점)

지역	접근성	편의성	활용도	인지도
갑	5	7	6	3
을	3	7	8	4
병	5	8	2	6
정	8	7	5	2
무	7	7	1	4

※ 평가항목당 가중치는 접근성이 0.4, 편의성이 0.2, 활용도 0.1, 인지도 0.3이다.

32 평가항목당 가중치를 적용한 총점으로 개최지를 선정할 때, 선정되는 지역은 다음 중 어느 지역인가?

① 갑   ② 을
③ 병   ④ 정
⑤ 무

33 접근성과 편의성의 평가항목당 가중치를 서로 바꾸었을 때, 선정되는 지역은 다음 중 어느 지역인가?

① 갑   ② 을
③ 병   ④ 정
⑤ 무

※ 다음은 K공사의 물품관리 대장과 물품코드 생성방법에 대한 자료이다. 자료를 참고하여 이어지는 질문에 답하시오. [34~36]

〈물품관리 대장〉

물품코드	물품명	파손 여부	개수	구매 가격	중고판매 시 가격 비율 (원가 대비)
CD − 16 − 1000	노트북		5대	70만 원	70%
ST − 14 − 0100	회의실 책상		2개	20만 원	30%
SL − 21 − 0010	볼펜	파손	20자루	3천 원	0%
MN − 17 − 0100	사무실 책상		7개	15만 원	40%
MN − 21 − 1000	TV	파손	1대	120만 원	55%
LA − 12 − 0100	사무실 서랍장	파손	3개	10만 원	35%
ST − 22 − 0100	회의실 의자	파손	10개	5만 원	55%
CD − 13 − 0010	다이어리		15개	7천 원	0%

〈물품코드 생성방법〉

알파벳 두 자리	중간 두 자리	마지막 네 자리
• 부서별 분류 　− CD : 신용팀 　− MN : 관리팀 　− ST : 총무팀 　− LA : 대출팀 　− SL : 판매팀	구매 연도 마지막 두 자리	• 물품 종류 　− 1000 : 전자기기 　− 0100 : 사무용 가구 　− 0010 : 문구류

34 다음 중 물품관리 대장에서 찾을 수 없는 물품은 무엇인가?

① 총무팀에서 2022년에 구매한 사무용 가구

② 관리팀에서 2017년에 구매한 문구류

③ 대출팀에서 2012년에 구매한 사무용 가구

④ 신용팀에서 2016년에 구매한 전자기기

⑤ 판매팀에서 2021년에 구매한 문구류

35 다음 중 구매 연도부터 9년 이상 경과한 물품을 교체한다면 교체할 수 있는 물품은?(단, 올해는 2024년이다)

① 관리팀 − TV　　　　　　　　② 총무팀 − 회의실 의자

③ 신용팀 − 노트북　　　　　　④ 관리팀 − 사무실 책상

⑤ 총무팀 − 회의실 책상

36 K공사에서는 물품을 고치는 대신 파손된 물품을 중고로 판매하려고 한다. 예상되는 판매수익금은 얼마인가?

① 104만 원　　　　　　　　　　　② 108만 원

③ 110만 원　　　　　　　　　　　④ 112만 원

⑤ 116만 원

37 다음 중 시간계획에 대한 설명으로 옳지 않은 것을 〈보기〉에서 모두 고르면?

――――――〈보기〉――――――
㉠ 시간계획을 너무 자세하게 세우거나, 너무 간략하게 세우는 것은 좋지 않다.
㉡ 실현가능한 시간계획을 세우는 것이 중요하다.
㉢ 시간계획을 따르는 것이 가장 중요하므로 무슨 일이 있어도 계획에 따라 실천해야 한다.
㉣ 시간계획을 효과적으로 세운다면 실제 행동할 때와 차이가 거의 발생하지 않는다.
㉤ 자유로운 여유 시간은 시간계획에 포함되지 않는다.

① ㉠, ㉢　　　　　　　　　　　② ㉡, ㉢

③ ㉢, ㉣　　　　　　　　　　　④ ㉢, ㉤

⑤ ㉢, ㉣, ㉤

※ K회사의 총무팀 L대리는 회사 내 복합기 교체를 위해 제조업체별 복합기 정보를 다음과 같이 조사하였다. 자료를 보고 이어지는 질문에 답하시오. [38~39]

구분	C회사	F회사	S회사
제품명	IR2204F	3060CFPS	D430CFPS
정가	970,000원 (양면 복사 기능 추가 시 200,000원 추가)	1,900,000원	3,050,000원
성능(A4기준)	분당 22매 출력	분당 25매 출력	분당 25매 출력
특징	흑백 출력 복사 / 컬러 스캔 / 팩스 단면 복사	흑백 출력 복사 / 컬러 스캔 / 팩스 양면 복사	컬러 출력 복사 / 컬러 스캔 / 팩스 양면 복사

38 총무팀의 P팀장은 L대리에게 다음과 같은 업무지시를 내렸다. L대리가 복합기 구매에 사용할 금액은 얼마인가?(단, 가장 저렴한 제품을 선택한다)

> P팀장 : L대리, 구매할 복합기에 대해서는 알아보았나요? 일단 2층부터 5층까지 층마다 2대씩 새롭게 교체할 예정이에요. 디자인팀이 있는 3층에는 반드시 컬러 출력이 가능한 복합기가 1대 이상 있어야 해요. 그리고 4층과 5층에서는 양면 복사가 가능한 복합기로 모두 교체해 달라는 요청이 있었어요. 근무 인원이 가장 많은 2층에서는 아무래도 2대 모두 빠른 출력 속도가 가장 중요하다고 하더군요. 각 요청사항을 모두 반영하여 최대한 적은 가격으로 구매할 수 있도록 노력해 주세요.

① 7,760,000원
② 11,700,000원
③ 12,500,000원
④ 15,420,000원
⑤ 16,350,000원

39 L대리는 38번에서 결정한 복합기를 주문하기 위해 사무용품 판매점과 인터넷 쇼핑몰을 찾아본 결과 다음과 같은 정보를 알게 되었고, 더 많은 금액을 할인받을 수 있는 곳에서 복합기를 주문하려고 한다. L대리가 복합기를 주문할 곳과 할인받을 수 있는 금액이 바르게 연결된 것은?

〈정보〉

- 사무용품 판매점
  - 이달의 행사로 전 품목 10% 할인(단, S회사 제품 할인 대상에서 제외)
  - 전국 무료 배송
  - 설치비용 1대당 30,000원 별도
- 인터넷 쇼핑몰
  - S회사 제품 단독 15% 할인
  - 전국 무료 배송
  - 기기 수와 관계없이 전 제품 무료 설치

	복합기를 주문할 곳	할인받을 수 있는 금액
①	사무용품 판매점	457,500원
②	사무용품 판매점	945,000원
③	인터넷 쇼핑몰	457,500원
④	인터넷 쇼핑몰	705,000원
⑤	인터넷 쇼핑몰	945,000원

40 K공사는 상반기 신입사원 공개채용을 시행했다. 최종 면접자들의 점수를 확인하여 합격 점수 산출법에 따라 합격자를 선정하려고 한다. 총점이 80점 이상인 지원자가 합격한다고 할 때, 합격자를 바르게 짝지은 것은?(단, 과락은 환산 전 점수를 기준으로 한다)

〈최종 면접 점수〉

구분	A	B	C	D	E
직업기초능력	75	65	60	68	90
의사소통능력	52	70	55	45	80
문제해결능력	44	55	50	50	49

〈합격 점수 산출법〉

- (직업기초능력)×0.6
- (문제해결능력)×0.4
- (의사소통능력)×0.3
- 총점 : 80점 이상

※ 과락 점수(미만) : 직업기초능력 60점, 의사소통능력 50점, 문제해결능력 45점

① A, C
② A, D
③ B, E
④ C, E
⑤ D, E

41 K사 영업부에 근무 중인 C사원은 영업부 사원들의 월별 매출을 다음과 같이 함수를 이용해 만 단위로 나타내려고 한다. [B9] 셀에 입력된 함수로 적절한 것은?

	A	B	C	D	E	F
1	구분	1월	2월	3월	5월	6월
2	A대리	1,252,340	1,345,620	1,568,670	1,321,670	1,563,850
3	B주임	1,689,320	1,859,460	1,546,210	1,689,250	1,123,960
4	C사원	1,432,670	1,965,230	1,532,460	1,326,030	1,659,210
5	D주임	1,235,640	1,635,420	1,236,950	1,468,210	1,246,180
6	E사원	1,743,560	1,325,470	1,125,350	1,856,920	1,216,530
7						
8	구분	1월	2월	3월	5월	6월
9	A대리	1,260,000	1,350,000	1,570,000	1,330,000	1,570,000
10	B주임	1,690,000	1,860,000	1,550,000	1,690,000	1,130,000
11	C사원	1,440,000	1,970,000	1,540,000	1,330,000	1,660,000
12	D주임	1,240,000	1,640,000	1,240,000	1,470,000	1,250,000
13	E사원	1,750,000	1,330,000	1,130,000	1,860,000	1,220,000

① =ROUND(B2,−3)

② =ROUND(B2,−4)

③ =ROUNDUP(B2,−3)

④ =ROUNDUP(B2,−4)

⑤ =ROUNDDOWN(B2,−4)

42 다음 워크시트를 참조하여 작성한 수식 「=INDEX(B2:D9,2,3)」의 결괏값은?

	A	B	C	D
1	코드	정가	판매수량	판매가격
2	L−001	25,400	503	12,776,000
3	D−001	23,200	1,000	23,200,000
4	D−002	19,500	805	15,698,000
5	C−001	28,000	3,500	98,000,000
6	C−002	20,000	6,000	96,000,000
7	L−002	24,000	750	18,000,000
8	L−003	26,500	935	24,778,000
9	D−003	22,000	850	18,700,000

① 19,500

② 23,200,000

③ 1,000

④ 805

⑤ 12,776,000

43 다음 시트에서 [찾기 및 바꾸기] 기능을 통해 찾을 내용에 '가?'를, 바꿀 내용에 'A'를 입력한 후, 모두 바꾸기를 실행하였을 경우 나타나는 결괏값으로 옳은 것은?

	A
1	가수 레이디 가가
2	가정평화
3	가지꽃
4	가족가정

①

	A
1	A
2	A
3	A
4	A

②

	A
1	A 레이디 가가
2	A평화
3	A꽃
4	A

③

	A
1	A 레이디 A
2	A평화
3	A꽃
4	AA

④

	A
1	A 레이디 A
2	A
3	A
4	AA

⑤

	A
1	A 레이디 가가
2	A평화
3	A꽃
4	AA

44 엑셀프로그램을 이용하여 자료를 입력한다고 할 때, 기본적으로 셀의 왼쪽으로 정렬되지 않는 것은?

① "2024" ② 2024-09-01
③ 2,000원 ④ FIFA2024
⑤ 2024년

45 다음 중 컴퓨터 범죄의 예방 및 대책 방법으로 옳지 않은 것은?

① 다운로드받은 파일은 백신 프로그램으로 검사한 후 사용한다.
② 시스템에 상주하는 바이러스 방지 장치를 설치한다.
③ 정기적인 보안 검사를 통해 해킹 여부를 확인한다.
④ 정기적으로 패스워드를 변경하여 사용한다.
⑤ 의심이 가는 메일은 열어서 확인 후 삭제하도록 한다.

46 다음 중 [A4:B4] 영역을 기준으로 차트를 만들었을 때, 차트에 대한 설명으로 옳지 않은 것은?

① 표의 데이터를 수정하면 차트도 자동으로 수정된다.

② 차트에서 주 눈금선을 선택하여 삭제하면 주 눈금선이 사라진다.

③ 표의 [A5:B5] 영역에 새로운 데이터를 추가하면 차트에도 자동으로 추가된다.

④ 표의 [A3:B3] 영역과 [A4:B4] 영역 사이에 새로운 데이터를 삽입하면 차트에도 자동으로 삽입된다.

⑤ 차트에서 데이터 레이블을 추가하면 금액 값이 표시된다.

47 다음 시트에서 [A2:A4] 영역의 데이터를 이용하여 [C2:C4] 영역처럼 표시하려고 할 때, [C2] 셀에 입력할 수식으로 옳은 것은?

▲	A	B	C
1	주소	사원 수	출신지
2	서귀포시	10	서귀포
3	여의도동	90	여의도
4	김포시	50	김포

① =LEFT(A2,LEN(A2)−1)　　　　　　② =RIGHT(A2,LENGTH(A2))−1

③ =MID(A2,1,VALUE(A2))　　　　　　④ =LEFT(A2,TRIM(A2))−1

⑤ =MID(A2,LENGTH(A3))

48 다음 엑셀의 단축키 중 한 셀에 두 줄 이상 입력하기 위한 '줄 바꿈'의 단축키로 적절한 것은?

① 〈Alt〉+〈Enter〉 ② 〈Ctrl〉+〈N〉
③ 〈Alt〉+〈F1〉 ④ 〈Enter〉
⑤ 〈Ctrl〉+〈Enter〉

49 다음 중 데이터베이스를 사용하는 경우의 장점이 아닌 것은?

① 데이터 무결성 유지 ② 데이터 공용 사용
③ 데이터 일관성 유지 ④ 데이터 중복의 최대화
⑤ 데이터 보안 향상

50 다음 중 대규모로 저장된 데이터 안에서 체계적이고 자동적으로 통계적 규칙이나 패턴을 찾아내는 것을 의미하는 용어는?

① 데이터 마이닝 ② 웹 마이닝
③ 오피니언 마이닝 ④ 소셜 마이닝
⑤ 현실 마이닝

41 다음은 LPG 차량의 동절기 관리 요령에 대해 설명한 자료이다. 다음 자료를 읽고 이해한 내용으로 적절하지 않은 것은?

〈LPG 차량의 동절기 관리 요령〉

LPG 차량은 가솔린이나 경유에 비해 비등점이 낮은 특징을 갖고 있기 때문에 대기온도가 낮은 겨울철에 시동성이 용이하지 못한 결점이 있습니다. 동절기 시동성 향상을 위해 다음 사항을 준수하시기 바랍니다.

▶ **LPG 충전**
 − 동절기에 상시 운행지역을 벗어나 추운지방으로 이동할 경우에는 도착지 LPG 충전소에서 연료를 완전 충전하시면 다음 날 시동이 보다 용이합니다. 이는 지역별로 외기온도에 따라 시동성 향상을 위해 LPG 내에 포함된 프로판 비율이 다르며, 추운 지역의 LPG는 프로판 비율이 높습니다(동절기에는 반드시 프로판 비율이 15 ~ 35%를 유지하도록 관련 법규에 명문화되어 있습니다).

▶ **주차 시 요령**
 − 가급적 건물 내 또는 주차장에 주차하는 것이 좋으나, 부득이 옥외에 주차할 경우에는 엔진 위치가 건물 벽 쪽을 향하도록 주차하거나, 차량 앞쪽을 해가 뜨는 방향으로 주차함으로써 태양열의 도움을 받을 수 있도록 하는 것이 좋습니다.

▶ **시동 시 주의사항**
 − 시동이 잘 안 걸리면 엔진 시동을 1회에 10초 이내로만 실시하십시오. 계속해서 엔진 시동을 걸면 배터리가 방전될 수 있습니다.

▶ **시동 직후 주의사항**
 − 저온 시 엔진 시동 후 계기판에 가속방지 지시등이 점등됩니다.
 − 가속방지 지시등의 점등은 주행성 향상을 위한 것으로 부품의 성능에는 영향이 없습니다.
 − 가속방지 지시등 점등 시 고속 주행을 삼가십시오.
 − 가속방지 지시등 점등 시 급가속, 고속주행은 연비 및 엔진꺼짐 등의 문제가 발생할 수 있습니다.
 − 가급적 가속방지 지시등 소등 후에 주행하여 주시길 바랍니다.

---

① 옥외에 주차할 경우 차량 앞쪽을 해가 뜨는 방향에 주차하는 것이 좋다.
② 동절기에 LPG 충전소에서 연료를 완전 충전하면 다음 날 시동이 용이하다.
③ 추운 지역의 LPG는 따뜻한 지역보다 프로판 비율이 낮다.
④ 가속방지 지시등 점등 시 고속 주행을 삼가도록 한다.
⑤ 시동이 잘 안 걸릴 경우에는 엔진 시동을 1회에 10초 이내로 하는 것이 좋다.

※ K공사는 사무실에 제습기를 비치하고자 한다. 다음 설명서를 읽고 이어지는 질문에 답하시오. **[42~43]**

■ 안전하게 사용하기 위해서
 – 전원코드를 무리하게 구부리기 비틀기, 잡아당기기 등을 하지 마십시오(코드가 파손되어 화재 및 감전의 원인이 됩니다).
 – 하나의 콘센트에 여러 전원코드를 사용하지 마십시오(무리한 전력사용은 감전 및 화재의 원인이 됩니다).
 – 가스가 샐 때는 제습기를 작동하기 전에 창문을 열어 환기시켜 주십시오(폭발 및 화재, 화상의 원인이 됩니다).
 – 흡입구나 토출구를 막지 마십시오(능력 저하나 고장의 원인이 될 수 있습니다).
 – 제습기를 이동할 때는 운전을 정지하고, 물통의 물을 버린 후 이동하십시오(물통 안의 물이 흘러넘쳐 가재도구 등을 적시거나 화재, 감전의 원인이 될 수 있습니다).
 – 에어필터를 꼭 끼워 사용하십시오(필터 없이 사용할 경우 제품 수명이 짧아집니다).
 – 안정되고 튼튼한 바닥 위에 설치하십시오(바닥이 약하면 진동이나 소음의 원인이 됩니다).

■ 다음과 같은 증상은 고장이 아닙니다.

사용 중 갑자기 소리가 커져요.	압축기가 정지해 있다가 작동을 시작하면서 나는 소리입니다.
소리의 크기가 변화합니다.	루버의 각도에 따라 소리의 크기가 변화합니다.
온풍이 나옵니다.	실내 공기를 냉각시켜 제습한 공기를 응축기로 따뜻하게 하므로 나오는 바람은 온풍이 됩니다.
배수 물통 내에 액체 또는 흰 증발 자국이 있습니다.	공장에서의 제습 테스트에 의해 남은 물, 또는 물의 증발 자국으로 이상이 아닙니다.
운전·정지 시 제품이 떨려요.	압축기가 작동할 때 순간적으로 떨리는 정상적인 현상입니다.
물통을 뺐는데 물이 떨어져요	제품 내부에 남아있는 잔여 응축수가 일부 떨어진 것이니 마른걸레로 제거 후 사용하시면 됩니다.
물통 비움 표시 램프가 점등되지 않아요.	제품 내부의 물을 모으기 위해 만수 후 3분 뒤에 램프가 점등됩니다.
제품을 들 때나 이동 시 딸깍딸깍 소리가 납니다.	압축기가 흔들려서 나는 정상적인 소리입니다.

※ 다음과 같은 증상 외에 다른 문제가 있다면 즉시 서비스센터에 문의하시기 바라며, 절대 임의로 수리하지 마십시오.

42 새롭게 사무실에 비치된 제습기를 안전하게 사용하기 위해 화재와 관련된 주의사항을 확인하고자 한다. 다음 중 화재 위험과 관련성이 가장 적은 것은?

① 에어필터를 사용하지 않았다.

② 문어발식 콘센트를 사용하였다.

③ 가스경보기가 울릴 때 제습기를 작동시켰다.

④ 제습기를 옮길 때 물통의 물을 버리지 않았다.

⑤ 전원코드를 무리하게 구부려 콘센트에 연결하였다.

43 제습기 사용 중 작동이 원활하지 않아 서비스센터에 수리를 요청하였다. 다음 중 서비스센터에 문의한 증상으로 가장 적절한 것은?

① 운전 시 제품이 떨린다.

② 사용 중 갑자기 소리가 커진다.

③ 물통 비움 표시 램프가 점등되지 않는다.

④ 전원 버튼을 눌러도 작동하지 않는다.

⑤ 물통을 뺐는데 물이 떨어진다.

※ K공사는 사내 의무실 체온계의 고장으로 새로운 체온계를 구입하였다. 다음 설명서를 보고 이어지는 질문에 답하시오. **[44~45]**

■ **사용방법**

1) 체온을 측정하기 전 새 렌즈필터를 부착하여 주세요.
2) 〈ON〉 버튼을 눌러 액정화면이 켜지면 귓속에 체온계를 삽입합니다.
3) 〈START〉 버튼을 눌러 체온을 측정합니다.
4) 측정이 잘 이루어졌으면 '삐' 소리와 함께 측정 결과가 액정화면에 표시됩니다.
5) 60초 이상 사용하지 않으면 자동으로 전원이 꺼집니다.

■ **체온 측정을 위한 주의사항**

– 오른쪽 귀에서 측정한 체온은 왼쪽 귀에서 측정한 체온과 다를 수 있습니다. 그러므로 항상 같은 귀에서 체온을 측정하십시오.
– 체온을 측정할 때는 정확한 측정을 위해 과다한 귀지가 없도록 하십시오.
– 한쪽 귀를 바닥에 대고 누워 있었을 때, 매우 춥거나 더운 곳에 노출되어 있는 경우, 목욕을 한 직후 등은 외부적 요인에 의해 귀 체온측정에 영향을 미칠 수 있으므로 이런 경우에는 30분 정도 기다리신 후 측정하십시오.

■ **문제해결**

상태	해결방법	에러 메시지
렌즈필터가 부착되어 있지 않음	렌즈필터를 끼우세요.	— —
체온계가 렌즈의 정확한 위치를 감지할 수 없어 정확한 측정이 어려움	〈ON〉 버튼을 3초간 길게 눌러 화면을 지운 다음 정확한 위치에 체온계를 넣어 측정합니다.	POE
측정체온이 정상범위(34 ~ 42.2℃)를 벗어난 경우 – HI : 매우 높음 – LO : 매우 낮음	온도가 10℃와 40℃ 사이인 장소에서 체온계를 30분간 보관한 다음 다시 측정하세요.	HI ℃ LO ℃
건전지 수명이 다하여 체온 측정이 불가능한 상태	새로운 건전지(1.5V AA타입 2개)로 교체하십시오.	— — —

44 근무 중 몸이 좋지 않아 의무실을 내원한 A사원의 체온을 측정하려고 한다. 다음 중 체온 측정 과정으로 가장 적절한 것은?

① 렌즈필터가 깨끗하여 새것으로 교체하지 않고 체온을 측정하였다.

② 오른쪽 귀의 체온이 38℃로 측정되어 다시 왼쪽 귀의 체온을 측정하였다.

③ 정확한 측정을 위해 귓속의 귀지를 제거한 다음 체온을 측정하였다.

④ 정확한 측정을 위해 영점조정을 맞춘 뒤 체온을 측정하였다.

⑤ 구비되어 있는 렌즈필터가 없어 렌즈를 알코올 솜으로 닦은 후 측정하였다.

45 체온계 사용 중 'POE'의 에러 메시지가 떴다. 에러 메시지 확인 후 해결 방법으로 가장 적절한 것은?

① 〈ON〉 버튼을 3초간 길게 눌러 화면을 지운 뒤, 정확한 위치에서 다시 측정한다.

② 렌즈필터가 부착되어 있지 않으므로 깨끗한 새 렌즈필터를 끼운다.

③ 1분간 그대로 뒀서 전원을 끈 다음 〈ON〉 버튼을 눌러 다시 액정화면을 켠다.

④ 건전지 삽입구를 열어 1.5V AA타입 2개의 새 건전지로 교체한다.

⑤ 온도가 10℃와 40℃ 사이인 장소에서 체온계를 30분간 보관한 다음 다시 측정한다.

46 다음 글에서 설명하는 기술혁신의 특성으로 가장 적절한 것은?

새로운 기술을 개발하기 위한 아이디어의 원천이나 신제품에 대한 소비자의 수요, 기술개발의 결과 등은 예측하기가 매우 어렵기 때문에, 기술개발의 목표나 일정, 비용, 지출, 수익 등에 대한 사전계획을 세우기란 쉽지 않다. 또 이러한 사전계획을 세운다 하더라도 모든 기술혁신의 성공이 사전의 의도나 계획대로 이루어지진 않는다. 때로는 그러한 성공들은 우연한 기회에 이루어지기도 하기 때문이다.

① 기술혁신은 장기간의 시간을 필요로 한다.

② 기술혁신은 매우 불확실하다.

③ 기술혁신은 지식 집약적인 활동이다.

④ 기술혁신은 기업 내에서 많은 논쟁을 유발한다.

⑤ 기술혁신은 부서 단독으로 수행되지 않으며, 조직의 경계를 넘나든다.

47 다음 글을 참고할 때, 기술경영자의 역할이 아닌 것은?

> 기술경영자에게는 리더십, 기술적인 능력, 행정능력 외에도 다양한 도전을 해결하기 위한 여러 능력들이 요구된다. 기술개발이 결과 지향적으로 수행되도록 유도하는 능력, 기술개발 과제의 세부 사항까지도 파악할 수 있는 능력, 기술개발 과제의 전 과정을 전체적으로 조망할 수 있는 능력이 그것이다. 또한 기술개발은 기계적인 관리보다는 조직 및 인간 행동상의 요인들이 더 중요하게 작용되는 사람 중심의 진행이다. 이 밖에도, 기술의 성격 및 이와 관련된 동향·사업 환경 등을 이해할 수 있는 능력과 기술적인 전문성을 갖춰 팀원들의 대화를 효과적으로 이끌어낼 수 있는 능력 등 다양한 능력을 필요로 하고 있다. 이와는 달리 중간급 매니저라 할 수 있는 기술관리자에게는 기술경영자와는 조금 다른 능력이 필요하다. 기술관리자는 기술적 능력에 대한 것과 계획서 작성, 인력관리, 예산 관리, 일정 관리 등 행정능력에 대한 능력이 필요하다.

① 시스템적인 관점에서 인식하는 능력
② 기술을 효과적으로 평가할 수 있는 능력
③ 조직 내의 기술 이용을 수행할 수 있는 능력
④ 새로운 제품개발 시간을 단축할 수 있는 능력
⑤ 기술을 기업의 전반적인 전략 목표에 통합시키는 능력

48 다음 중 상향식 기술선택과 하향식 기술선택에 대한 설명으로 옳지 않은 것은?

① 상향식 기술선택은 연구자나 엔지니어들이 자율적으로 기술을 선택한다.
② 상향식 기술선택은 기술 개발자들의 창의적인 아이디어를 활용할 수 있다.
③ 상향식 기술선택은 기업 간 경쟁에서 승리할 수 없는 기술이 선택될 수 있다.
④ 하향식 기술선택은 단기적인 목표를 설정하고 달성하기 위해 노력한다.
⑤ 하향식 기술선택은 기업이 획득해야 하는 대상 기술과 목표기술수준을 결정한다.

49 다음 중 '반도체의 성능은 24개월마다 2배씩 증가한다.'는 뜻의 네트워크 혁명 법칙은?

① 카오(Kao)의 법칙
② 무어(Moore)의 법칙
③ 황(Hwang)의 법칙
④ 메트칼프(Metcalfe)의 법칙
⑤ 던바(Dunbar)의 법칙

50 다음 글이 설명하는 기술교육은?

> 일반적으로 다음과 같은 장점이 있다. 첫째, 정해진 시간, 장소에 모여서 학습을 할 필요가 없고, 원하는 시간과 장소에서 컴퓨터만 연결되어 있다면 학습이 가능하기 때문에 시간적·공간적으로 독립적이다. 둘째, 원하는 내용을 원하는 순서에 맞게 원하는 시간만큼 학습이 가능하며, 개개인의 요구에 맞게 개별화·맞춤화가 가능하기 때문에 학습자 스스로가 학습을 조절 및 통제할 수 있다. 셋째, 칠판 판서 및 책이 아니라 비디오, 사진, 텍스트, 소리, 동영상 등 멀티미디어를 이용한 학습이 가능하다. 넷째, 이메일, 토론방, 자료실 등을 통해 의사교환과 상호작용이 자유롭게 이루어질 수 있다. 다섯째, 한번 출판되면 새로운 내용을 반영하기 어려운 책에 비해 업데이트를 통해 새로운 내용을 반영하기 쉽기 때문에 새로운 교육의 요구나 내용을 신속하게 반영할 수 있어 교육에 소요되는 비용을 절감할 수 있다. 반면에 직접적으로 교수자와 동료들 간의 인간적인 접촉이 상대적으로 적고, 중도탈락율이 높으며, 기술교육의 특성상 현장 중심의 실무 교육이 중요함에도 불구하고 현장중심의 교육이 힘든 단점이 있다.

① E-Learning을 활용한 기술교육
② 상급학교 진학을 통한 기술교육
③ 전문 연수원을 통한 기술교육
④ OJT를 활용한 기술교육
⑤ 전문가 초청 연수를 통한 기술교육

한국전력공사 고졸채용

최종모의고사
정답 및 해설

제1회 모의고사 정답 및 해설

| 01 | 공통영역

01	02	03	04	05	06	07	08	09	10
③	①	②	⑤	⑤	①	④	③	④	⑤
11	12	13	14	15	16	17	18	19	20
④	⑤	④	④	②	①	④	①	①	①
21	22	23	24	25	26	27	28	29	30
①	③	⑤	⑤	②	②	④	④	⑤	④

01
정답 ③

제시문은 가솔린 엔진과의 대조를 통해 디젤 엔진의 작동 원리와 특성을 설명하고 있다. 네 번째 문단의 '탄소가 많이 연결된 탄화수소물에 고온의 열을 가하면 탄소 수가 적은 탄화수소물로 분해된다.'는 내용을 통해 탄소의 수가 많은 원유에 열을 가하면 탄소의 수가 적은 경유와 가솔린을 얻을 수 있다고 추론할 수 있다.

오답분석

① 경유는 가솔린보다 점성이 강하므로 손으로 만지면 경유가 더 끈적끈적할 것이다.
② 경유는 가솔린보다 훨씬 무거우므로 가솔린과 경유를 섞으면 경유가 가솔린 아래로 가라앉을 것이다.
④ 경유는 가솔린보다 증발하는 속도가 느리므로 가솔린이 경유보다 더 빨리 증발할 것이다.
⑤ 가솔린보다 경유가 에너지 밀도가 높으므로 같은 양의 연료를 태우면 경유가 더 큰 에너지를 발생시킬 것이다.

02
정답 ①

다섯 번째 문단에 따르면 디젤 엔진은 원리상 가솔린 엔진보다 더 튼튼하고 고장도 덜 난다.

오답분석

② 첫 번째 문단에 따르면 가솔린 엔진은 1876년에, 디젤 엔진은 1892년에 등장했다.
③ 다섯 번째 문단에 따르면 디젤 엔진에는 분진을 배출하는 문제가 있다. 그러나 디젤 엔진과 가솔린 엔진 중에 어느 것이 분진을 더 많이 배출하는지 언급한 내용은 없다.
④ 다섯 번째 문단에 따르면 디젤 엔진은 연료의 품질에 민감하지 않다.

⑤ 세 번째 문단에 따르면 가솔린 엔진의 압축비는 최대 12 : 1이고, 디젤 엔진은 25 : 1 정도이다. 따라서 디젤 엔진의 압축 비율이 가솔린 엔진보다 높다.

03
정답 ②

문맥상 의미에 따라 사실이나 비밀 · 입장 등을 명확하게 한다는 뜻의 '밝히기 위한'으로 수정하는 것이 적절하다.

오답분석

① 의존 명사는 띄어 쓰는 것이 원칙이므로, '정하는 바에 의하여'가 적절한 표기이다.
③ ⓒ의 '-하다'는 앞의 명사와 붙여 써야 하는 접사이므로 '등록하거나'가 적절한 표기이다.
④ 주가 되는 것에 달리거나 딸리다는 의미의 '붙는'이 적절한 표기이다.
⑤ 우리말로 표현이 가능한 경우 외국어나 외래어 사용을 지양해야 하므로 '관리하는'이 적절한 표기이다.

04
정답 ⑤

제시문과 ⑤의 '잡다'는 '어느 한쪽으로 기울거나 굽거나 잘못된 것을 바르게 만들다.'의 의미이다.

오답분석

① 붙들어 손에 넣다.
② 권한 따위를 차지하다.
③ 실마리, 요점, 단점 따위를 찾아내거나 알아내다.
④ 담보로 맡다.

05
정답 ⑤

보기의 핵심 개념은 맹장이라도 길 찾기가 중요하다는 것이다. (마)의 앞 문장에서는 '길을 잃어버리는 것'을 '전체의 핵심을 잡지 못하는 것'으로 비유하였다. 또한, (마)의 뒤 문장에서도 요점과 핵심의 중요성을 강조하고 있으므로 보기는 (마)에 위치해야 한다.

06

제시문은 2,500년 전 인간과 현대의 인간의 공통점을 언급하며 2,500년 전에 쓰인 『논어』가 현대에서 지니는 가치에 대하여 설명하고 있다. 따라서 (가) 『논어』가 쓰인 2,500년 전 과거와 현대의 차이점 → (마) 2,500년 전의 책인 『논어』가 폐기되지 않고 현대에서도 읽히는 이유에 대한 의문 → (나) 인간이라는 공통점을 지닌 2,500년 전 공자와 우리들 → (다) 2,500년의 시간이 흐르는 동안 인간의 달라진 부분과 달라지지 않은 부분에 대한 설명 → (라) 시대가 흐름에 따라 폐기될 부분을 제외하더라도 여전히 오래된 미래로서의 가치를 지니는 『논어』 순으로 나열하는 것이 적절하다.

07
정답 ④

탄소배출권거래제는 의무감축량을 초과 달성했을 경우 초과분을 거래할 수 있는 제도이다. 따라서 온실가스의 초과 달성분을 구입 혹은 매매할 수 있음을 추측할 수 있으며, 빈칸 이후 문단에서도 탄소배출권을 일종의 현금화가 가능한 자산으로 언급함으로써 이러한 추측을 돕고 있다. 따라서 ④가 빈칸에 들어갈 내용으로 가장 적절하다.

오답분석
① 청정개발체제에 대한 설명이다.
② 제시문에는 탄소배출권거래제가 가장 핵심적인 유연성체제라고는 언급되어 있지 않다.
③ 제시문에서 탄소배출권거래제가 6대 온실가스 중 이산화탄소를 줄이는 것을 특히 중요시한다는 내용은 확인할 수 없다.
⑤ 탄소배출권거래제가 탄소배출권이 사용되는 배경이라고는 볼 수 있으나, 다른 감축의무국가를 도움으로써 탄소배출권을 얻을 수 있다는 내용은 제시문에서 확인할 수 없다.

08
정답 ③

보고서는 업무 진행 과정에서 쓰는 경우가 대부분이므로 무엇을 도출하고자 했는지 핵심 내용을 구체적으로 제시해야 한다. 내용의 중복을 피하고 산뜻하고 간결하게 작성하며, 복잡한 내용일 때에는 도표나 그림을 활용한다. 또한 보고서는 개인의 능력을 평가하는 기본요인이므로 제출하기 전에 최종점검을 해야 한다. 따라서 K사원이 작성해야 할 문서는 보고서이다.

09
정답 ④

㉠의 주장을 요약하면 저작물의 공유 캠페인과 신설된 공정 이용 규정으로 인해 저작권자들의 정당한 권리가 침해받고, 이 때문에 창작물을 창조하는 사람들의 동기가 크게 감소한다는 것이다. 이에 따라 활용 가능한 저작물이 줄어들게 되어 이용자들도 피해를 당한다고 말한다. 따라서 ㉠은 저작권자의 권리를 인정해주는 것이 결국 이용자에게도 도움이 된다고 주장함을 추론할 수 있다.

10
정답 ⑤

제시된 기사문은 미세먼지 특별법 제정과 시행 내용에 대해 설명하고 있다. 따라서 ⑤가 제목으로 가장 적절하다.

11
정답 ④

K국은 30개의 회원국 중에서 OECD 순위가 매년 20위 이하이므로 상위권이라 볼 수 없다.

오답분석
③ 청렴도는 2017년에 4.5로 가장 낮고, 2023년과의 차이는 $5.4-4.5=0.9$이다.

12
정답 ⑤

전체 5명에서 두 명을 선출하는 방법은 $_5\mathrm{C}_2=\dfrac{5\times4}{2}=10$가지이고, 여자 3명 중에서 2명이 선출될 경우는 $_3\mathrm{C}_2=\dfrac{3\times2}{2}=3$가지이다. 따라서 대표가 모두 여자로 뽑힐 확률은 $\dfrac{3}{10}$이다.

13
정답 ④

- 5% 소금물 600g에 들어있는 소금의 양 : $\dfrac{5}{100}\times600=30$g
- 10분 동안 가열한 후 남은 소금물의 양
  : $600-(10\times10)=500$g
- 가열 후 남은 소금물의 농도 : $\dfrac{30}{500}\times100=6$%

여기에 더 넣은 소금물 200g의 농도를 x%라 하면 다음과 같다.

$$\dfrac{6}{100}\times500+\dfrac{x}{100}\times200=\dfrac{10}{100}\times700$$
$$\to 2x+30=70$$
$$\therefore x=20$$

14
정답 ④

1층에서 16층까지는 15층 차이이므로 기압은 $0.2\times15=3$kPa 떨어진다. 따라서 16층의 기압은 $200-3=197$kPa이다.

15
정답 ②

최초 투입한 원유의 양을 aL라 하자.
- LPG를 생산하고 남은 원유의 양 : $(1-0.05a)=0.95a$L
- 휘발유를 생산하고 남은 원유의 양 : $0.95a(1-0.2)=0.76a$L
- 등유를 생산하고 남은 원유의 양 : $0.76a(1-0.5)=0.38a$L
- 경유를 생산하고 남은 원유의 양 : $0.38a(1-0.1)=0.342a$L

따라서 아스팔트의 생산량은 $0.342a\times0.04=0.01368a$L이고, 아스팔트는 최초 투입한 원유량의 $0.01368\times100=1.368$%가 생산된다.

제1회 정답 및 해설 **161**

16 정답 ①

㉠ • 1시간 미만 운동하는 3학년 남학생 수 : 87명
• 4시간 이상 운동하는 1학년 여학생 수 : 46명
따라서 옳은 설명이다.
㉡ 제시된 자료에서 남학생 중 1시간 미만 운동하는 남학생의 비율이 여학생 중 1시간 미만 운동하는 여학생의 비율보다 각 학년에서 모두 낮음을 확인할 수 있다.

오답분석

㉢ 남학생과 여학생 모두 학년이 높아질수록 3시간 이상 4시간 미만 운동하는 학생의 비율은 낮아진다. 그러나 남학생과 여학생 모두 학년이 높아질수록 4시간 이상 운동하는 학생의 비율은 높아지므로 옳지 않은 설명이다.
㉣ 3학년 남학생의 경우 3시간 이상 4시간 미만 운동하는 학생의 비율은 4시간 이상 운동하는 학생의 비율보다 낮다.

17 정답 ④

5만 달러 미만에서 10만 ~ 50만 달러 미만의 투자건수 비율을 합하면 된다. 따라서 $28+20.9+26=74.9\%$이다.

18 정답 ①

100만 ~ 500만 달러 미만에서 500만 달러 미만의 투자건수 비율을 합하면 된다. 따라서 $11.9+4.5=16.4\%$이다.

19 정답 ①

2000년 아시아의 소비실적이 1,588Moe이었으므로, 3배 이상이 되려면 4,764Moe 이상이 되어야 한다.

20 정답 ①

나영이와 현지가 같이 간 거리는 $150\times30=4,500$m이고, 집에서 공원까지의 거리는 $150\times50=7,500$m이다. 나영이가 집에 가는 데 걸린 시간은 $4,500\div300=15$분이고, 다시 공원까지 가는 데 걸린 시간은 $7,500\div300=25$분이다.
따라서 둘이 헤어진 후 현지가 공원에 도착하기까지 걸린 시간은 20분이고, 나영이가 걸린 시간은 40분이므로 나영이는 현지가 도착하고 20분 후에 공원에 도착한다.

21 정답 ①

주어진 조건에 따라 직원 A ~ H가 원탁에 앉을 수 있는 경우는 'A-B-D-E-C-F-H-G'이다. 여기서 D와 E의 자리를 서로 바꿔도 모든 조건이 성립하고, 'A-G-H'와 'D-E-C'의 자리를 바꿔도 모든 조건이 성립한다. 따라서 가능한 모든 경우의 수는 $2\times2=4$가지이다.

22 정답 ③

네 번째와 다섯 번째 조건에 의해 A와 C는 각각 2종류의 동물을 키운다. 또한 첫 번째와 두 번째, 세 번째 조건에 의해 A는 토끼를 키우지 않는다. 따라서 A는 개와 닭, C는 고양이와 토끼를 키운다. 첫 번째 조건에 의해 D는 닭을 키우므로 C는 키우지 않지만 D가 키우는 종류의 동물은 닭이다.

오답분석

① 세 번째 조건에 의해 B는 개를 키운다.
② B는 토끼를 키우지 않지만, 고양이는 키울 수도 있다. 하지만 주어진 조건만 가지고 정확히 알 수는 없다.
④ A, B, D 또는 B, C, D가 같은 종류의 동물을 키울 수 있다.
⑤ B 또는 D는 3가지 종류의 동물을 키울 수 있다.

23 정답 ⑤

• 두 번째 요건에 따라 $1,500\text{m}^2$에 2대를 설치해야 하므로 발전기 1기당 필요면적이 750m^2를 초과하는 D발전기는 제외한다.
• 세 번째 요건에 따라 에너지 발전단가가 97.5원/kWh를 초과하는 C발전기는 제외한다.
• 네 번째 요건에 따라 탄소배출량이 91g/kWh로 가장 많은 B발전기는 제외한다.
• 다섯 번째 요건에 따라 발전기 1기당 중량이 3,600kg인 A발전기는 제외한다.
따라서 후보 발전기 중 설치하기 적합한 발전기는 E발전기이다.

24 정답 ⑤

E는 교양 수업을 신청한 A보다 나중에 수강한다고 하였으므로 목요일 또는 금요일에 강의를 들을 수 있다. 이때, 목요일과 금요일에는 교양 수업이 진행되므로 'E는 반드시 교양 수업을 듣는다.'의 ⑤는 항상 참이 된다.

오답분석

① A가 수요일에 강의를 듣는다면 E는 교양2 또는 교양3 강의를 들을 수 있다.
② B가 수강하는 전공 수업의 정확한 요일을 알 수 없으므로 C는 전공1 또는 전공2 강의를 들을 수 있다.
③ C가 화요일에 강의를 듣는다면 D는 교양 강의를 듣는다. 이때, 교양 수업을 듣는 A는 E보다 앞선 요일에 수강하므로 E는 교양2 또는 교양3 강의를 들을 수 있다.

구분	월 (전공1)	화 (전공2)	수 (교양1)	목 (교양2)	금 (교양3)
경우 1	B	C	D	A	E
경우 2	B	C	A	D	E
경우 3	B	C	A	E	D

④ D는 전공 수업을 신청한 C보다 나중에 수강하므로 전공 또는 교양 수업을 들을 수 있다.

25
정답 ②

문제해결과정

문제 인식 – 문제 도출 – 원인 분석 – 해결안 개발 – 실행 및 평가

26
정답 ②

환경분석 주요기법 중 사업 환경을 구성하고 있는 자사, 경쟁사, 고객에 대한 체계적인 분석은 '3C 분석'이다.

오답분석

① SWOT 분석 : 기업내부의 강점·약점과 외부환경의 기회·위협요인을 분석·평가하고, 이들을 서로 연관지어 전략을 세우고 문제해결 방안을 개발하는 방법이다.
③ MECE 사고 : 중복이나 누락 없이 대상을 나누어서 생각하는 방법이며, 나눈 부분들의 교집합은 없어야 한다.
④ SMART 기법 : 목표를 세우는 방법으로 구체적이고 현실적으로 실현가능하게 명확한 시간을 정하여 행동하는 것이다. 또한 어떠한 정도 달성했는지도 분명히 알 수 있어야 한다.
⑤ 브레인스토밍 : 창의적인 사고를 위한 발산방법 중 가장 흔히 사용하는 방법으로, 집단의 효과를 살려서 아이디어의 연쇄반응을 일으켜 자유분방하게 아이디어를 낸다.

27
정답 ④

제시된 조건에 따라 최고점과 최저점을 제외한 3명의 면접관의 평균과 보훈 가점을 더한 총점은 다음과 같다.

구분	총점	순위
A	$\frac{80+85+75}{3}=80$점	7위
B	$\frac{75+90+85}{3}+5≒88.33$점	3위
C	$\frac{85+85+85}{3}=85$점	4위
D	$\frac{80+85+80}{3}≒81.67$점	6위
E	$\frac{90+95+85}{3}+5=95$점	2위
F	$\frac{85+90+80}{3}=85$점	4위
G	$\frac{80+90+95}{3}+10≒98.33$점	1위
H	$\frac{90+80+85}{3}=85$점	
I	$\frac{80+80+75}{3}+5≒83.33$점	
J	$\frac{85+80+85}{3}≒83.33$점	
K	$\frac{85+75+75}{3}+5≒83.33$점	5위
L	$\frac{75+90+70}{3}≒78.33$점	8위

따라서 총점이 가장 높은 6명의 합격자를 면접을 진행한 순서대로 나열하면 G – E – B – C – F – H이다.

28
정답 ④

• (가) 하드 어프로치 : 하드 어프로치에 의한 문제해결 방법은 상이한 문화적 토양을 가지고 있는 구성원을 가정하고, 서로의 생각을 직설적으로 주장하고 논쟁이나 협상을 통해 서로의 의견을 조정해 가는 방법이다.
• (나) 퍼실리테이션 : 퍼실리테이션이란 '촉진'을 의미하며, 어떤 그룹이나 집단이 의사결정을 잘 하도록 도와주는 일을 의미한다. 퍼실리테이션에 의한 문제해결 방법은 깊이 있는 커뮤니케이션을 통해 서로의 문제점을 이해하고 공감함으로써 창조적인 문제해결을 도모한다.
• (다) 소프트 어프로치 : 소프트 어프로치에 의한 문제해결 방법은 대부분의 기업에서 볼 수 있는 전형적인 스타일로 조직구성원들을 같은 문화적 토양을 가지고 이심전심으로 서로를 이해하는 상황을 가정한다.

29
정답 ⑤

조건의 주요 명제들을 순서대로 논리 기호화하면 다음과 같다.
• 두 번째 명제 : 머그컵 → ~노트
• 세 번째 명제 : 노트
• 네 번째 명제 : 태블릿PC → 머그컵
• 다섯 번째 명제 : ~태블릿PC → (가습기 ∧ ~컵받침)
세 번째 명제에 따라 노트는 반드시 선정되며, 두 번째 명제의 대우(노트 → ~머그컵)에 따라 머그컵은 선정되지 않는다. 그리고 네 번째 명제의 대우(~머그컵 → ~태블릿PC)에 따라 태블릿PC도 선정되지 않으며, 다섯 번째 명제에 따라 가습기는 선정되고 컵받침은 선정되지 않는다. 따라서 총 3종류의 경품을 선정한다고 하였으므로 노트, 가습기와 함께 펜이 경품으로 선정된다.

30
정답 ④

제시문에 따르면 J부서에 근무하는 신입사원은 단 한 명이며, 신입사원은 단 한 지역의 출장에만 참가한다. 따라서 갑과 단둘이 가는 한 번의 출장에만 참가하는 을이 신입사원임을 알 수 있다. 이때, 네 지역으로 모두 출장을 가는 총괄 직원도 단 한 명뿐이므로 을과 단둘이 출장을 간 갑이 총괄 직원임을 알 수 있다. 또한, 신입사원을 제외한 모든 직원은 둘 이상의 지역으로 출장을 가야 하므로 병과 정이 함께 같은 지역으로 출장을 가면 무는 남은 두 지역 모두 출장을 가야 한다. 이때, 병과 정 역시 남은 두 지역 중 한 지역으로 각각 출장을 가야 한다. 따라서 다섯 명의 직원이 출장을 가는 경우를 정리하면 다음과 같다.

지역	직원	
	경우 1	경우 2
A	갑, 을	갑, 을
B	갑, 병, 정	갑, 병, 정
C	갑, 병, 무	갑, 정, 무
D	갑, 정, 무	갑, 병, 무

따라서 정은 두 곳으로만 출장을 가므로 정이 총 세 곳에 출장을 간다는 ④는 항상 거짓이 된다.

오답분석
① 갑은 총괄 직원이다.
② 두 명의 직원만이 두 광역시에 모두 출장을 간다고 하였으므로 을의 출장 지역은 광역시에 해당하지 않는다.
③ · ⑤ 위의 표를 통해 확인할 수 있다.

02 | 자원관리능력(사무 / 배전 · 송변전)

31	32	33	34	35	36	37	38	39	40
⑤	⑤	③	②	①	③	③	③	③	④

31　　　　정답 ⑤

비용이 17억 원 이하인 업체는 A, D, E, F이며, 이 중 1차로 선정할 업체를 구하기 위해 가중치를 적용한 점수는 다음과 같다.
• A : $(18 \times 1) + (11 \times 2) = 40$
• D : $(16 \times 1) + (12 \times 2) = 40$
• E : $(13 \times 1) + (10 \times 2) = 33$
• F : $(16 \times 1) + (14 \times 2) = 44$
따라서 1차로 선정될 3개 업체는 A, D, F이며, 이 중 친환경소재 점수가 가장 높은 업체인 F가 최종 선정된다.

32　　　　정답 ⑤

비용이 17억 2천만 원 이하인 업체는 A, C, D, E, F이며, 이 중 1차로 선정할 업체를 구하기 위해 가중치를 적용한 점수는 다음과 같다.
• A : $(11 \times 3) + (15 \times 2) = 63$
• C : $(13 \times 3) + (13 \times 2) = 65$
• D : $(12 \times 3) + (14 \times 2) = 64$
• E : $(10 \times 3) + (17 \times 2) = 64$
• F : $(14 \times 3) + (16 \times 2) = 74$
따라서 1차 선정될 업체는 C와 F이며, 이 중 입찰 비용이 더 낮은 업체인 F가 최종 선정된다.

33　　　　정답 ③

오답분석
① 5일에 공사 단합대회 행사가 있으므로 명절선물세트 홍보행사를 진행할 수 없다.
② 10일부터 12일까지 수소에너지 홍보행사가 있으므로 명절선물세트 홍보행사를 진행할 수 없다.
④ 21일에 에너지 안전 홍보행사가 있으므로 명절선물세트 홍보행사를 진행할 수 없다.
⑤ 명절선물세트 홍보행사는 설 연휴 이전에 마쳐야 하므로 적절하지 않다.

34　　　　　　　　　정답 ②

7~9일에는 행사가 없으므로 8일에 진급공고를 게시할 수 있다.

오답분석

① 공사 단합대회 다음날이므로 진급공고를 게시할 수 없다.
③ 명절선물세트 홍보기간이므로 진급공고를 게시할 수 없다.
④ 설 연휴 전날이므로 진급공고를 게시할 수 없다.
⑤ 대체공휴일 다음날이므로 진급공고를 게시할 수 없다.

35　　　　　　　　　정답 ①

7일은 다른 직원들과 연차가 겹치지 않고, 행사도 없는 날짜이다.

오답분석

② 수소에너지 홍보행사가 있으므로 연차를 쓸 수 없다.
③ 명절선물세트 홍보행사가 있으므로 연차를 쓸 수 없다.
④·⑤ 설 연휴를 포함하는 주 이전에 연차를 사용해야 한다.

36　　　　　　　　　정답 ③

사용 부서의 수(5부서)가 가장 많은 메모지와 종이컵부터 구매한다(메모지 800×5=4,000원, 종이컵 10,000×8=80,000원). 다음으로는 현재 재고가 없는 지우개와 연필부터 구매한다(지우개 500×3=1,500원, 연필 400×15=6,000원). 현재까지 구매 금액은 91,500원이므로 더 구매할 수 있는 금액의 한도는 100,000−91,500=8,500원이다. 나머지 비품 중 수정테이프를 구매할 경우 1,500×7=10,500원이고, 볼펜을 구매할 경우의 금액은 1,000×4=4,000원이다. 따라서 수정테이프는 구매할 수 없고, 볼펜 구매는 가능하므로 구매할 비품들은 메모지, 볼펜, 종이컵, 지우개, 연필임을 알 수 있다.

37　　　　　　　　　정답 ③

밴쿠버 지사에 메일이 도착한 시각은 4월 22일 오전 12시 15분이지만, 업무 시간이 아니므로 메일을 읽을 수 없다. 따라서 밴쿠버 지사에서 가장 빠르게 읽을 수 있는 시각은 전력 점검이 끝난 4월 22일 오전 10시 15분이다. 모스크바는 밴쿠버와 10시간의 시차가 있으므로 이때의 모스크바 현지 시각은 4월 22일 오후 8시 15분이다.

38　　　　　　　　　정답 ③

B사원의 대화 내용을 살펴보면, 16:00부터 사내 정기 강연으로 2시간 정도 소요된다는 것을 알 수 있다. 또한, B사원은 강연 준비로 30분 정도 더 일찍 나서야 하는 점도 알 수 있다. 따라서 15:30부터는 가용할 시간이 없다. 그리고 기획안 작성업무는 두 시간 정도 걸릴 것으로 예상하는데, A팀장이 먼저 기획안부터 마무리 짓자고 하였으므로 11:00부터 업무를 시작할 것이다. 그런데 중간에 점심시간이 있으므로 기획안 업무는 14:00에 완료될 것이다. 따라서 A팀장과 B사원 모두 여유가 되는 시간은 14:00~15:30이므로 ③이 가장 적절하다.

39　　　　　　　　　정답 ③

과목에 따라 해당되는 지원 금액과 신청 인원은 다음과 같다.

구분	영어회화	컴퓨터 활용	세무회계
지원 금액	70,000×0.5 =35,000원	50,000×0.4 =20,000원	60,000×0.8 =48,000원
신청 인원	3명	3명	3명

교육프로그램마다 3명씩 지원했으므로, 총교육비는 (35,000+20,000+48,000)×3=309,000원이다.

40　　　　　　　　　정답 ④

A~E씨의 진료 날짜를 2024년 1월 이후를 기준으로 구분한 후, 현행 본인부담금 제도와 개선된 본인부담금 제도를 적용하여 본인부담금을 계산하면 다음과 같다.
- A씨 : 17,000×0.3(∵ 현행)=5,100원
- B씨 : 1,500원(∵ 진료비 1만 5천 원 이하)
- C씨 : 23,000×0.2(∵ 개선)=4,600원
- D씨 : 24,000×0.3(∵ 현행)=7,200원
- E씨 : 27,000×0.3(∵ 개선)=8,100원
따라서 5,100+1,500+4,600+7,200+8,100=26,500원이다.

41

정답 ①

SUMPRODUCT 함수는 배열 또는 범위의 대응되는 값끼리 곱해서 그 합을 구하는 함수이다.
「=SUMPRODUCT(B4:B10,C4:C10,D4:D10)」는 (B4×C4×D4)+(B5×C5×D5)+ … +(B10×C10×D10)의 값으로 나타난다. 따라서 (가) 셀에 나타나는 값은 2,610이다.

42

정답 ①

인쇄 영역에 포함된 도형, 차트 등의 개체는 기본적으로 인쇄된다.

43

정답 ③

PROPER 함수는 단어의 첫 글자만 대문자로 나타내고 나머지는 소문자로 나타내주는 함수이다. 따라서 'Republic Of Korea'로 나와야 한다.

44

정답 ④

POWER 함수는 밑수를 지정한 만큼 거듭제곱한 결과를 나타내는 함수이다. 따라서 $6^3=216$이 적절하다.

오답분석

① ODD 함수는 주어진 수에서 가장 가까운 홀수로 변환해 주는 함수이며, 양수인 경우 올림하고 음수인 경우 내림한다.
② EVEN 함수는 주어진 수에서 가장 가까운 짝수로 변환해 주는 함수이며, 양수인 경우 올림하고 음수인 경우 내림한다.
③ MOD 함수는 나눗셈의 나머지를 구하는 함수이다. 40을 -6으로 나눈 나머지는 -2이다.
⑤ QUOTIENT 함수는 나눗셈 몫의 정수 부분을 구하는 함수이다. 19를 6으로 나눈 몫의 정수는 3이다.

45

정답 ③

• (가) 영어점수가 평균을 초과하는 것을 뽑을 때는 AVERAGE 함수의 범위에 반드시 절대참조가 들어가야 한다.
• (나) 성명의 두 번째 문자가 '영'인 데이터를 추출해야 하므로 '?영*'이 되어야 한다.

46

정답 ②

TCP / IP(Transmission Control Protocol / Internet Protocol)는 컴퓨터 간의 통신을 위해 미국 국방부에서 개발한 통신 프로토콜로, 보안 기능 취약과 IP주소 부족에도 불구하고 TCP와 IP를 조합하여 인터넷 표준 프로토콜로 사용되고 있다.

47

정답 ②

오답분석

① 피싱(Phishing) : 금융기관 등의 웹사이트나 거기서 보내온 메일로 위장하여 개인의 인증번호나 신용카드번호, 계좌정보 등을 빼내 이를 불법적으로 이용하는 사기수법이다.
③ 스미싱(Smishing) : 휴대폰 사용자에게 웹사이트 링크를 포함하는 문자메시지를 보내 휴대폰 사용자가 웹사이트에 접속하면 트로이목마를 주입해 휴대폰을 통제하며 개인정보를 빼내는 범죄 유형이다.
④ 스누핑(Snooping) : 소프트웨어 프로그램(스누퍼)을 이용하여 원격으로 다른 컴퓨터의 정보를 엿볼 수 있어, 개인적인 메신저 내용, 로그인 정보, 전자 우편 등의 정보를 몰래 획득하는 범죄 유형이다.
⑤ 스푸핑(Spoofing) : 승인받은 사용자인 것처럼 시스템에 접근하거나 네트워크상에서 허가된 주소로 가장하여 접근 제어를 우회하는 범죄 유형이다.

48

정답 ③

하이퍼링크(Hyperlink)는 다른 문서로 연결하는 HTML로 구성된 링크로, 외부 데이터를 가져오기 위해 사용하는 기능은 아니다.

오답분석

① [데이터] → [외부 데이터 가져오기] → [기타 원본에서] → [데이터 연결 마법사]
② [데이터] → [외부 데이터 가져오기] → [기타 원본에서] → [Microsoft Query]
④ [데이터] → [외부 데이터 가져오기] → [웹]
⑤ [데이터] → [외부 데이터 가져오기] → [텍스트]

49

정답 ③

LEFT(데이터가 있는 셀 번호, 왼쪽을 기준으로 가져올 자릿수)이기 때문에 주민등록번호가 있는 [C2] 셀을 선택하고 왼쪽을 기준으로 생년월일은 6자리이기 때문에 「=LEFT(C2,6)」가 적절하다.

50

정답 ①

「=MID(데이터를 참조할 셀 번호, 왼쪽을 기준으로 시작할 기준 텍스트, 기준점을 시작으로 가져올 자릿수)」로 표시되기 때문에 「=MID(B2,5,2)」가 옳다.

04 | 기술능력(배전·송변전)

41	42	43	44	45	46	47	48	49	50
③	④	③	④	②	②	①	⑤	③	①

41
정답 ③

가정에 있을 경우 전력수급 비상단계를 신속하게 극복하기 위해 전력기기 등의 전원을 차단하거나 사용을 중지하는 것이 필요하나, 4번 항목에 따르면 안전, 보안 등을 위한 최소한의 조명까지 소등할 필요는 없다.

오답분석

① 가정에 있을 경우 TV, 라디오 등을 통해 재난상황을 파악하여 대처하라고 하였으므로, 전력수급 비상단계 발생 시 대중매체를 통해 재난상황에 대한 정보를 파악할 수 있다는 것을 알 수 있다.
② 사무실에 있을 경우 즉시 사용이 필요하지 않은 사무기기의 전원을 차단하여야 한다.
④ 공장에서는 비상발전기의 가동을 점검하여 가동을 준비해야 한다.
⑤ 전력수급 비상단계가 발생할 경우 컴퓨터, 프린터 등 긴급하지 않은 모든 사무기기의 전원을 차단하여야 하므로 한동안 사무실의 업무가 중단될 수 있다.

42
정답 ④

ⓒ 사무실에서의 행동요령에 따르면 본사의 중앙보안시스템은 긴급한 설비로 볼 수 있다. 따라서 3번 항목의 예외에 해당하므로 중앙보안시스템의 전원을 즉시 차단해버린 이주임의 행동은 적절하지 않다고 볼 수 있다.
ⓔ 상가에서의 행동요령에 따르면 식재료의 부패와 관련 없는 가전제품의 가동을 중지하거나 조정하도록 설명되어 있다. 하지만 최사장은 횟감을 포함한 식재료를 보관 중인 모든 냉동고의 전원을 차단하였으므로 이는 적절하지 않은 행동이다.

오답분석

㉠ 집에 있던 중 세탁기 사용을 중지하고 실내조명을 최소화한 김사원의 행동은 행동요령에 따른 적절한 행동이다.
ⓒ 공장에 있던 중 공장 내부 조명 밝기를 최소화한 박주임의 행동은 적절하다.

43
정답 ③

안마의자 사용설명서에서 설치 시에 등받이와 다리부를 조절할 경우를 대비하여 제품의 전방 50cm, 후방 10cm 이상 여유 공간을 두라고 설명하고 있다. 따라서 후방을 벽면에 밀착할 수 있는 장소를 고려하는 것은 적절하지 못하다.

44
정답 ④

안마의자의 움직이는 부위에 손가락이 끼어 다칠 수 있다는 내용을 담고 있다. 제품설명서의 '안전을 위한 주의사항'에서 7번째 사항을 보면 같은 내용이 있으며, '삼각형 느낌표' 표시가 되어 있어 해당 내용이 '경고' 수준의 주의를 필요로 한다는 것을 알 수 있다.

오답분석

① 사용 중에 잠들지 말라는 의미를 가진 그림이다. 이는 '주의' 수준에 해당한다.
② 사용 중에 음료나 음식을 섭취하지 말라는 의미를 가진 그림이다. 이는 '주의' 수준에 해당한다.
③ 사용 시간은 1회 20분을 권장한다는 의미를 가진 그림이다. 이는 '주의' 수준에 해당한다.
⑤ 제품 안쪽에 휴대폰 등의 물건을 빠뜨리지 않도록 주의라는 의미를 가진 그림이다. 이는 '주의' 수준에 해당한다.

45
정답 ②

지속가능한 기술은 이용 가능한 자원과 에너지를 고려하고, 자원의 사용과 그것이 재생산되는 비율의 조화를 추구하며, 자원의 질을 생각하고, 자원이 생산적인 방식으로 사용되는가에 주의를 기울이는 기술이라고 할 수 있다. 즉, 지속가능한 기술은 되도록 태양 에너지와 같이 고갈되지 않는 자연 에너지를 활용하며, 낭비적인 소비 형태를 지양하고, 기술적 효용만이 아닌 환경효용(Eco-Efficiency)을 추구하는 것이다. ㉠·ⓒ·ⓔ의 사례는 낭비적인 소비 형태를 지양하고, 환경효용도 추구하므로 지속가능한 기술의 사례로 볼 수 있다.

오답분석

ⓒ·ⓜ 환경효용이 아닌 생산수단의 체계를 인간에게 유용하도록 발전시키는 사례로, 기술발전에 해당한다.

46
정답 ②

공기청정기를 약하고 기울어진 바닥에 두면 이상 소음 및 진동이 생길 수 있으므로 단단하고 평평한 바닥에 두어야 한다. 따라서 공기청정기를 부드러운 매트 위에 놓는 것은 적절하지 않다.

47
정답 ①

프리필터는 청소주기에 따라 1개월에 2회 이상 청소해야 한다.

오답분석

②·③ 탈취필터와 헤파필터의 교체주기는 6개월~1년이지만 사용 환경에 따라 차이가 날 수 있으며, 필터 교체 표시등을 확인하여 교체해야 한다.
④ 프리필터는 반영구적으로 사용하는 것이므로 교체할 필요가 없다.
⑤ 냄새가 심하게 날 경우 탈취필터를 확인하여 교체해야 한다.

48

정답 ⑤

스마트에어 서비스 기기 등록 시 스마트폰의 Wi-Fi 고급설정 모드에서 '개방형 Wi-Fi' 관련 항목이 아닌 '신호 약한 Wi-Fi 끊기 항목'과 '신호 세기'와 관련된 기능을 확인해야 한다.

49

정답 ③

기술 발전에 있어 환경 보호를 추구하는 점을 볼 때, 지속가능한 개발의 사례로 볼 수 있다. 지속가능한 개발은 경제 발전과 환경 보전의 양립을 위하여 새롭게 등장한 개념으로 볼 수 있으며, 미래 세대가 그들의 필요를 충족시킬 수 있는 가능성을 손상시키지 않는 범위에서 현재 세대의 필요를 충족시키는 개발이다.

오답분석

① 개발독재 : 개발도상국에서 개발이라는 이름으로 행해지는 정치적 독재를 말한다.
② 연구개발 : 자연과학기술에 대한 새로운 지식이나 원리를 탐색하고 해명하여, 그 성과를 실용화하는 일을 말한다.
④ 개발수입 : 기술이나 자금을 제3국에 제공하여 미개발자원 등을 개발하거나 제품화하여 수입하는 것을 말한다.
⑤ 조직개발 : 기업이 생산능률을 높이기 위하여 기업조직을 개혁하는 일을 말한다.

50

정답 ①

상향식 기술선택(Bottom Up Approach)은 기술자들로 하여금 자율적으로 기술을 선택하게 함으로써 기술자들의 흥미를 유발할 수 있고, 이를 통해 그들의 창의적인 아이디어를 활용할 수 있는 장점이 있다.

오답분석

② 상향식 기술선택은 기술자들로 하여금 자율적으로 기술을 선택하게 함으로써 시장에서 불리한 기술이 선택될 수 있다.
③ 상향식 기술선택은 기술자들이 자신의 과학기술 전문 분야에 대한 지식과 흥미만을 고려하여 기술을 선택하게 함으로써 시장의 고객들이 요구하는 제품이나 서비스를 개발하는 데 부적합한 기술이 선택될 수 있다.
④ 하향식 기술선택은 기술에 대한 체계적인 분석을 한 후, 기업이 획득해야 하는 대상기술과 목표기술수준을 결정한다.
⑤ 하향식 기술선택은 먼저 기업이 직면하고 있는 외부환경과 기업의 보유 자원에 대한 분석을 통해 기업의 중장기적인 사업목표를 설정하고, 이를 달성하기 위해 확보해야 하는 핵심고객층과 그들에게 제공하고자 하는 제품과 서비스를 결정한다.

제2회 모의고사 정답 및 해설

| 01 | 공통영역

01	02	03	04	05	06	07	08	09	10
④	②	④	②	⑤	④	④	⑤	⑤	⑤
11	12	13	14	15	16	17	18	19	20
④	②	④	③	③	③	②	②	④	④
21	22	23	24	25	26	27	28	29	30
④	③	⑤	④	④	①	③	①	③	①

01

정답 ④

설비용량이 총 11.44MW인 동탄 연료전지 발전소를 짓는 데 총 550억 원이 투입되었으므로 동탄 연료전지 발전소의 투자비용은 1MW당 $\frac{550억\ 원}{11.44MW}$≒48.07억 원으로 50억 원 이하이다.

오답분석

① 연료전지 발전의 연료는 천연가스, LPG 등으로, 연료를 통해 얻은 수소를 산소와 결합시키는 방식으로 전기를 얻는다.
② 2019년 9월의 연료전지 설비용량은 전년 동월 대비 51.1% 증가하였으므로 2018년 9월 연료전지 설비용량의 1.5배 이상임을 알 수 있다.
③ 2019년 9월의 연료전지 전력거래량은 194.4GWh로 전년 동월의 136.3GWh에서 58.1(=194.4-136.3)GWh 증가하였다.
⑤ REC 가중치가 높다는 것은 그만큼 비싼 값에 REC를 팔 수 있다는 의미이다. 연료전지의 REC 가중치가 태양광 등의 주력 신재생에너지보다 높으므로 연료전지의 REC는 태양광 REC보다 비싸게 판매된다.

02

정답 ②

제시문은 '탈원전·탈석탄 공약에 맞는 제8차 전력공급기본계획(안) 수립 → 분산형 에너지 생산시스템으로의 정책 방향 전환 → 분산형 에너지 생산시스템에 대한 대통령의 강한 의지 → 중앙집중형 에너지 생산시스템의 문제점 노출 → 중앙집중형 에너지 생산시스템의 비효율성'의 순으로 전개되고 있다. 따라서 제시문은 일관되게 '에너지 분권의 필요성과 나아갈 방향을 모색해야 한다.'고 말하고 있다.

오답분석

① · ③ 제시문에서 언급되지 않았다.
④ 다양한 사회적 문제점들과 기후, 천재지변 등에 의한 문제점들을 언급하고 있으나, 이는 글의 주제를 뒷받침하기 위한 이슈이므로 글 전체의 주제로 보기는 어렵다.
⑤ 전력수급기본계획의 수정 방안을 제시하고 있지는 않다.

03

정답 ④

제시문은 정부가 제공하는 공공 데이터를 활용한 앱 개발에 대한 글이다. 따라서 먼저 다양한 앱을 개발하려는 사람들을 통해 화제를 제시한 (라) 문단이 오는 것이 적절하며, 이러한 앱 개발에 있어 부딪히는 문제들을 제시한 (가) 문단이 그 뒤에 오는 것이 적절하다. 다음으로 이러한 문제들을 해결하기 위한 방법으로 공공 데이터를 제시하는 (나) 문단이 오고, 공공 데이터에 대한 추가 설명으로 공공 데이터를 위한 정부의 노력인 (다) 문단이 마지막으로 오는 것이 적절하다.

04

정답 ②

B사원은 현재 문제 상황과 관련이 없는 A사원의 업무 스타일을 근거로 들며, A사원의 의견을 무시하고 있다. 즉, 상대방에 대한 부정적인 판단 때문에 상대방의 말을 듣지 않는 태도가 B사원의 경청을 방해하고 있는 것이다.

오답분석

① 짐작하기 : 상대방의 말을 듣고 받아들이기보다 자신의 생각에 들어맞는 단서들을 찾아 자신의 생각을 확인하는 것이다.
③ 조언하기 : 지나치게 다른 사람의 문제를 본인이 해결하고자 상대방의 말끝마다 조언하며 끼어드는 것이다.
④ 비위 맞추기 : 상대방을 위로하기 위해서 혹은 비위를 맞추기 위해서 너무 빨리 동의하는 것이다.
⑤ 대답할 말 준비하기 : 상대방의 말을 듣고 곧 자신이 다음에 할 말을 생각하기에 바빠 상대방이 말하는 것을 잘 듣지 않는 것이다.

05 정답 ⑤

근시안적인 자세를 가지고 행동하는 것, 즉 '나무는 보되 숲은 보지 못하는' 관점의 관리문화는 현재 우리나라의 관리문화를 말하는 것이다. 따라서 ⑤가 옳지 않음을 알 수 있다.

06 정답 ④

제시문은 유교 사상의 입장에서 자연과 인간의 관계에 대해 설명한 다음, 완전한 존재인 자연을 인간이 본받아야 할 것임을 언급하고 있다. 따라서 유교에서 말하는 자연과 인간의 관계에서 볼 때 인간은 자연의 일부이므로 자연과 인간은 대립이 아니라 공존해야 한다는 요지를 표제와 부제에 담아야 한다. ④는 부제가 제시문의 내용을 어느 정도 담고 있으나, 표제가 중심 내용을 드러내지 못하고 있다.

07 정답 ④

제시문은 현대 건축가 르 코르뷔지에의 업적에 대해 설명하고 있다. 따라서 (라) 현대 건축의 거장으로 불리는 르 코르뷔지에에 대한 소개 → (가) 르 코르뷔지에가 만든 도미노 이론의 정의 → (다) 도미노 이론에 대한 설명 → (나) 도미노 이론의 연구와 적용되고 있는 다양한 건물에 대한 설명 순서로 나열하는 것이 적절하다.

08 정답 ⑤

문서를 이해할 때는 그 내용이 옳은 것인지 그른 것인지 판단하는 것이 중요하다.

오답분석
① 문서이해능력은 다양한 종류의 문서에서 전달하고자 하는 핵심 내용을 요약・정리하여 이해하는 능력을 포함한다.
② 문서이해능력은 문서의 내용 파악에 그치는 것이 아니라 문서에서 전달하는 정보를 바탕으로 업무와 관련하여 요구되는 정보가 무엇인지 적절하게 추론할 수 있는 능력을 포함한다.
③ 문서이해능력은 문서를 읽고 필요하다면 도표나 기호를 통해 그 내용을 요약・정리할 수 있는 능력을 포함한다.
④ 문서이해능력은 문서에서 전달하는 정보를 이해하고 더불어 그 정보의 출처를 파악하는 능력을 포함한다.

09 정답 ⑤

ㄴ. B는 공직자의 임용 기준을 개인의 능력・자격・적성에 두고 공개경쟁 시험을 통해 공무원을 선발한다면, 정실 개입의 여지가 줄어든다고 주장하고 있다. 따라서 공직자 임용과정의 공정성을 높일 필요성이 부각된다면, B의 주장은 설득력을 얻는다.
ㄷ. C는 사회를 구성하는 모든 지역 및 계층으로부터 인구 비례에 따라 공무원을 선발해야 한다고 주장하고 있다. 따라서 지역 편향성을 완화할 필요성이 제기된다면, C의 주장은 설득력을 얻는다.

오답분석
ㄱ. A는 대통령 선거에서 승리한 정당이 공직자 임용의 권한을 가져야 한다고 주장하였다. 이는 정치적 중립성이 보장되지 않는 것이므로 A의 주장은 설득력을 잃는다.

10 정답 ⑤

문서 작성 시 의미 전달에 중요하지 않은 경우에는 한자 사용을 자제하도록 하며, 상용한자의 범위 내에서 사용하여야 상대방의 문서 이해에 도움이 된다.

11 정답 ④

10대의 인터넷 공유활동을 참여율이 큰 순서대로 나열하면 '커뮤니티 이용 → 퍼나르기 → 블로그 운영 → UCC게시 → 댓글달기'이다. 반면, 30대는 '커뮤니티 이용 → 퍼나르기 → 블로그 운영 → 댓글달기 → UCC게시'이다. 따라서 활동 순위가 같지 않다.

오답분석
① 20대가 다른 연령에 비해 참여율이 비교적 높은 편임을 자료에서 쉽게 확인할 수 있다.
② 남성이 여성보다 참여율이 대부분의 활동에서 높지만, 블로그 운영에서는 여성의 참여율이 높다.
③ 남녀 간의 참여율 격차가 가장 큰 영역은 13.8%p인 댓글달기이며, 그 반대로는 2.7%p인 커뮤니티 이용이다.
⑤ 40대는 다른 영역과 달리 댓글달기 활동에서는 다른 연령대보다 높은 참여율을 보이고 있다.

12 정답 ②

월간 용돈을 5만 원 미만으로 받는 비율은 중학생 89.4%, 고등학생 60%이므로 중학생이 고등학생보다 높다.

오답분석
① 용돈을 받는 남학생과 여학생의 비율은 각각 82.9%, 85.4%이다. 따라서 여학생이 더 높다.
③ 고등학교 전체 인원을 100명이라 한다면 그중에 용돈을 받는 학생은 약 80.8명이다. 80.8명 중에 용돈을 5만 원 이상 받는 학생의 비율은 40%이므로 80.8×0.4≒32.3명이다.
④ 전체에서 금전출납부의 기록, 미기록 비율은 각각 30%, 70%이다. 따라서 기록하는 비율이 더 낮다.
⑤ 용돈을 받지 않는 중학생과 고등학생 비율은 각각 12.4%, 19.2%이다. 따라서 용돈을 받지 않는 고등학생 비율이 더 높다.

13 정답 ④

정확한 값을 계산하기보다 우선 자료에서 해결 실마리를 찾아, 적절하지 않은 선택지를 제거하는 방식으로 접근하는 것이 좋다. 효과성을 기준으로 살펴보면, 1순위인 C부서의 효과성은 3,000÷1,500=2이고, 2순위인 B부서의 효과성은 1,500÷1,000=1.5이다. 따라서 3순위 A부서의 효과성은 1.5보다 낮아야 한다는 것을 알 수 있다. 그러므로 A부서의 목표량 (가)는 $500 \div (가) < 1.5$ → (가)$> 333.3\cdots$으로 적어도 333보다는 커야 한다. 따라서 (가)가 300인 ①은 제외된다.

효율성을 기준으로 살펴보면, 2순위인 A부서의 효율성은 $500 \div (200+50)=2$이다. 따라서 1순위인 B부서의 효율성은 2보다 커야 한다는 것을 알 수 있다.

그러므로 B부서의 인건비 (나)는 $1,500 \div ((나)+200)>2$ → (나)<550으로 적어도 550보다는 작아야 한다. 따라서 (나)가 800인 ② · ⑤는 제외된다.

남은 것은 ③과 ④인데, 먼저 ③부터 대입해보면 C부서의 효율성이 $3,000 \div (1,200+300)=2$로 2순위인 A부서의 효율성과 같다. 그러므로 정답은 ④이다.

14
정답 ③

- 첫 번째 문제를 맞힐 확률 : $\dfrac{1}{5}$

- 첫 번째 문제를 틀릴 확률 : $1-\dfrac{1}{5}=\dfrac{4}{5}$

- 두 번째 문제를 맞힐 확률 : $\dfrac{2}{5} \times \dfrac{1}{4}=\dfrac{1}{10}$

- 두 번째 문제를 틀릴 확률 : $1-\dfrac{1}{10}=\dfrac{9}{10}$

∴ 두 문제 중 하나만 맞힐 확률
 : $\dfrac{1}{5} \times \dfrac{9}{10}+\dfrac{4}{5} \times \dfrac{1}{10}=\dfrac{13}{50}=26\%$

15
정답 ③

- 1인 1일 사용량에서 영업용 사용량이 차지하는 비중
 : $\dfrac{80}{282} \times 100 ≒ 28.37\%$

- 1인 1일 가정용 사용량의 하위 두 항목이 차지하는 비중
 : $\dfrac{20+13}{180} \times 100 ≒ 18.33\%$

16
정답 ③

부산(1.9%) 및 인천(2.5%) 지역은 증가율이 상대적으로 낮게 나와 있으나, 이는 서울(1.1%) 또한 마찬가지이다.

오답분석

㉠ · ㉡ 자료를 통해 확인할 수 있다.
㉣ 2023년 에너지 소비량은 경기(9,034천 TOE), 충남(4,067천 TOE), 서울(3,903천 TOE)의 순서이다.
㉤ 전국 에너지 소비량은 2013년이 28,588천 TOE, 2023년이 41,594천 TOE로, 10년 사이에 13,006천 TOE의 증가를 보이고 있다.

17
정답 ②

제시된 자료에 의하면 수도권은 서울과 인천 · 경기를 합한 지역을 의미한다. 따라서 전체 마약류 단속 건수 중 수도권의 마약류 단속 건수의 비중은 $22.1+35.8=57.9\%$이다.

오답분석

① · 대마 단속 전체 건수 : 167건
 · 코카인 단속 전체 건수 : 65건
 $65 \times 3=195>167$이므로 옳지 않은 설명이다.
③ 코카인 단속 건수가 없는 지역은 강원, 충북, 제주로 3곳이다.
④ · 대구 · 경북 지역의 향정신성의약품 단속 건수 : 138건
 · 광주 · 전남 지역의 향정신성의약품 단속 건수 : 38건
 $38 \times 4=152>138$이므로 옳지 않은 설명이다.
⑤ · 강원 지역의 향정신성의약품 단속 건수 : 35건
 · 강원 지역의 대마 단속 건수 : 13건
 $13 \times 3=39>35$이므로 옳지 않은 설명이다.

18
정답 ②

A집과 B집 사이의 거리를 $x$km, A집에서 전시회 주차장까지 걸린 시간을 y시간이라고 하자.
A집과 B집 사이의 거리와 B집에서 전시회 주차장까지 거리를 구하면 다음과 같다.

$70 \times \left(y+\dfrac{30}{60}\right)-55 \times y=x$ ⋯ ㉠

$70 \times \left(y+\dfrac{30}{60}\right)=49$km

→ $y+\dfrac{30}{60}=\dfrac{49}{70}$

→ $y+0.5=0.7$

∴ $y=0.2$

㉠에 y를 대입하여 x를 구하면
$x=49-55 \times 0.2=38$
따라서 A집과 B집 사이의 거리는 38km이다.

19
정답 ④

기본요금을 x원, 1kWh당 단위요금을 y원이라 하자.
$x+60y=15,000$ ⋯ ㉠
$x+90y+20 \times 1.2y=42,000$ → $x+114y=42,000$ ⋯ ㉡
㉡－㉠을 하면 $54y=27,000$
∴ $y=500$
따라서 1kWh당 단위요금에 20%를 가산한 금액은 $500 \times 1.2=600$원이다.

20

소설책을 읽은 화요일의 수를 x일, 4쪽씩 읽은 화요일이 아닌 날의 수를 y일이라고 하자.

$$6x+4y=100 \rightarrow y=25-\frac{3}{2}x \cdots ㉠$$

화요일은 한 달에 4번 또는 5번이 있으므로 x는 최대 5이다. 이때 x, y는 자연수이고, ㉠에 의해 $x=2$ or 4인데 $x=2$는 요일상 불가능하므로 $x=4$, $y=19$이다.

즉, 화요일이 4번 있었고, 월요일에 끝마쳤으므로 마지막 화요일의 6일 후에 끝마친 것이다. 또한 최대한 빨리 읽었다고 하였으므로 화요일에 시작하여 넷째 주 화요일의 6일 후인 월요일에 마쳤다. 즉, 화요일에 시작하여 다섯째 주 월요일에 끝났으므로 총 28일간 읽었다. 따라서 소설책을 다 읽은 날은 9월 28일이다.

21

정답 ④

대리 1명과 과장 1명이 2박 3일간 부산 출장으로 받을 수 있는 총금액은 다음과 같다.

- 일비 : $(30,000 \times 3)+(50,000 \times 3)=240,000$원
- 교통비 : $(3,200 \times 2)+(121,800 \times 2)+10,300=260,300$원
- 숙박비 : $(120,000 \times 2)+(150,000 \times 2)=540,000$원
- 식비 : $(8,000 \times 3 \times 3)+(10,000 \times 3 \times 3)=162,000$원

따라서 2명의 총출장비는 $240,000+260,300+540,000+162,000$
$=1,202,300$원이다.

22

정답 ③

사원 2명과 대리 1명이 1박 2일간 강릉 출장으로 받을 수 있는 총금액은 다음과 같다.

- 일비 : $(20,000 \times 2 \times 2)+(30,000 \times 2)=140,000$원
- 교통비 : 0원($\because$ 자가용 이용)
- 숙박비 : $(80,000 \times 3)=240,000$원
- 식비 : $(6,000 \times 3 \times 2 \times 2)+(8,000 \times 3 \times 2)=120,000$원

따라서 3명의 총출장비는 $140,000+240,000+120,000$
$=500,000$원이다.

23

정답 ⑤

제시된 조건에 따라 1∼5층의 월 전기료는 다음과 같다.

- 1층 : 10×5만$+4 \times 3$만$=62$만 원
- 2층 : 13×5만$+5 \times 3$만$=80$만 원
- 3층 : 15×5만$+7 \times 3$만$=96$만 원
- 4층 : 11×5만$+6 \times 3$만$=73$만 원
- 5층 : 12×5만$+5 \times 3$만$=75$만 원

첫 번째 조건을 충족하지 않는 층은 2·3·5층이고, 조건을 충족하기 위해 2·3·5층에 각각 구형 에어컨 2대, 5대, 1대를 판매하게 된다. 이때 발생하는 수입은 구형 에어컨의 중고 판매가격 총 10만$\times 8=80$만 원이다.

구형 에어컨을 판매하고 난 후 각 층의 구형 에어컨의 개수와 신형 에어컨의 개수 및 비율을 구하면 다음과 같다.

구분	1층	2층	3층	4층	5층
구형 에어컨	10대	$13-2$ $=11$대	$15-5$ $=10$대	11대	$12-1$ $=11$대
신형 에어컨	4대	5대	7대	6대	5대
비율	$\frac{4}{10}$	$\frac{5}{11}$	$\frac{7}{10}$	$\frac{6}{11}$	$\frac{5}{11}$

두 번째 조건에서 비율이 $\frac{1}{2}$ 미만인 층은 1·2·5층이고, 조건을 충족하기 위해 신형 에어컨을 1대씩 구입하면, 신형 에어컨 총구입비용은 50만$\times 3=150$만 원이 나온다.

따라서 K회사는 150만-80만$=70$만 원의 지출(비용)이 발생한다.

24

정답 ②

각국에서 출발한 직원들이 국내(대한민국)에 도착하는 시간을 계산하기 위해서는 먼저 시차를 구해야 한다. 동일시점에서의 각국의 현지 시각을 살펴보면 국내의 시각이 가장 빠르다는 점을 알 수 있다. 즉, 국내의 현지 시각을 기준으로 각국의 현지 시각을 빼면 시차를 구할 수 있다. 시차는 계산편의상 24시를 기준으로 한다.

구분	계산식	시차
대한민국 ~ 독일	8일 06:20−7일 23:20	7시간
대한민국 ~ 인도	8일 06:20−8일 03:50	2시간 30분
대한민국 ~ 미국	8일 06:20−7일 17:20	13시간

각국의 직원들이 국내에 도착하는 시간은 출발지 기준 이륙시각에서 비행시간과 시차를 더하여 구할 수 있다. 계산편의상 24시를 기준으로 한다.

구분	계산식	대한민국 도착시각
독일	8일 16:20+11:30+07:00	9일 10:50
인도	8일 22:10+08:30+02:30	9일 09:10
미국	8일 07:40+14:00+13:00	9일 10:40

따라서 인도에서 출발하는 직원이 가장 먼저 도착하고, 미국, 독일 순서로 도착하는 것을 알 수 있다.

25

정답 ④

첫 번째 규칙에 따라 A설비는 반드시 도입하며, 세 번째 규칙의 대우에 따라 A설비를 도입하면 E설비는 도입하지 않는다. 그러므로 네 번째 규칙에 따라 E설비를 제외한 B·F설비를 반드시 도입하고, 다섯 번째 규칙에 따라 C설비는 도입하지 않는다. D설비의 도입 여부는 규칙에서 알 수 없지만, 최대한 많은 설비를 도입한다는 여섯 번째 규칙에 따라 D설비도 도입한다. 따라서 A·B·D·F설비를 도입한다.

26 정답 ①

제시된 상황은 고객의 요구가 빠르게 변화하는 사회에서 현재의 상품에 안주하다가는 최근 냉동핫도그 고급화 전략을 내세우는 곳들에게 뒤처질 수 있다는 문제를 인식하고, 그에 대한 문제 상황을 해결하기 위해 신제품 개발에 대해 논의하는 내용이다.

문제해결 절차 5단계

문제인식	'What'을 결정하는 단계로, 해결해야 할 전체 문제를 파악하여 우선순위를 정하고, 선정문제에 대한 목표를 명확히 하는 단계
문제도출	선정된 문제를 분석하여 해결해야 할 것이 무엇인지를 명확히 하는 단계
원인분석	파악된 핵심문제에 대한 분석을 통해 근본 원인을 도출해 내는 단계
해결안 개발	문제로부터 도출된 근본 원인을 효과적으로 해결할 수 있는 최적의 해결방안을 수립하는 단계
해결안 실행 및 평가	해결안 개발에서 수립된 실행계획을 실제 상황에 적용하는 활동으로, 당초 장애가 되는 문제 원인들을 해결안을 사용하여 제거해 나가는 단계

27 정답 ③

제시된 문제를 해결하기 위해서는 고급화에 맞춰 시장을 공략하기 위해 새로운 관점으로 사고를 전환하는 능력이 필요하다.

문제해결을 위한 기본적 사고

전략적 사고	문제와 해결방안이 상위 시스템 또는 다른 문제와 어떻게 연결되어 있는지를 생각하는 것
분석적 사고	전체를 각각의 요소로 나누어 그 요소의 의미를 도출한 다음 우선순위를 부여하고 구체적인 문제해결 방법을 실행하는 것
발상의 전환	기존의 사물과 세상을 바라보는 인식의 틀을 전환하여 새로운 관점에서 바라보는 사고를 지향
내외부 자원의 효과적 활용	문제해결 시 기술, 재료, 방법, 사람 등 필요한 자원 확보 계획을 수립하고 모든 자원을 효과적으로 활용하는 것

28 정답 ①

제시된 정보를 수식으로 정리하면 다음과 같다.
$A>B$, $D>C$, $F>E>A$, $E>B>D$
$\therefore F>E>A>B>D>C$
따라서 옳은 것은 ①이다.

29 정답 ③

주어진 조건에 의하면 D면접자와 E면접자는 2번과 3번 의자에 앉아 있고, A면접자는 1번과 8번 의자에 앉을 수 없다. B면접자는 6번 또는 7번 의자에 앉을 수 있다는 점과 A면접자와 C면접자 사

이에는 2명이 앉는다는 조건까지 모두 고려하면 A면접자와 B면접자가 서로 이웃해 있을 때, 다음과 같은 두 가지 경우를 확인할 수 있다.

• B면접자가 6번에 앉을 경우

구분	1	2	3	4	5	6	7	8
경우 1		D	E		A	B		C
경우 2		D	E	C		B	A	
경우 3		D	E	A		B		C
조건	A (×) C (×)							A (×)

• B면접자가 7번에 앉을 경우

구분	1	2	3	4	5	6	7	8
경우 1		D	E	C (×)		A	B	
경우 2		D	E			A	B	C (×)
경우 3		D	E		A		B	C
조건	A (×) C (×)							A (×)

→ B면접자가 7번에 앉는 경우 1과 경우 2에서는 A면접자와 C면접자 사이에 2명이 앉는다는 조건이 성립되지 않는다.

따라서 A면접자와 B면접자가 서로 이웃해 앉는다면 C면접자는 4번 또는 8번 의자에 앉을 수 있다.

오답분석

① 주어진 조건에 의하면 A면접자는 1번과 8번 의자에 앉지 않고, 2번과 3번 의자는 D면접자와 E면접자로 확정되어 있다. 그리고 C면접자와의 조건 때문에 6번 의자에도 앉을 수 없다. 따라서 A면접자는 4번, 5번, 7번 의자에 앉을 수 있으므로 A면접자가 4번에 앉는 것이 항상 옳다고 볼 수 없다.

② 주어진 조건에서 C면접자는 D면접자와 이웃해 앉지 않는다고 하였다. D면접자는 2번 의자로 확정되어 있으므로 C면접자는 1번 의자에 앉을 수 없다.

④ B면접자가 7번 의자에 앉고 A면접자와 B면접자 사이에 2명이 앉도록 하면, A면접자는 4번 의자에 앉아야 한다. 그런데 A면접자와 C면접자 사이에 2명이 앉는다는 조건이 성립되려면 C면접자는 1번 의자에 앉아야 하는데, C면접자는 D면접자와 이웃해 있지 않다고 하였으므로 옳지 않다.

⑤ C면접자가 8번에 앉는 것과는 상관없이 B면접자는 6번 또는 7번 의자에 앉을 수 있다. 따라서 B면접자가 6번에 앉는다는 것은 항상 옳다고 볼 수 없다.

30 정답 ①

사원별 성과지표의 평균을 구하면 다음과 같다.
- A사원 : $(3+3+4+4+4)÷5=3.6$
- B사원 : $(3+3+3+4+4)÷5=3.4$
- C사원 : $(5+2+2+3+2)÷5=2.8$
- D사원 : $(3+3+2+2+5)÷5=3$
- E사원 : $(4+2+5+3+3)÷5=3.4$

즉, A사원만 당해 연도 연봉에 1,000,000원이 추가된다.
각 사원의 당해 연도 연봉을 구하면 다음과 같다.
- A사원 : $300만+(3×300만)+(3×200만)+(4×100만)+(4×150만)+(4×100만)+100만=33,000,000$원
- B사원 : $300만+(3×300만)+(3×200만)+(3×100만)+(4×150만)+(4×100만)=31,000,000$원
- C사원 : $300만+(5×300만)+(2×200만)+(2×100만)+(3×150만)+(2×100만)=30,500,000$원
- D사원 : $300만+(3×300만)+(3×200만)+(2×100만)+(2×150만)+(5×100만)=28,000,000$원
- E사원 : $300만+(4×300만)+(2×200만)+(5×100만)+(3×150만)+(3×100만)=31,500,000$원

따라서 가장 많은 연봉을 받을 직원은 A사원이다.

| 02 | 자원관리능력(사무 / 배전 · 송변전)

31	32	33	34	35	36	37	38	39	40
②	③	②	④	⑤	③	⑤	③	②	③

31 정답 ②

1) Q기사가 거쳐야 할 경로는 'A도시 → E도시 → C도시 → A도시'이다. A도시에서 E도시로 바로 갈 수 없으므로 다른 도시를 거쳐야 하는데, 가장 짧은 시간 내에 A도시에서 E도시로 갈 수 있는 경로는 B도시를 경유하는 것이다. 따라서 Q기사의 운송경로는 'A도시 → B도시 → E도시 → C도시 → A도시'이며, 이동시간은 $1.0+0.5+2.5+0.5=4.5$시간이다.
2) P기사는 A도시에서 출발하여 모든 도시를 한 번씩 거친 뒤 다시 A도시로 돌아와야 한다. 해당 조건이 성립하는 운송경로의 경우는 다음과 같다.
   - A도시 → B도시 → D도시 → E도시 → C도시 → A도시
     - 이동시간 : $1.0+1.0+0.5+2.5+0.5=5.5$시간
   - A도시 → C도시 → B도시 → E도시 → D도시 → A도시
     - 이동시간 : $0.5+2.0+0.5+0.5+1.5=5$시간

   따라서 P기사가 운행할 최소 이동시간은 5시간이다.

32 정답 ③

회의실에 2인용 테이블이 4개 있었고 첫 번째 주문 후 2인용 테이블 4개가 더 생겨 총 8개가 있기 때문에 테이블 1개를 추가로 주문해야 한다. 의자는 회의실에 9개, 창고에 2개, 주문한 1개를 더하면 총 12개로, 5개를 더 주문해야 한다.

33 정답 ②

유동인구가 가장 많은 마트 앞에는 3월에 게시할 수 없고, 나머지 장소는 설치가 가능하다. 유동인구가 많은 순서대로 살펴보면 공사 본부, 주유소, 우체국, 주민센터 순서이지만, 주유소는 우체국과 유동인구가 20명 이상 차이가 나지 않으므로 게시기간이 더 긴 우체국(30 ~ 31일)에 설치한다. 따라서 안내 현수막을 설치할 장소는 공사 본부와 우체국이다.

34 정답 ④

장소별 설치비용과 게시비용만 산정하면 다음과 같다.

구분	주민센터	공사 본부	우체국	주유소	마트
설치비용	200만 원	300만 원	250만 원	200만 원	300만 원
하루게시비용	10만 원	8만 원	12만 원	12만 원	7만 원
게시기간	16일	21일	10일	9일	24일
합계비용 (만 원)	200+(10×16)=360	300+(8×21)=468	250+(12×10)=370	200+(12×9)=308	300+(7×24)=468

따라서 주유소에 설치하는 것이 308만 원으로 가장 저렴하다.

35
정답 ⑤

규정에 따라 직원별 평정 최종점수를 산출하면 다음과 같다.

구분	올해 업무 평정	일반 사고	중대 사고	수상 경력	평정 최종점수
A사원	420	4	2	–	260
B사원	380	9	–	1	300
C대리	550	11	1	–	290
D대리	290	–	3	2	370
E과장	440	5	3	–	220

따라서 가장 낮은 점수를 받을 직원은 E과장이다.

36
정답 ③

프로젝트에 소요되는 비용은 인건비와 작업장 사용료로 구성된다. 인건비의 경우 각 작업의 필요 인원은 증원 또는 감원될 수 없으므로, 조절이 불가능하다. 다만, 작업장 사용료는 작업기간이 감소하면 비용이 줄어들 수 있다. 따라서 최단기간으로 프로젝트를 완료하는 데 드는 비용을 산출하면 다음과 같다.

프로젝트	인건비	작업장 사용료
A작업	(10만 원×5명)×10일=500만 원	
B작업	(10만 원×3명)×18일=540만 원	
C작업	(10만 원×5명)×50일=2,500만 원	50만 원×50일 =2,500만 원
D작업	(10만 원×2명)×18일=360만 원	
E작업	(10만 원×4명)×16일=640만 원	
합계	4,540만 원	2,500만 원

프로젝트를 완료하는 데 소요되는 최소비용은 7,040만 원이다. 따라서 최소비용은 7천만 원 이상이라고 판단하는 것이 옳다.

오답분석

① 각 작업에서 필요한 인원을 증원하거나 감원할 수 없다. 그러므로 주어진 자료와 같이 각 작업에 필요한 인원만큼만 투입된다. 따라서 가장 많은 인원이 투입되는 A작업과 C작업의 필요 인원이 5명이므로 해당 프로젝트를 완료하는 데 필요한 최소 인력은 5명이다.

② 프로젝트를 최단기간으로 완료하기 위해서는 각 작업을 동시에 진행해야 한다. 다만, B작업은 A작업이 완료된 이후에 시작할 수 있고, E작업은 D작업이 완료된 이후에 시작할 수 있다는 점을 고려하여야 한다. C작업은 50일, A+B작업은 28일, D+E작업은 34일이 걸리므로, 프로젝트가 완료되는 최단기간은 50일이다.

④ 프로젝트를 완료할 수 있는 최단기간은 50일이다. C작업은 50일 내내 작업해야 하므로 반드시 5명이 필요하다. 그러나 나머지 작업은 50일을 안분하여 진행해도 된다. 먼저 A작업에 5명을 투입한다. 작업이 완료된 후 그들 중 3명은 B작업에, 2명은 D작업에 투입한다. 그리고 B, D작업을 완료한 5명 중 4명만 E작업에 투입한다. 이 경우 작업기간은 10일(A)+18일(B와 D 동시진행)+16일(E)=44일이 걸린다. 따라서 프로젝트를 최단기간에 완료하는 데 투입되는 최소 인력은 10명이다.

⑤ 프로젝트를 완료할 수 있는 최소인원은 5명이다. 먼저 5명이 A작업에 투입되면 10일 동안은 다른 작업을 진행할 수 없다. A작업이 완료되면 5명은 B작업과 D작업으로 나뉘어 투입된다. 그 다음으로 C작업과 E작업을 순차적으로 진행하면 총 10일(A)+18일(B와 D 동시진행)+50일(C)+16일(E)=94일이 최단기간이 된다.

37
정답 ⑤

• 슬로푸드 선물세트 : 28,000×0.71=19,880 → 19,800원 (∵ 10원 단위 절사)
　- 마케팅부 주문금액(㉮) : 19,800×13=257,400원
• 흑삼 에브리진생 : 75,000×0.66=49,500원
　- 인사부 주문금액(㉯) : 49,500×16=792,000원
• 한과 선물세트 : 28,000×0.74=20,720 → 20,700원(∵ 10원 단위 절사)
　- 기술부 주문금액(㉰) : 20,700×9=186,300원

따라서 K기업의 주문총액은 396,000+257,400+384,000+792,000+186,300=2,015,700원이다.

38
정답 ③

모스크바에 4일 오전 11시에 도착하려면 비행시간이 8시간이므로 모스크바 시간으로 4일 오전 3시에는 출발해야 한다. 모스크바 시간으로 4일 오전 3시는 한국 시간으로 4일 오전 9시이다(∵인천이 6시간 빠르다).

39
정답 ②

• 역의 개수 : 47개
• 역과 역 사이 구간 : 47−1=46구간
• 당고개에서 오이도까지 걸리는 시간 : 2×46=92분
• ㉮열차의 경우
　- ㉮열차와 오이도행 열차의 출발 시각 차이
　　: 6시−5시 40분=20분
　- 오이도행 열차의 6시까지 이동구간의 개수
　　: $\frac{20}{2}$=10구간
　- 오이도행 열차의 위치 순번 : 47−10=37번
　- 1번째 역과 37번째 역의 중간역 : (1+37)÷2=19번째 역
• ㉯열차의 경우
　- ㉯열차와 오이도행 열차의 출발 시각 차이
　　: 6시 24분−5시 40분=44분
　- 오이도행 열차의 6시 24분까지 이동구간의 개수
　　: $\frac{44}{2}$=22구간
　- 오이도행 열차의 위치 순번 : 47−22=25번
　- 1번째 역과 25번째 역의 중간역 : (1+25)÷2=13번째 역

• ⑭열차의 경우
  - ⑭열차와 오이도행 열차의 출발 시각 차이
    : 6시 48분−5시 40분=68분
  - 오이도행 열차의 6시 48분까지 이동구간의 개수
    : $\dfrac{68}{2}$=34구간
  - 오이도행 열차의 위치 순번 : 47−34=13번
  - 1번째 역과 13번째 역의 중간역 : (1+13)÷2=7번째 역

40　　　정답 ③

한국(A)이 오전 8시일 때, 오스트레일리아(B)는 오전 10시(시차 +2), 아랍에미리트(C)는 오전 3시(시차 : −5), 러시아(D)는 오전 2시(시차 : −6)이다. 따라서 업무가 시작되는 오전 9시를 기준으로 오스트레일리아는 이미 2시간 전에 업무를 시작했고, 아랍에미리트는 5시간 후, 러시아는 6시간 후에 업무를 시작한다. 이것을 표로 정리하면 다음과 같다(색칠한 부분이 업무시간이다).

한국 시각 / 국가	7 am	8 am	9 am	10 am	11 am	12 pm	1 pm	2 pm	3 pm	4 pm	5 pm	6 pm
A사 (서울)												
B사 (시드니)												
C사 (두바이)												
D사 (모스크바)												

따라서 화상회의 가능 시각은 한국시간으로 오후 3시 ~ 오후 4시이다.

| 03 | 정보능력(사무)

41	42	43	44	45	46	47	48	49	50
⑤	③	②	①	②	③	①	③	③	①

41　　　정답 ⑤

사용자 지정 형식은 양수, 음수, 0, 텍스트와 같이 4개의 구역으로 구성되며, 각 구역은 세미콜론(;)으로 구분된다. 즉, 양수서식;음수서식;0서식;텍스트서식으로 정리될 수 있다. 문제에서 양수는 파란색으로, 음수는 빨간색으로 표현해야 하기 때문에 양수서식에는 [파랑], 음수서식에는 [빨강]을 입력해야 한다. 그리고 표시결과가 그대로 나타나야 하기 때문에 양수는 서식에 '+' 기호를 제외하며, 음수는 서식에 '−' 기호를 붙여주도록 한다.

오답분석
① 양수가 빨간색, 음수가 파란색으로 표현되며, 음수의 경우 '−' 기호도 사라진다.
② 양수가 파란색, 음수가 빨간색으로 표현되며, 음수의 경우 '−' 기호도 사라진다.
③ 양수에 '+' 기호가 붙게 된다.
④ 음수에 '−' 기호가 사라진다.

42　　　정답 ③

문자는 숫자와 달리 두개의 셀을 드래그한 뒤 채우기를 했을 때 선택한 값이 반복되어 나타나므로 A가 입력된다.

43　　　정답 ②

도형 선택 후 〈Shift〉 키를 누르고 도형을 회전시키면 15° 간격으로 회전시킬 수 있다.

44　　　정답 ①

오답분석
② 목표값 찾기 : 수식의 결괏값은 알고 있지만 그 결괏값을 계산하기 위한 입력값을 모를 때, 입력값을 찾기 위해 사용한다.
③ 부분합 : 전체 데이터를 부분(그룹)으로 분류하여 분석한다.
④ 통합 : 동일시트나 다른 여러 시트에 입력된 데이터들을 일정한 기준에 의해 합쳐서 계산한다.
⑤ 데이터 표 : 특정 값의 변화에 따른 결괏값의 변화 과정을 표로 표시한다.

45

정답 ②

〈Shift〉+〈F5〉는 현재 슬라이드부터 프레젠테이션을 실행하는 단축키이다.

오답분석

① 〈Ctrl〉+〈S〉 : 저장하기
③ 〈Ctrl〉+〈P〉 : 인쇄하기
④ 〈Shift〉+〈F10〉 : 바로가기 메뉴를 표시
⑤ 〈Ctrl〉+〈M〉 : 새 슬라이드 추가

46

정답 ③

오른쪽에 조건부 서식을 살펴보면 중복되지 않는 고유한 값에 서식이 지정되도록 설정되어 있다. 따라서 서식이 적용되는 값은 성명, 워드1급, 컴활1급, 김홍인, 최석우, 김지혜, 홍윤진, 전민경, 이애리, 한미리로 총 10개의 셀에 서식이 적용된다.

47

정답 ①

[수식] 탭 – [수식 분석] 그룹 – [수식 표시]를 클릭하면 함수의 결괏값이 아닌 수식 자체가 표시된다.

48

정답 ③

여러 셀에 숫자, 문자 데이터 등을 한 번에 입력하려면 여러 셀이 선택된 상태에서 〈Ctrl〉+〈Enter〉 키를 눌러서 입력해야 한다.

49

정답 ③

• yy : 연도 중 뒤의 2자리만 표시
• mmm : 월을 Jan ~ Dec로 표시
• dd : 일을 01 ~ 31로 표시
따라서 ③은 '25−Jun−15'가 되어야 한다.

50

정답 ①

주어진 메일 내용에서 검색기록 삭제 시 기존에 체크되어 있는 항목 외에도 모든 항목을 체크하라고 되어 있으나, '즐겨찾기 웹 사이트 데이터 보존 부분은 체크 해제할 것'이라고 명시되어 있으므로 모든 항목을 체크하는 행동은 적절하지 않다.

| 04 | 기술능력(배전 · 송변전)

41	42	43	44	45	46	47	48	49	50
④	①	③	⑤	⑤	③	③	①	④	④

41

정답 ④

동일한 업종이지만 윤리적 문제가 발생할 여지가 없는 이유는 고객을 공유하지 않는 비경쟁적 관계에 해당하기 때문이다. 또한 문화와 제도적 차이가 있다는 내용으로 보아 국가가 다른 '글로벌 벤치마킹'에 해당된다는 것을 짐작할 수 있다.

42

정답 ①

기술시스템(Technological System)은 개별 기술이 네트워크로 결합하는 것을 말한다. 인공물의 집합체만이 아니라 투자회사, 법적 제도, 정치, 과학, 자연자원을 모두 포함하는 것으로, 사회기술시스템이라고도 한다.

43

정답 ③

설명서에 따르면 두께 100 ~ 160micron 사이의 코팅지를 사용할 수 있으므로 120micron 코팅지는 사용할 수 있다.

오답분석

① 스위치를 'ON'으로 놓고 3 ~ 5분 정도 예열을 해야 하며, 예열 표시등이 파란불에서 빨간불로 바뀌고 코팅을 할 수 있다.
② 코팅지는 봉합된 부분부터 코팅 투입구에 넣어야 한다.
④ 코팅지는 코팅기를 통과하며 기기 뒷면 코팅 배출구에서 나오고, 임의로 코팅지를 잡아당기면 안 된다.
⑤ 사용 완료 후 1 ~ 2시간 정도 열을 충분히 식힌 후에 이동 및 보관을 해야 한다.

44

정답 ⑤

코팅지가 기기에 걸렸을 경우 앞면의 스위치를 'OFF'로 돌려 전원을 차단시킨 다음 기기 뒷면에 있는 'REMOVE' 스위치를 화살표 방향으로 밀면서 코팅 서류를 조심스럽게 당겨 뽑아야 한다.

45

정답 ⑤

접착액이 다량으로 붙어 있는 경우는 기기에 코팅 필름이 들어가지 않을 때의 원인에 해당한다.

46

정답 ③

전자레인지를 사용하면서 불꽃이 튀는 경우와 조리 상태에 만족하지 않을 때 확인해야 할 사항에 사무실, 전자레인지의 전압을 확인해야 한다는 내용은 명시되어 있지 않다.

47 정답 ③

기술능력이 뛰어난 사람의 특징
- 실질적 해결을 필요로 하는 문제를 인식한다.
- 인식된 문제를 위한 다양한 해결책을 개발하고 평가한다.
- 실제적 문제를 해결하기 위해 지식이나 기타 자원을 선택하고 최적화시키며 적용한다.
- 주어진 한계 속에서 제한된 자원을 가지고 일한다.
- 기술적 해결에 대한 효용성을 평가한다.
- 여러 상황 속에서 기술의 체계와 도구를 사용하고 습득한다.

48 정답 ①

영상이 희미한 경우 리모컨 메뉴창의 초점 조절 기능을 이용하여 초점을 조절하거나, 투사거리가 초점에서 너무 가깝거나 멀리 떨어져 있지 않은지 확인해야 한다.

오답분석
② 메뉴가 선택되지 않을 때는 메뉴의 글자가 회색으로 나와 있지 않은지 확인해야 한다. 외부기기 연결 상태 확인은 외부기기가 선택되지 않을 때의 조치사항이다.
③ 이상한 소리가 계속해서 날 경우 사용을 중지하고 서비스 센터로 문의해야 한다.
④ 화면 잔상은 일정시간 정지된 영상을 지속적으로 표시하면 나타날 수 있다. 제품 및 리모컨의 배터리 충전 상태와는 무관하다.
⑤ 전원이 자동으로 꺼지는 것은 제품을 20시간 지속 사용하여 전원이 자동 차단된 것으로 확인할 수 있다. 발열이 심한 경우는 화면이 나오지 않는 문제의 원인이다.

49 정답 ④

하인리히의 법칙은 큰 사고로 인해 산업재해가 일어나기 전에 작은 사고나 징후인 '불안전한 행동 및 상태'가 보인다는 주장이다.

50 정답 ④

기술 시스템의 발전 단계는 기술 시스템이 탄생하고 성장하며(발명·개발·혁신의 단계), 이후 성공적인 기술이 다른 지역으로 이동하고(기술 이전의 단계), 기술 시스템 사이의 경쟁이 발생하며(기술 경쟁의 단계), 경쟁에서 승리한 기술 시스템이 관성화되면서(기술 공고화 단계) 나타난다.

제3회 모의고사 정답 및 해설

| 01 | 공통영역

01	02	03	04	05	06	07	08	09	10
③	④	②	⑤	⑤	④	⑤	④	①	②
11	12	13	14	15	16	17	18	19	20
③	③	④	④	⑤	①	⑤	②	⑤	④
21	22	23	24	25	26	27	28	29	30
④	③	③	①	③	⑤	⑤	②	①	③

01
정답 ③

제시문에 따르면 K-DDS는 통신 신뢰도 설정, 데이터 필터링, 리소스 관리 등 다양한 기능과 DDS 응용개발을 위한 Java, C, C++과 함께 Visual basic이 아닌 API를 제공한다.

02
정답 ④

두 번째 문단에서 마이크로비드는 '면역체계 교란, 중추신경계 손상 등의 원인이 되는 잔류성유기오염물질을 흡착한다.'고 설명하고 있다.

03
정답 ②

제시된 문단에서는 광고의 정의에 대해 이야기하고 있다. 따라서 이어질 문단은 광고에 대한 구체적인 설명과 단점에 대해서 이야기하는 (가), 광고의 첫 번째 사례에 대해서 이야기하는 (다), 광고의 두 번째 사례를 이야기하는 (나), 광고를 보는 소비자가 가져야 할 자세에 대해 이야기하는 (라) 순으로 나열해야 한다.

04
정답 ⑤

연예인 혹은 유명인이 광고를 했다고 회사는 품질과 성능을 담보하지 않는다. 또한, 해당 연예인이 사용하지 않았지만 사용했다고 언급하지 않는 이상 광고료를 지불받은 광고 모델일 뿐 문제가 되지 않는다. 따라서 ⑤가 허위·과장 광고의 사례로 적절하지 않음을 알 수 있다.

05
정답 ⑤

PET(양전자 단층 촬영술)는 CT 이후 방사성 의약품을 이용해 인체의 생화학적 상태를 3차원 영상으로 나타내는 기술로, 방사성 포도당이라는 의약품을 투여하여야 영상을 얻을 수 있다. 반면에 CT(컴퓨터 단층 촬영)는 X선을 이용한 기술로 별도의 의약품 없이도 영상을 얻을 수 있다.

06
정답 ④

- C사원 : 문서의 첨부 자료는 반드시 필요한 자료 외에는 첨부하지 않도록 해야 하므로 옳지 않다.
- D사원 : 문서를 작성한 후에는 다시 한 번 내용을 검토해야 하지만, 문장 표현은 작성자의 성의가 담기도록 경어나 단어 사용에 신경을 써야 하므로 낮춤말인 '해라체'로 고쳐 쓰는 것은 옳지 않다.

07
정답 ⑤

(마) 문단의 주제는 공포증을 겪는 사람들의 상황 해석 방식과 공포증에서 벗어나는 방법이다. 공포증을 겪는 사람들의 행동 유형은 나타나 있지 않다.

08
정답 ④

충전지를 최대 용량을 넘어서 충전할 경우 발열로 인한 누액이나 폭발의 위험이 있다. 충전지를 충전하는 과정에서 충전지의 온도가 과도하게 상승한다면 최대 용량을 넘은 과충전을 의심할 수 있으므로 충전을 중지하는 것이 좋다.

오답분석

① 충전지를 크게 만들면 충전 용량과 방전 전류 세기를 증가시킬 수 있으나, 전극의 물질을 바꾸지 않는 한 공칭 전압은 변하지 않는다.
② 충전기의 전원 전압은 충전지의 공칭 전압보다 높아야 한다. 이때, 용량과 관계없이 리튬 충전지의 공칭 전압은 3.6V이므로 전원 전압이 3.6V보다 높은 충전기를 사용해야 한다.

③ 충전지를 방전 하한 전압 이하까지 방전시키면 충전지의 수명이 줄어들기 때문에 오래 사용하기 위해서는 방전 하한 전압 이하까지 방전시키지 않는 것이 좋으나, 니켈카드뮴 충전지의 경우 메모리 효과로 인해 완전히 방전되기 전 충전을 반복하면 충·방전 용량이 줄어든다.

⑤ 충전기로 리튬 충전지를 충전할 경우 만충전 전압에 이르면 정전압 회로로 전환하여 정해진 시간 동안 충전지에 공급하는 전압을 일정하게 유지한다. 그러나 공칭 전압은 변화하는 단자 전압의 평균일 뿐이므로 리튬 충전지의 만충전 전압이 3.6V인 것은 아니다.

09
정답 ①

조직은 다양한 사회적 경험과 사회적 지위를 토대로 한 개인의 집단이므로 동일한 내용을 제시하더라도 각 구성원은 서로 다르게 받아들이고 반응한다. 그렇기 때문에 조직 내에서 적절한 의사소통을 형성한다는 것은 결코 쉬운 일이 아니다.

오답분석

② 메시지는 고정되고 단단한 덩어리가 아니라 유동적이고 가변적인 요소이기 때문에 상호작용에 따라 다양하게 변형될 수 있다.
③·④·⑤ 제시된 갈등 상황에서는 표현 방식의 문제보다는 서로 다른 의견이 문제가 되고 있으므로 적절하지 않다.

10
정답 ②

제시문과 ②의 '나누다'는 '즐거움이나 고통, 고생 따위를 함께하다.'의 의미이다.

오답분석

① 몫을 분배하다.
③ 여러 가지가 섞인 것을 구분하여 분류한다.
④ 같은 핏줄을 타고나다.
⑤ 말이나 이야기, 인사 따위를 주고받다.

11
정답 ③

전체 실적은 45+50+48+42=185억 원이며, 1~2분기와 3~4분기의 실적의 비중을 각각 구하면 다음과 같다.

• 1~2분기 비중 : $\frac{45+50}{185} \times 100 = 51.4\%$

• 3~4분기 비중 : $\frac{48+42}{185} \times 100 = 48.6\%$

12
정답 ③

정육면체는 면이 6개이고 회전이 가능하므로 윗면을 기준면으로 삼았을 때, 경우의 수는 다음과 같다.
• 기준면에 색을 칠하는 경우의 수 : 6=6가지
• 아랫면에 색을 칠하는 경우의 수 : 6-1=5가지
• 옆면에 색을 칠하는 경우의 수 : (4-1)!=3!=6가지
따라서 6×5×6=180가지의 서로 다른 정육면체를 만들 수 있다.

13
정답 ④

ㄴ. 2020년 대비 2023년 모든 분야의 침해사고 건수는 감소하였으나, 50% 이상 줄어든 것은 스팸릴레이 한 분야이다.
ㄹ. 기타 해킹 분야의 2023년 침해사고 건수는 2021년 대비 증가했으므로 옳지 않은 설명이다.

오답분석

ㄱ. 단순침입시도 분야의 침해사고는 매년 스팸릴레이 분야의 침해사고 건수의 두 배 이상인 것을 확인할 수 있다.
ㄷ. 2022년 홈페이지 변조 분야의 침해사고 건수가 차지하는 비중은 $\frac{5,216}{16,135} \times 100 = 32.3\%$로, 35% 이하이다.

14
정답 ④

세제 1스푼의 양을 xg이라 하자.

$$\frac{5}{1,000} \times 2,000 + 4x = \frac{9}{1,000} \times (2,000 + 4x)$$

$$\therefore x = \frac{2,000}{991}$$

물 3kg에 들어갈 세제의 양을 yg이라 하자.

$$y = \frac{9}{1,000} \times (3,000 + y)$$

$$\rightarrow 1,000y = 27,000 + 9y$$

$$\therefore y = \frac{27,000}{991}$$

따라서 $\dfrac{\frac{27,000}{991}}{\frac{2,000}{991}} = 13.5$스푼을 넣으면 된다.

15
정답 ⑤

사망자가 30명 이상인 사고를 제외한 나머지 사고는 A, C, D, F이다. 네 사고를 화재규모가 큰 순, 복구비용이 많은 순으로 각각 나열하면 다음과 같다.
• 화재규모 : A-D-C-F
• 복구비용 : A-D-C-F
따라서 ⑤는 옳은 설명이다.

① 터널길이가 긴 순, 사망자가 많은 순으로 사고를 각각 나열하면 다음과 같다.
- 터널길이 : A – D – B – C – F – E
- 사망자 수 : E – B – C – D – A – F

따라서 터널길이와 사망자 수는 관계가 없다.

② 화재규모가 큰 순, 복구기간이 긴 순으로 사고를 각각 나열하면 다음과 같다.
- 화재규모 : A – D – C – E – B – F
- 복구기간 : B – E – F – A – C – D

따라서 화재규모와 복구기간은 관계가 없다.

③ 사고 A를 제외하고 복구기간이 긴 순, 복구비용이 많은 순으로 사고를 각각 나열하면 다음과 같다.
- 복구기간 : B – E – F – C – D
- 복구비용 : B – E – D – C – F

따라서 옳지 않은 설명이다.

④ 사고 A ~ E의 사고비용을 구하면 다음과 같다.
- 사고 A : 4,200억+1×5억=4,205억 원
- 사고 B : 3,276억+39×5억=3,471억 원
- 사고 C : 72억+12×5억=132억 원
- 사고 D : 312억+11×5억=367억 원
- 사고 E : 570억+192×5억=1,530억 원
- 사고 F : 18억+0×5억=18억 원

따라서 사고 A의 사고비용이 가장 많다.

16   정답 ①

A지점에서 B지점까지의 거리를 $5a$km라 하고, J열차의 처음 속도를 $x$km/min이라 하면 G열차의 속도는 $(x-3)$km/min이다.

$$\frac{5a}{x-3}=\frac{4a}{x}+\frac{a}{x-5} \rightarrow \frac{5}{x-3}=\frac{4}{x}+\frac{1}{x-5}$$

$$\rightarrow 5x(x-5)=4(x-3)(x-5)+x(x-3)$$

$$\rightarrow 5x^2-25x=4(x^2-8x+15)+x^2-3x \rightarrow 10x=60$$

$$\therefore x=6$$

따라서 J열차의 처음 출발 속도는 6km/min이다.

17   정답 ⑤

신용카드의 공제율은 15%이고, 체크카드의 공제율은 30%이기 때문에 공제받을 금액은 체크카드를 사용했을 때 더 유리하다.

② 연봉의 25%를 초과 사용한 범위가 공제의 대상에 해당된다. 연봉 35,000,000원의 25%는 8,750,000원이므로 현재까지 사용한 금액 6,000,000원에 2,750,000원을 초과하여 더 사용해야 공제받을 수 있다.

③ 사용한 금액 5,000,000원에서 더 사용해야 하는 금액인 2,750,000원을 뺀 2,250,000원이 공제대상금액이 된다. 이는 체크카드 사용금액 내에 포함되므로 공제율 30%를 적용하여 675,000원이 소득공제금액이다.

④ 사용한 금액 5,750,000원에서 더 사용해야 하는 금액인 2,750,000원을 뺀 3,000,000원이 공제대상금액이 된다. 이는 체크카드 사용금액 내에 포함되므로 공제율 30%를 적용하여 900,000원이 소득공제금액이다.

18   정답 ②

K씨의 신용카드 사용금액은 총 6,500,000원이고, 추가된 현금영수증 금액은 5,000,000원이다. 그리고 변경된 연봉의 25%는 40,000,000×0.25=10,000,000원이다. 즉, 15,000,000원에서 10,000,000원을 차감한 5,000,000원에 대해 공제가 가능하며, 현금영수증 사용금액 내에 포함되므로 공제율 30%를 적용한 1,500,000원이 소득공제금액이 된다. 제시된 과표에 따르면 연봉 40,000,000원에 해당하는 세율은 15%이고, 이를 소득공제금액에 적용하면 세금은 1,500,000×0.15=225,000원이다.

19   정답 ⑤

편의를 위해 선택지를 바꾸면, 'GDP 대비 에너지 사용량은 B국이 A국보다 낮다.'로 나타낼 수 있다. 이때 GDP 대비 에너지 사용량은 원점에서 해당 국가를 연결한 직선의 기울기이므로 그래프에서 이를 살펴보면 B국이 A국보다 더 크다는 것을 알 수 있다. 따라서 옳지 않은 내용이다.

① 에너지 사용량이 가장 많은 국가는 최상단에 위치한 A국이고, 가장 적은 국가는 최하단에 위치한 D국이므로 옳은 내용이다.

② 원의 면적이 각 국가의 인구수에 정비례한다고 하였으므로 C국과 D국의 인구수는 거의 비슷하다는 것을 알 수 있다. 그런데 총 에너지 사용량은 C국이 D국에 비해 많으므로 1인당 에너지 사용량은 C국이 D국보다 많음을 알 수 있다.

③ GDP가 가장 낮은 국가는 가장 왼쪽에 위치한 D국이고, 가장 높은 국가는 가장 오른쪽에 위치한 A국이므로 옳은 내용이다.

④ 분모가 되는 인구수는 B국이 더 크고, 분자가 되는 GDP는 B국이 더 작으므로 1인당 GDP는 H국이 B국보다 높다는 것을 알 수 있다.

20   정답 ④

ㄱ. 풍력의 경우 2021 ~ 2023년 동안 출원 건수와 등록 건수가 매년 증가하였으므로 옳지 않은 설명이다.

ㄷ. 2023년 등록 건수가 많은 상위 3개 기술 분야의 등록 건수 합은 2,126건(=950+805+371)으로 2023년 전체 등록 건수(3,166건)의 약 67%를 차지한다. 따라서 옳지 않은 설명이다.

ㄹ. 2023년 출원 건수가 전년 대비 50% 이상 증가한 기술 분야는 태양광 / 열 / 전지, 석탄가스화, 풍력, 지열로 4개이므로 옳지 않은 설명이다.

ㄴ. 2022년에 출원 건수가 전년 대비 감소한 기술 분야는 태양광/
열 / 전지, 수소바이오 / 연료전지, 석탄가스화로 3개이다. 모두
2023년 등록 건수도 전년 대비 감소하였으므로 옳은 설명이다.

21 정답 ④
수호는 주스를 좋아하므로 디자인 담당이 아니다. 또한, 편집 담당
과 이웃해 있으므로 기획 담당이다. 편집 담당은 콜라를 좋아하고,
검은색 책상에 앉아 있다. 그런데 경수는 갈색 책상에 앉아 있으므
로 경수는 디자인 담당이며, 민석이는 검은색 책상에 앉아 있고,
수호는 흰색 책상에 앉아 있다. 이를 정리하면 다음과 같다.

수호	민석	경수
흰색 책상	검은색 책상	갈색 책상
기획	편집	디자인
주스	콜라	커피

ㄷ. 수호는 기획을 하고, 민석이는 콜라를 좋아한다.
ㄹ. 민석이는 편집 담당이므로 검은색 책상에 앉아 있다.

22 정답 ③
팀장의 나이를 x세라고 했을 때, 과장의 나이는 $(x-4)$세, 대리는
31세, 사원은 25세이다. 과장과 팀장의 나이 합이 사원과 대리의
나이 합의 2배이므로 다음과 같은 식이 성립한다.
$$x+(x-4)=2\times(31+25) \rightarrow 2x-4=112$$
$$\therefore \ x=58$$
따라서 팀장의 나이는 58세이다.

23 정답 ③
• A지원자 : 9월에 복학 예정이기 때문에 인턴 기간이 연장될 경
우 근무할 수 없으므로 부적합하다.
• B지원자 : 경력 사항이 없으므로 부적합하다.
• D지원자 : 근무 시간(9 ~ 18시) 이후에 업무가 불가능하므로
부적합하다.
• E지원자 : 포토샵을 활용할 수 없으므로 부적합하다.

24 정답 ①
두 번째 조건에서 경유지는 서울보다 1시간 빠르고, 출장지는 2시
간 느리므로 서울과 출장지는 −1시간 차이이다.
김대리가 서울에서 경유지를 거쳐 출장지까지 가는 과정을 서울시
각 기준으로 정리하면 다음과 같다.

서울시각 5일 오후 1시 35분 출발 → 오후 1시 35분+3시간 45분
=오후 5시 20분 경유지 도착 → 오후 5시 20분+3시간 50분(대
기시간)=오후 9시 10분 경유지에서 출발 → 오후 9시 10분+9시
간 25분=6일 오전 6시 35분 출장지 도착
따라서 출장지에 도착했을 때의 현지 시각은 오전 5시 35분이다.

25 정답 ③
두 번째 조건에서 사원 옆자리와 앞자리는 비어있을 수 없다고 했
으므로 B, C, E, F, G를 제외한 A, D는 빈자리가 된다. 세 번째
조건에 따라 부서장 앞자리에 이상무 또는 최부장이 앉으며, 첫
번째 조건에 따라 같은 직급은 옆자리로 배정할 수 없어 한대리는
F 또는 G에 앉을 수 있다. 따라서 F와 G에 과장 두 명이 앉으면
성대리 양옆 중 한 자리에 한대리가 앉아야 하므로 적절하지 않다.

부서장	빈자리	B	성대리	C	빈자리
	최부장 또는 이상무	김사원	F	이사원	G

①·② A와 D는 빈자리이다.
④ B, C, F, G 중 한 곳을 최부장이 앉으면, E에는 이상무가 앉게
된다.
⑤ 한대리가 앉을 수 있는 자리는 F 또는 G이다.

26 정답 ⑤
첫 번째 조건과 네 번째 조건에서 여학생 X와 남학생 B가 동점이
아니므로 여학생 X와 남학생 C가 동점이다. 세 번째 조건에서 여
학생 Z와 남학생 A가 동점임을 알 수 있고, 두 번째 조건에서 여학
생 Y와 남학생 B가 동점임을 알 수 있다. 따라서 남는 남학생 D는
여학생 W와 동점임을 알 수 있다.

27 정답 ⑤
조건에 따라 자물쇠를 열 수 있는 열쇠를 정리하면 다음과 같다.

구분	1번 열쇠	2번 열쇠	3번 열쇠	4번 열쇠	5번 열쇠	6번 열쇠
첫 번째 자물쇠			×	×	×	×
두 번째 자물쇠			×			×
세 번째 자물쇠	×	×	×			×
네 번째 자물쇠			×	×		×

따라서 3번 열쇠로는 어떤 자물쇠도 열지 못한다.

① 두 번째 자물쇠가 1번 열쇠로 열릴 경우 첫 번째 자물쇠는 2번
열쇠로 열릴 수 있다.
② 두 번째 자물쇠가 2번 열쇠로 열리면, 세 번째 자물쇠는 4번
열쇠로 열린다.

③ 세 번째 자물쇠가 5번 열쇠로 열리면, 네 번째 자물쇠는 1번 또는 2번 열쇠로 열린다.
④ 네 번째 자물쇠가 5번 열쇠로 열리면, 두 번째 자물쇠는 1번 또는 2번 열쇠로 열린다.

28 정답 ②

C사원은 혁신성, 친화력, 책임감이 '상 – 상 – 중'으로 영업팀의 중요도에 적합하며, 창의성과 윤리성은 '하'이지만 영업팀에서 중요하게 생각하지 않는 역량이므로 영향을 주지 않는다. E사원은 혁신성, 책임감, 윤리성이 '중 – 상 – 하'로 지원팀의 핵심역량에 부합한다. 따라서 C사원은 영업팀에, E사원은 지원팀에 배치하는 것이 적절하다.

29 정답 ①

문제란 발생한 상황 자체를 의미하는 것으로, 그 상황이 발생한 원인인 문제점과 구분된다. 따라서 사례에서 발생한 상황은 '아이의 화상' 자체이다.

오답분석

②·③·④·⑤ 아이의 화상이라는 문제가 발생한 것에 대한 원인을 나타내는 것으로, 문제점에 해당한다.

30 정답 ③

제시된 사례에 따르면 혼잡한 시간대에도 같은 노선의 앞차를 앞지르지 못하는 버스 운행 규칙으로 인해 버스의 배차 간격이 일정하지 않은 문제가 나타났다.

02 | 자원관리능력(사무 / 배전 · 송변전)

31	32	33	34	35	36	37	38	39	40
④	②	④	②	①	⑤	③	③	③	⑤

31 정답 ④

지원자는 400명이므로 수용 가능 인원이 380명인 A중학교는 시험 장소로 적절하지 않으며, E고등학교의 경우 시험 진행에 필요한 스피커를 갖추고 있지 않으므로 적절하지 않다. 한편, B고등학교는 일요일에만 대여할 수 있으므로 시험이 실시되는 토요일에 대여할 수 없다. 따라서 신입직 채용시험 장소로 선택할 수 있는 곳은 C대학교와 D중학교이며, 이 중 대여료가 저렴한 D중학교가 신입직 채용시험 장소로 가장 적절하다.

32 정답 ②

신입직과 경력직 지원자는 총 480명이므로 수용 가능 인원이 480명 이하인 A중학교와 D중학교는 시험 장소로 적절하지 않으며, 스피커를 갖추고 있지 않은 E고등학교 역시 적절하지 않다. 그러므로 신입·경력직 채용시험 장소로 선택할 수 있는 곳은 모든 조건을 만족하는 B고등학교와 C대학교이며, 이 중 대여료가 저렴한 B고등학교가 신입·경력직 채용시험 장소로 가장 적절하다.

33 정답 ④

25일과 26일은 예측농도가 '약간 나쁨', '보통'이며, 워크숍 마지막 날은 토요일도 가능하므로 적절하다.

오답분석

① 1일은 미세먼지 예측농도가 '매우 나쁨'이며, 2 ~ 3일은 '나쁨'에 속한다.
② 8 ~ 10일은 미세먼지 예측농도는 적절하지만 매달 2·4주 수요일마다 기획회의가 있으므로 10일인 수요일은 불가능하다.
③ 17일과 18일은 예측농도가 '나쁨'이며, 19일에는 우수성과팀 시상식이 있기 때문에 적절하지 않다.
⑤ 29 ~ 31일은 중국 현지에서 열리는 컨퍼런스에 참여해야 하므로 적절하지 않다.

34 정답 ②

A·C센터는 수용인원이 65명 미만이므로 대여할 수 없다. D센터는 컴퓨터를 보유하지 않았고, 사용 가능시간이 2시간 미만이므로 대여할 수 없다. E센터는 회의실을 보유하지 않아 대여할 수 없다. 따라서 조건을 충족하는 교육 장소는 B센터이다.

35
정답 ①

교육 참여자가 30명으로 변경되면 A ~ E센터 모두 수용인원 조건을 만족하게 된다. 그중 모든 조건을 만족하는 장소는 A · B센터이며, 이 중 더 저렴한 A센터에서 교육을 진행한다.

36
정답 ⑤

같은 조가 될 수 있는 20대는 김민형, 최지은, 김성훈, 김현우이다. 최지은은 김현우와 같은 총무팀이므로 같은 조가 될 수 없고, 김민형과 김성훈 중 나이 차가 5세 이하인 김민형과 같은 조가 되므로, 김성훈과 김현우가 같은 조가 된다.
30대는 전민수, 이시원, 이나래, 김사랑, 한혜진, 정혜원이다. 혼성 조는 20대에서만 나올 수 있으므로 나머지는 모두 동성 조가 되어야 한다. 그러므로 전민수와 이시원이 같은 조가 되고, 이나래와 김사랑은 나이가 7세 차이로 같은 조가 될 수 없으므로 가능한 조 편성은 다음과 같다.

1)
최지은, 김민형	김현우, 김성훈	전민수, 이시원	이나래, 정혜원	김사랑, 한혜진

2)
최지은, 김민형	김현우, 김성훈	전민수, 이시원	이나래, 한혜진	김사랑, 정혜원

37
정답 ③

나이가 많은 순서대로 나열하면 전민수>김사랑>이시원>한혜진>정혜원>이나래>김성훈>김민형>김현우>최지은이다. 따라서 맨 앞과 맨 뒤에서 차례대로 짝을 지어 조를 만들면 전민수 – 최지은, 김사랑 – 김현우, 이시원 – 김민형, 한혜진 – 김성훈, 정혜원 – 이나래가 된다.

38
정답 ③

'물을 녹색으로 만든다.'를 p, '냄새 물질을 배출한다.'를 q, '독소 물질을 배출한다.'를 r, '물을 황색으로 만든다.'를 s라고 하면 제시된 명제는 $p \rightarrow q$, $r \rightarrow \sim q$, $s \rightarrow \sim p$이며, 첫 번째 명제의 대우인 $\sim q \rightarrow \sim p$가 성립함에 따라 $r \rightarrow \sim q \rightarrow \sim p$가 성립한다. 따라서 명제 '독소 물질을 배출하는 조류는 물을 녹색으로 만들지 않는다.'는 반드시 참이 된다.

39
정답 ③

A ~ E인턴 중에 소비자들의 불만을 접수해서 처리하는 업무를 맡기기에 가장 적절한 인턴은 C인턴이다. 잘 흥분하지 않으며, 일처리가 신속하고 정확하다고 책임자의 관찰 사항에 명시되어 있으며, 직업선호 유형은 'CR'로 관습형 · 현실형에 해당된다. 따라서 현실적이며 보수적이고 변화를 좋아하지 않는 유형으로 소비자들의 불만을 들어도 감정적으로 대응하지 않을 성격인 C인턴이 이 업무에 가장 적합하다.

40
정답 ⑤

기사에 따르면 관세청은 QR코드 방식의 통관표지를 사용하여 병행수입물품을 관리하고 있다. QR코드의 경우 바코드에 비해 인식률이 우수하며, 코드 모양이 정사각형이므로 360도 어느 방향으로 읽어도 정확하게 인식할 수 있다.

오답분석
① QR코드는 1차원적 구성의 바코드와 달리 사각형의 가로세로 격자무늬의 2차원 코드에 정보를 담는다.
② QR코드는 기존 바코드에 비해 많은 양의 정보를 넣을 수 있으며, 정보의 인식 속도 역시 뛰어나다.
③ QR코드는 오류 복원 기능이 있어 코드 일부분이 오염되거나 손상되어도 정보를 복원할 수 있다.
④ 일반적으로 바코드의 정보를 파악하기 위해서는 전용 단말기가 필요하지만, QR코드의 경우 스마트폰만 있으면 상품 정보를 파악할 수 있다.

41	42	43	44	45	46	47	48	49	50
④	④	②	④	⑤	④	④	③	②	④

41 　　　정답 ④

[틀 고정] 기능은 선택한 셀을 기준으로 좌측과 상단의 모든 셀을 고정하게 된다. 따라서 A열과 1행을 고정하기 위해서는 [B2] 셀을 클릭한 후 틀 고정을 해야 한다.

42 　　　정답 ④

func()에는 static 변수 num1과 일반 변수 num2가 각각 0으로 정의되어 있다. 일반 변수 num2는 func()가 호출될 때마다 새롭게 정의되어 0으로 초기화되며, 함수가 종료되면 num2 함수에서 사용했던 num의 값은 사라진다. 그러나 static 변수 num2는 func()가 여러 번 호출되더라도 재정의 및 초기화되지 않고 최초 호출될 때 한 번만 정의되고 0으로 초기화된다. 또한 static 변수는 함수가 종료되더라도 사용했던 값이 사라지지 않으며 프로그램이 종료될 때까지 메모리 공간에 기억된다.

따라서 main()의 반복문(for)에 의해 func() 함수가 5번 호출되어 각 값을 증가시키고 마지막으로 호출되었을 때 static 변수 num1의 값은 5, 일반 변수 num2의 값은 1이다.

43 　　　정답 ②

그림에서 제시하는 사용자 지정 자동 필터를 해석하면 160,000 이하이거나 250,000 초과의 경우 추출됨을 알 수 있다. 따라서 A열에 추출되는 성명은 박슬기, 이민지, 김인수, 조상애이다.

44 　　　정답 ④

그림에서 제시하는 중복된 항목 제거 기능을 통해 A열의 총무부, 인사부, 영업부, 기획부 각 하나의 행만 남게 되므로 유지되는 행의 개수는 4개이다.

45 　　　정답 ⑤

OR조건은 조건을 모두 다른 행에 입력해야 한다.

46 　　　정답 ④

데이터베이스 시스템의 특징

• 데이터의 중복을 최소화한다.
• 데이터베이스의 구조가 변해도 영향을 받지 않는다는 데이터의 물리적, 논리적 독립성을 유지한다.
• 서로 다른 여러 사용자가 데이터베이스를 동시에 함께 사용할 수 있는 데이터의 공유성을 가진다.
• 허용된 사용자에게만 데이터 접근을 허용하여 다른 사용자로부터 데이터를 보호할 수 있는 데이터의 보안성이 유지된다.
• 정의된 데이터베이스와 구축된 데이터베이스는 갱신과 유지를 통해 항상 일치하도록 정확성을 보장하는 데이터의 무결성이 유지된다.
• 일부 데이터가 변경되어도 관련 있는 데이터가 함께 변경되는 데이터의 일관성이 유지된다.

47 　　　정답 ④

워크시트의 화면 하단에서는 통합문서를 '기본', '페이지 레이아웃', '페이지 나누기 미리보기' 3가지 형태로 볼 수 있다. 머리글이나 바닥글을 쉽게 추가할 수 있는 형태는 '페이지 레이아웃'이며, '페이지 나누기 미리보기'에서는 파란색 실선을 이용해서 페이지를 손쉽게 나눌 수 있다.

48 　　　정답 ③

〈Ctrl〉+〈3〉은 글꼴 스타일에 기울임 꼴을 적용하는 바로가기 키이다. 〈Ctrl〉+〈4〉를 사용해야 선택한 셀에 밑줄이 적용된다.

49 　　　정답 ②

[서식 지우기] 기능을 사용해 셀의 서식을 지우면 글꼴 서식, 셀 병합, 셀 서식(테두리, 배경색) 등이 해제되고 기본 셀 서식으로 변경되지만 셀에 삽입된 메모는 삭제되지 않는다.

50 　　　정답 ④

UNIX의 특징

• 사용자가 명령을 내리면 수행 후 결과를 보여주는 대화식 운영체제(CUI환경)이다.
• 여러 사용자가 동시에 사용(Multi User)할 수 있고 동시에 여러 가지 작업을 수행(Multi Tasking)할 수 있다.
• C언어로 구성되어 있어 타 기종과의 이식성이 뛰어나다.
• 간결하고 사용하기 쉬운 명령어들로 구성되어 있다.
• 네트워크 및 보안 기능이 뛰어나고 버전 간 호환성이 뛰어나다.

41	42	43	44	45	46	47	48	49	50
⑤	②	①	④	①	⑤	③	③	②	②

41
정답 ⑤

기술교양을 지닌 사람들의 특징
• 기술학의 특성과 역할을 이해한다.
• 기술과 관련된 이익을 가치화하고 위험을 평가할 수 있다.
• 기술에 의한 윤리적 딜레마에 대해 합리적으로 반응할 수 있다.
• 기술체계가 설계되고, 사용되고, 통제되는 방법을 이해한다.

42
정답 ②

J씨가 공황장애를 진단받은 원인은 엘리베이터의 고장(시설물 결함)으로 인한 것이므로, 산업재해 중 기술적 원인으로 볼 수 있다.

오답분석
① 해당 산업재해가 안전 지식이나 경험, 작업방법 등에 대해 충분히 교육이 이루어지지 않아 발생한 것이어야 한다.
③ 해당 산업재해가 안전 관리 조직의 결함 또는 안전 수칙이나 작업 준비의 불충분 및 인원 배치가 부적당한 이유로 인해 발생한 것이어야 한다.
④ 재해당사자의 위험 장소 접근, 안전장치 기능 제거, 보호 장비 미착용 또는 잘못된 착용 등의 행위를 함으로써 산업재해가 발생한 것이어야 한다.
⑤ 시설물이 구조적으로 불안정하거나 충분한 안전장치를 갖추지 못하는 등의 이유로 인해 산업재해가 발생한 것이어야 한다.

43
정답 ①

세탁기와 수도꼭지와의 거리에 대해서는 설치 시 주의사항에서 확인할 수 없는 내용이다.

44
정답 ④

세탁기 내부온도가 70℃ 이상이거나 물 온도가 50℃ 이상인 경우 세탁기 문이 열리지 않는다. 따라서 내부온도가 내려갈 때까지 잠시 기다려야 하며, 이러한 상황에 대해 투숙객에게 설명해야 한다.

오답분석
① 세탁조에 물이 남아 있다면 탈수를 선택하여 배수하여야 한다.
② 세탁기 내부온도가 높다면 내부온도가 내려갈 때까지 잠시 기다려야 한다.
③ 탈수 시 세탁기가 흔들릴 때의 해결방법이다.
⑤ 세탁기가 얼었을 경우, 미온수가 아니라 60℃ 정도의 뜨거운 물을 넣어 세탁기를 녹여야 한다.

45
정답 ①

'수시'는 '일정하게 정하여 놓은 때 없이 그때그때 상황에 따름'을 의미한다. 즉, 하루에 한 번 청소할 수도 있고, 아닐 수도 있다. 따라서 정수기 청소는 하루에 1곳만 할 수도 있다.

오답분석
② '제품 이상 시 조치방법' 맨 마지막에 설명되어 있다.
③ 적정 시기에 필터를 교환하지 않으면 물이 나오지 않거나 정수 물이 너무 느리게 채워지는 문제가 발생한다.
④ 10mm＝1cm이므로, 외형치수를 환산하면 옳은 설명임을 알 수 있다.
⑤ 설치 시 주의사항에 설명되어 있다.

46
정답 ⑤

필터 수명이 종료됐을 때와 연결 호스가 꺾였을 때는 물이 나오지 않는다. 연결 호스가 꺾였다면 서비스센터에 연락하지 않고도 그 부분을 펴면 해결이 가능하다.

47
정답 ③

ㄱ. 정수기에 사용되는 필터는 세디멘트 필터, 프리카본 필터, UF중공사막 필터, 실버블록카본 필터이다.
ㄹ. 설치 시 주의사항에 따르면 벽면에서 20cm 이상 띄워 설치하라고 했다. 따라서 지켜지지 않을 경우 문제가 발생할 수 있다.

오답분석
ㄴ. 신나 및 벤젠은 제품의 변색이나 표면이 상할 우려가 있으므로 사용하지 말라고 명시되어 있다. 따라서 급한 경우라도 사용하지 않는 것이 옳다.
ㄷ. 프리카본 필터의 교환주기는 약 8개월이다. 3년은 36개월이므로, 4번 교환해야 한다.

48
정답 ③

설치 시 주의사항에 따르면 난방기기 주변은 과열되어 고장의 염려가 있으므로 피해야 한다. 따라서 ③은 장소 선정 시 고려되어야 할 사항과 거리가 멀다.

49
정답 ②

전원이 갑자기 꺼진다면 전력 소모를 줄일 수 있는 기능인 '취침예약'이나 '자동전원끄기' 기능이 설정되어 있는지 확인해야 한다.

오답분석
① 전원이 켜지지 않을 경우 전원코드, 안테나 케이블, 케이블 방송 수신기의 연결이 제대로 되어 있는지 확인해야 하지만, 위성 리시버는 문제해결에서 확인할 수 없다.
③ 제품에서 뚝뚝 소리가 나는 것은 TV 외관의 기구적 수축이나 팽창 때문에 나타날 수 있는 현상이므로 안심하고 사용해도 된다.

④ 제품 특성상 장시간 시청 시 패널에서 열이 발생하므로, 열이 발생하는 것은 결함이나 동작 사용상의 문제가 되는 것이 아니니 안심하고 사용해도 된다.

⑤ 리모컨 동작이 되지 않을 때는 새 건전지로 교체하고, 교체 후에도 문제가 해결되지 않는다면 서비스센터로 문의해야 한다.

50 정답 ②

의미 전달을 명확하게 하기 위해서는 수동태보다는 능동태의 동사를 사용하는 것이 좋다.

제4회 모의고사 정답 및 해설

| 01 | 공통영역

01	02	03	04	05	06	07	08	09	10
⑤	⑤	③	④	③	③	④	④	④	④
11	12	13	14	15	16	17	18	19	20
③	①	⑤	③	②	⑤	②	②	①	①
21	22	23	24	25	26	27	28	29	30
⑤	④	②	⑤	②	④	⑤	④	②	①

01
정답 ⑤

ⓒ의 앞뒤 문장은 생활 속에서 초미세먼지에 적절히 대응하기 위한 방안을 나열하고 있으므로 ⓒ에는 문장을 병렬적으로 연결할 때 사용하는 접속어인 '그리고'가 들어가는 것이 적절하다.

02
정답 ⑤

제시문과 ⑤의 '지키다'는 '어떠한 상태나 태도 따위를 그대로 계속 유지하다.'의 의미이다.

오답분석
① 지조, 절개, 정조 따위를 굽히지 아니하고 굳게 지니다.
② 규정, 약속, 법, 예의 따위를 어기지 아니하고 그대로 실행하다.
③ 길목이나 통과 지점 따위를 주의를 기울여 살피다.
④ 재산, 이익, 안전 따위를 잃거나 침해당하지 아니하도록 보호하거나 감시하여 막다.

03
정답 ③

'또한'이라는 접속사를 보면 외래문화나 전통문화의 양자택일에 대한 내용이 앞에 있고, (다) 다음의 내용이 '전통문화는 계승과 변화가 다 필요하고 외래문화의 수용과 토착화를 동시에 요구하고 있기 때문이다.'이기 때문에 보기는 (다)에 들어가는 것이 적절하다.

04
정답 ④

글쓴이는 동물들이 사용하는 소리는 단지 생물학적인 조건에 대한 반응 또는 본능적인 감정 표현의 수단일 뿐, 사람의 말과 동물의 소리에 근본적인 차이가 존재한다고 말한다. 즉, 동물들이 나름대로 가지고 있는 본능적인 의사소통능력은 인간의 것과 다르다는 것이다. 따라서 소리를 내는 동물의 행위는 대화나 토론·회의 같이 서로 의미를 주고받는 인간의 언어활동으로 볼 수 없다는 ④가 글쓴이의 주장으로 가장 적절하다.

05
정답 ③

모든 문서의 내용을 이해는 했더라도, 그 내용 전체를 기억하는 것은 현실적으로 어렵고 비효율적이다. 따라서 각 문서에서 핵심적 내용만 골라 필요한 정보를 획득하고 종합하는 것이 바람직하다.

문서이해 절차
• 문서의 목적 이해
• 문서 작성의 배경과 주제 파악
• 문서 정보 파악, 현안 문제 파악
• 상대방의 욕구, 의도 및 요구사항 분석
• 목적달성을 위한 행동 결정
• 상대의 의도를 도표, 그림 등으로 요약, 정리

06
정답 ③

하던 말을 갑자기 멈춤으로써 상대방의 주의를 끄는 것도 설득력 있는 의사표현의 방법이다.

07
정답 ④

제시문과 ④의 '비다'는 '일정한 공간에 사람, 사물 따위가 들어 있지 아니하게 되다.'의 의미이다.

오답분석
① 손에 들거나 몸에 지닌 것이 없게 되다.
② 진실이나 알찬 내용이 들어 있지 아니하게 되다.
③ 지식이나 생각, 판단하는 능력이 없어지다.
⑤ 일정한 액수나 수량에서 얼마가 모자라게 되다.

08
정답 ④

다문화정책의 두 가지 핵심을 밝히고 있는 (다)가 가장 처음에 온 뒤 (다)의 내용을 뒷받침하기 위해 프랑스를 사례로 든 (가)를 두 번째에 배치하는 것이 자연스럽다. 그 다음으로는 이민자에 대한 지원 촉구 및 다문화정책의 개선 등에 관한 내용이 이어지는 것이 글의 흐름상 적절하므로, 이민자에 대한 배려의 필요성을 주장하는 (라), 다문화정책의 패러다임 전환을 주장하는 (나) 순서로 연결되어야 한다. 따라서 (다) → (가) → (라) → (나)의 순서로 나열하는 것이 적절하다.

09
정답 ④

제시문은 '느낌'의 동질성 판단 방법을 주제로 삼아 '느낌'이라는 현상을 철학적인 관점에서 분석하고 있다. 자신의 '느낌'이 타인의 '느낌'과 같은지 판단하는 방법으로 유추적 방법과 과학적 방법을 검토한 뒤, 새로운 접근 방법으로 다양한 가설과 합리적인 해결책을 찾아야 한다고 주장하고 있다. (라) 문단은 (다) 문단에서 제기한 고전적인 해결책의 한계를 해결하기 위해 두뇌 속 뉴런을 관찰하는 과학적인 방법을 소개하고 있지만, 이러한 과학적인 방법에도 한계가 있다고 설명하고 있다. 따라서 ④는 적절하지 않다.

10
정답 ④

테아플라빈(Theaflavins)은 녹차가 아닌 홍차의 발효과정에서 생성된 것으로, 혈관기능을 개선하며 혈당 수치를 감소시키는 역할을 한다. 녹차의 경우 카테킨에 함유된 EGCG(Epigallocatechin-3-gallate)가 혈중 콜레스테롤 수치를 낮추는 역할을 한다.

11
정답 ③

버스와 지하철을 모두 이용하는 직원은 $1,200 \times 0.23 = 276$명이고, 도보를 이용하는 직원 수는 $1,200 \times 0.39 = 468$명이다. 따라서 버스와 지하철 모두 이용하는 직원 수는 도보를 이용하는 직원 수보다 $468 - 276 = 192$명 적다.

오답분석

① 통근시간이 30분 이하인 직원은 $1,200 - (260 + 570 + 160) = 210$명으로 전체 직원 수의 $\frac{210}{1,200} \times 100 = 17.5\%$를 차지한다.

② 대중교통을 이용하는 직원 수는 $1,200 \times 0.45 = 540$명이고, 이 중 25%는 $540 \times 0.25 = 135$명이다. 따라서 60분 초과 인원의 80%인 $160 \times 0.8 = 128$명보다 많다.

④ 통근시간이 45분 이하인 직원은 $210 + 260 = 470$명이고, 60분 초과인 직원은 160명이므로 $\frac{470}{160} = 2.9$배이다.

⑤ 전체 직원이 900명이라고 할 때, 자가용을 이용하는 인원은 $900 \times 0.16 = 144$명이다.

12
정답 ①

도보 또는 버스만 이용하는 직원 중 25%는 $1,200 \times (0.39 + 0.12) \times 0.25 = 153$명이다. 30분 초과 45분 이하인 인원에서 도보 또는 버스만 이용하는 직원을 제외하면 $260 - 153 = 107$명이다. 따라서 이 인원이 자가용으로 출근하는 전체 인원에서 차지하는 비중은 $\frac{107}{1,200 \times 0.16} \times 100 = 56\%$이다.

13
정답 ⑤

2023년 전년 대비 멕시코의 지식재산권 사용료 지급 증가율은 $\frac{292 - 277}{277} \times 100 = 5.4\%$, 2022년 전년 대비 콜롬비아의 사용료 수입 감소율은 $\frac{52 - 46}{52} \times 100 = 11.5\%$이다. 따라서 $11.5 - 5.4 = 6.1\%$p 더 높다.

오답분석

① 2021 ~ 2023년 동안 지적재산권 사용료 수입이 지급보다 많은 국가는 미국과 파라과이이다.

② 2022 ~ 2023년까지 미국의 지식재산권 사용료 지급이 수입에서 차지하는 비중은 2022년 $\frac{44,392}{124,454} \times 100 = 35.7\%$, 2023년 $\frac{48,353}{127,935} \times 100 = 37.8\%$이다.

③ 2022 ~ 2023년 동안 전년 대비 지식재산권 수입과 지급이 증가한 나라는 '미국'이다.

④ 2021년 캐나다의 지식재산권 사용료 수입은 4,105백 만 달러이고, 미국을 제외한 국가의 총수입은 $7 + 42 + 52 + 33 + 7 + 38 = 179$백 만 달러이다. 따라서 캐나다의 지식재산권 사용료 수입의 $\frac{4,105}{179} = 22$배이다.

14
정답 ③

2022년 전년 대비 각 시설의 증가량은 축구장 $618 - 558 = 60$개소, 체육관 $639 - 581 = 58$개소, 간이운동장 $11,458 - 10,669 = 789$개소, 테니스장 $549 - 487 = 62$개소, 기타 $1,783 - 1,673 = 110$개소이다. 따라서 전년 대비 시설이 가장 적게 늘어난 체육관과 가장 많이 늘어난 간이운동장의 2022년 시설 수의 합은 $639 + 11,458 = 12,097$개소이다.

15
정답 ②

2020년 전체 공공체육시설 중 체육관이 차지하고 있는 비율은

$\dfrac{529}{467+529+9,531+428+1,387} \times 100 \fallingdotseq 4.3\%$이다.

16
정답 ⑤

2023년 공공체육시설의 수는 총 $649+681+12,194+565+2,038=16,127$개소이다.

오답분석

① 테니스장은 2022년에 전년 대비 $\dfrac{549-487}{487} \times 100 \fallingdotseq 12.7\%$ 증가했으므로 옳은 설명이다.

② 2021년 간이운동장의 수는 같은 해 축구장 수의 $\dfrac{10,669}{558} \fallingdotseq 19.1$배이므로 옳은 설명이다.

③ 2023년 1인당 체육시설 면적은 2020년에 비해 $\dfrac{3.29}{2.54} \fallingdotseq 1.3$ 배 증가했으므로 옳은 설명이다.

④ 2021년 축구장 수는 전년 대비 $558-467=91$개소 증가했다.

17
정답 ②

열차가 터널을 완전히 통과하려면 터널의 길이뿐만 아니라 열차의 길이까지 더해야 하므로 가야 하는 거리는 $10+2=12$km이다. 따라서 3km/h로 통과하려면 걸리는 시간은 $\dfrac{12}{3}=4$시간이다.

18
정답 ②

오답분석

① 자료보다 2019년 가정의 수치가 낮다.
③ 자료보다 2023년 가정의 수치가 높다.
④ 자료보다 2019년 회사의 수치가 높다.
⑤ 자료보다 2023년 공공시설의 수치가 높다.

19
정답 ①

2023년 학생 만 명당 사교육비는 약 292억 원으로 통계 기간 중 가장 많다.

20
정답 ①

• 1학년 전체 학생 중 빨강을 좋아하는 학생 수의 비율

: $\dfrac{50}{250} \times 100 = 20\%$

• 2학년 전체 학생 중 노랑을 좋아하는 학생 수의 비율

: $\dfrac{75}{250} \times 100 = 30\%$

21
정답 ⑤

먼저 모든 연구위원의 경력은 10년 이상이어야 한다는 다섯 번째 조건에 따라 A·E·F·H·I·L직원은 연구위원으로 선정될 수 없다. 따라서 A, E, L직원이 포함된 ①·②·③은 제외된다. ④의 경우 총 6명의 의원 중 3명이 남성이므로 두 번째 조건을 만족한다. 또한 5명이 석사 이상의 학위를 소지하고 있으므로 세 번째 조건 역시 만족한다. 그러나 동일 전공자는 회계학 2명과 철학 2명으로 각각 30% 이상을 차지하므로 네 번째 조건을 충족하지 못한다.

⑤의 경우 총 8명의 의원 중 4명이 남성이므로 두 번째 조건을 만족하고, 7명이 석사 이상의 학위를 소지하고 있으므로 세 번째 조건도 만족한다. 또한 8명 중 동일 전공자는 경영학 2명, 회계학 2명, 철학 2명으로 각각 차지하는 비율이 25%이므로 네 번째 조건을 만족한다. 따라서 위원회가 구성될 수 있는 경우는 ⑤뿐이다.

22
정답 ④

주어진 조건을 표로 나타내면 다음과 같다.

구분	월요일	화요일	수요일	목요일	금요일
A	○	○/×	×	○	×/○
B	○	×	×	○	○
C	○	○/×	×	○	×/○
D	○	×	○	○	×
E	○	○	×	○	×

따라서 수요일에 야근하는 사람은 D이다.

23
정답 ②

도색이 벗겨진 차선과 지워지기 직전의 흐릿한 차선은 현재 직면하고 있으면서 바로 해결 방법을 찾아야 하는 문제이므로 눈에 보이는 발생형 문제에 해당한다. 발생형 문제는 기준을 일탈함으로써 발생하는 일탈 문제와 기준에 미달하여 생기는 미달 문제로 나누어 볼 수 있는데, 기사에서는 정해진 규격 기준에 미달하는 불량 도료를 사용하여 문제가 발생하였다고 하였으므로 이를 미달 문제로 분류할 수 있다. 따라서 기사에 나타난 문제는 발생형 문제로, 미달 문제에 해당한다.

24
정답 ⑤

주어진 예산은 3천만 원이므로 월 광고비용이 3,500만 원인 KTX는 제외된다. TV, 버스, 지하철, 포털사이트의 광고효과를 구하면 다음과 같다.

• TV : $\dfrac{3 \times 1,000}{30,000} = 0.1$

• 버스 : $\dfrac{1 \times 30 \times 100}{20,000} = 0.15$

• 지하철 : $\dfrac{60 \times 30 \times 2}{25,000} = 0.144$

- 포털사이트 : $\dfrac{50 \times 30 \times 5}{30,000} = 0.25$

따라서 A사원은 광고효과가 가장 높은 포털사이트를 선택한다.

25 정답 ②

각자의 총점이 0이고 각 영역의 점수 합이 0이므로, 인화력 점수를 매긴 후 차례대로 경우의 수를 확인하면 다음과 같다.

사원 \ 영역	업무 능력	리더십	인화력
A	−1	0	1
B	0	0	0
C	1	0	−1

사원 \ 영역	업무 능력	리더십	인화력
A	−1	0	1
B	1	−1	0
C	0	1	−1

사원 \ 영역	업무 능력	리더십	인화력
A	0	−1	1
B	0	0	0
C	0	1	−1

사원 \ 영역	업무 능력	리더십	인화력
A	0	−1	1
B	−1	1	0
C	1	0	−1

따라서 가능한 평가 결과표의 개수는 4개이다.

26 정답 ④

제시된 조건을 정리하면 다음과 같다.

7층	( ), G, 새
6층	축구, ( ), 고양이
5층	( ), D, 새
4층	축구, ( ), 고양이
3층	농구, E, 새
2층	축구, A, 고양이
1층	( ), B, 개

따라서 D는 5층에 산다.

① C와 E가 이웃하려면 C가 4층에 살아야 하는데 조건만으로는 정확히 알 수 없다.
② G는 7층에 살며 새를 키우지만 어떤 스포츠를 좋아하는지는 알 수 없다.
③ 1층에 사는 B는 개를 키운다.
⑤ F가 4층에 사는지 6층에 사는지는 알 수 없다.

27 정답 ⑤

오늘 아침의 상황 중 은희의 취향과 관련된 부분을 뽑아내면 다음과 같다.
- 스트레스를 받음
- 배가 고픔
- 피곤한 상황
- 커피만 마심
- 휘핑크림은 넣지 않음

먼저, 스트레스를 받았다고 하였으므로 휘핑크림이나 우유거품을 추가해야 하나 마지막 조건에서 휘핑크림을 넣지 않는다고 하였으므로 우유거품만을 추가함을 알 수 있다. 또한 배가 고픈 상황이므로 데운 우유가 들어간 커피를 마시게 된다. 따라서 이 모두를 포함한 카푸치노를 주문할 것임을 추론할 수 있다.

28 정답 ④

① 분석 자료에서 자사의 유통 및 생산 노하우가 부족하다고 분석하였으므로 적절하지 않은 판단이다.
② 20대 지향 디지털마케팅 전략을 구사하기에 역량이 미흡하다고 분석하였으므로 적절하지 않은 판단이다.
③ 분석 자료를 살펴보면 경쟁자들 중 상위업체가 하위업체와의 격차를 확대하기 위해서 파격적인 가격정책을 펼치고 있다고 하였으므로 잘못 판단한 내용이다.
⑤ 브랜드 경쟁력을 유지하기 위해 20대 SPA 시장 진출이 필요하며 자사가 높은 브랜드 이미지를 가지고 있다는 내용은 자사의 상황분석과 맞지 않는 내용이기에 적절하지 않은 판단이다.

29 정답 ②

면접평가 결과를 점수로 변환하면 다음과 같다.

구분	A	B	C	D	E
의사소통능력	100	100	100	80	50
문제해결능력	80	75	100	75	95
조직이해능력	95	90	60	100	90
대인관계능력	50	100	80	60	85

변환된 점수에 최종 합격자 선발기준에 따른 평가비중을 곱하여 최종 점수를 도출하면 다음과 같다.

- A : $100\times0.4+80\times0.3+95\times0.2+50\times0.1=88$점
- B : $100\times0.4+75\times0.3+90\times0.2+100\times0.1=90.5$점
- C : $100\times0.4+100\times0.3+60\times0.2+80\times0.1=90$점
- D : $80\times0.4+75\times0.3+100\times0.2+60\times0.1=80.5$점
- E : $50\times0.4+95\times0.3+90\times0.2+85\times0.1=75$점

따라서 최종 합격자는 B, C이다.

30
정답 ①

i) 게임 결과 총 14점을 획득하였고 두더지를 맞힌 횟수를 모두 더하면 12번이므로 대장 두더지 2번, 부하 두더지 10번을 맞혔음을 알 수 있다.

ii) A는 대장이든 부하든 상관없이 2번 맞았다고밖에 볼 수 없다. 왜냐하면, 대장 두더지가 2번 맞은 것이 확정된 상황에서 만약 A가 2번이 아닌 다른 짝수 횟수만큼(4번) 맞았다고 한다면 A는 맞은 두더지 중에 가장 적게 맞은 것이 아니기 때문이다. 또한 A는 '맞은 두더지 중'에 가장 적게 '맞았다'는 부분을 통해 0이 될 수도 없다.

iii) 한 번도 맞지 않은 두더지가 1마리라는 점에서 B와 C는 모두 0이 아님을 알 수 있으며 D 역시 자신의 발언을 통해 0이 아님을 확정할 수 있다. 따라서 한 번도 맞지 않은 두더지는 E이다.

iv) A, C, D가 맞은 횟수의 합이 9이므로 이를 만족하는 경우를 따져보면 다음과 같다.

A	B	C	D	E	합계
2		2	5	0	
2		3	4	0	
2		4	3	0	
2		5	2	0	

v) B와 C가 맞을 횟수가 같다는 조건과 전체 맞은 횟수의 합이 12라는 점을 고려하면 아래의 표와 같이 정리할 수 있다.

A	B	C	D	E	합계
2	2	2	5	0	11(×)
2	3	3	4	0	12
2	4	4	3	0	13(×)
2	5	5	2	0	14(×)

vi) 위의 표에서 두 번째 경우만 모든 조건을 충족하며 이 중 2번 맞은 것은 A뿐이므로 A가 대장 두더지임을 알 수 있다.

02 | 자원관리능력(사무 / 배전 · 송변전)

31	32	33	34	35	36	37	38	39	40
③	④	③	②	⑤	①	⑤	③	②	③

31
정답 ③

룰렛을 돌렸을 때 상품별로 당첨될 확률을 구한 뒤, 상품별로 당첨 고객수를 도출하여 총액을 계산하는 방식으로 접근한다.

품목	당첨확률	당첨고객수(=상품수량)	총액
볼펜	$\frac{6}{16}$	$4,000\times\frac{6}{16}=1,500$명	$1,500\times500$ $=750,000$원
핸드로션	$\frac{4}{16}$	$4,000\times\frac{4}{16}=1,000$명	$1,000\times2,000$ $=2,000,000$원
휴대전화 거치대	$\frac{2}{16}$	$4,000\times\frac{2}{16}=500$명	$500\times3,000$ $=1,500,000$원
주방세제	$\frac{2}{16}$	$4,000\times\frac{2}{16}=500$명	$500\times5,000$ $=2,500,000$원
밀폐용기 세트	$\frac{1}{16}$	$4,000\times\frac{1}{16}=250$명	$250\times10,000$ $=2,500,000$원
상품권	$\frac{1}{16}$	$4,000\times\frac{1}{16}=250$명	$250\times10,000$ $=2,500,000$원
합계	1	4,000명	11,750,000원

따라서 해당 행사의 필요 예산금액의 총액은 11,750,000원이다.

32
정답 ④

각 지역에 가중치를 적용한 총점은 다음과 같다.

(단위 : 점)

지역	접근성	편의성	활용도	인지도	총점
갑	5×0.4 $=2.0$	7×0.2 $=1.4$	6×0.1 $=0.6$	3×0.3 $=0.9$	4.9
을	3×0.4 $=1.2$	7×0.2 $=1.4$	8×0.1 $=0.8$	4×0.3 $=1.2$	4.6
병	5×0.4 $=2.0$	8×0.2 $=1.6$	2×0.1 $=0.2$	6×0.3 $=1.8$	5.6
정	8×0.4 $=3.2$	7×0.2 $=1.4$	5×0.1 $=0.5$	2×0.3 $=0.6$	5.7
무	7×0.4 $=2.8$	7×0.2 $=1.4$	1×0.1 $=0.1$	4×0.3 $=1.2$	5.5

따라서 5.7점으로 총점이 가장 높은 정 지역이 개최지로 선정된다.

33 정답 ③

접근성과 편의성의 가중치를 바꾸어 계산한 항목의 점수는 다음과 같다.

(단위 : 점)

지역	접근성	편의성	활용도	인지도	총점
갑	5×0.2 =1.0	7×0.4 =2.8	6×0.1 =0.6	3×0.3 =0.9	5.3
을	3×0.2 =0.6	7×0.4 =2.8	8×0.1 =0.8	4×0.3 =1.2	5.4
병	5×0.2 =1.0	8×0.4 =3.2	2×0.1 =0.2	6×0.3 =1.8	6.2
정	8×0.2 =1.6	7×0.4 =2.8	5×0.1 =0.5	2×0.3 =0.6	5.5
무	7×0.2 =1.4	7×0.4 =2.8	1×0.1 =0.1	4×0.3 =1.2	5.5

따라서 6.2점으로 총점이 가장 높은 병 지역이 선정된다.

34 정답 ②

물품관리 대장에서는 관리팀에서 2017년에 구매한 문구류(MN-17-0010)는 찾을 수 없다.

오답분석

① 총무팀에서 2022년에 구매한 사무용 가구 : ST-22-0100
③ 대출팀에서 2012년에 구매한 사무용 가구 : LA-12-0100
④ 신용팀에서 2016년에 구매한 전자기기 : CD-16-1000
⑤ 판매팀에서 2021년에 구매한 문구류 : SL-21-0010

35 정답 ⑤

ST-14-0100은 총무팀에서 2014년에 구매한 회의실 책상이다. 구매한 지 10년(9년 이상) 정도 경과했으므로 교체할 수 있다.

36 정답 ①

파손된 물품은 볼펜, TV, 사무실 서랍장, 회의실 의자이며, 각 물품의 중고판매 시 수익금은 다음과 같다.

• 볼펜 : 0.3×20×0=0원
• TV : 120×1×0.55=66만 원
• 사무실 서랍장 : 10×3×0.35=10.5만 원
• 회의실 의자 : 5×10×0.55=27.5만 원

따라서 총판매수익금은 66+10.5+27.5=104만 원이다.

37 정답 ⑤

ⓒ 시간계획을 하는 데 있어서 가장 중요한 것은 그 계획을 따르는 것이지만, 너무 계획에 얽매여서는 안 된다. 이를 방지하기 위해 융통성 있는 시간계획을 세워야 한다.

ⓔ 시간계획을 세우더라도 실제 행동할 때는 차이가 발생하기 마련이다. 자신은 뜻하지 않았지만 다른 일을 해야 할 상황이 발생할 수 있기 때문이다. 따라서 이를 염두하고 시간계획을 세우는 것이 중요하다.

ⓜ 이동시간이나 기다리는 시간 등 자유로운 여유 시간도 시간계획에 포함하여 활용해야 한다.

38 정답 ③

P팀장의 업무지시에 따르면 L대리는 총 8대의 복합기를 구매해야 한다. 이때, 2층에서는 출력 속도가 구매 기준이 되며, 3층에서는 컬러출력 복합기 1대를 반드시 포함해야 한다. 4층과 5층에서는 양면 복사 가능 여부가 구매 기준이 되므로 양면 복사가 모두 가능하면서 가장 저렴한 제품을 선택하면 된다. 층별 요구 사항에 따라 구매할 복합기를 정리하면 다음과 같다.

구분	제품	금액
2층	F회사 3060CFPS 2대	1,900,000×2=3,800,000원
3층	S회사 D430CFPS 1대, C회사 IR2204F 1대	3,050,000+970,000 =4,020,000원
4층	C회사 IR2204F 2대 (양면 복사 기능 추가)	(970,000+200,000)×2 =2,340,000원
5층	C회사 IR2204F 2대 (양면 복사 기능 추가)	(970,000+200,000)×2 =2,340,000원

따라서 L대리가 복합기 구매에 사용할 금액은 총 3,800,000+4,020,000+2,340,000+2,340,000=12,500,000원이다.

39 정답 ②

주어진 정보에 따라 할인금액을 정리하면 다음과 같다.
• 사무용품 판매점의 경우 총금액에서 S회사 제품의 가격을 제외한 금액의 10%를 할인해 주므로 (12,500,000-3,050,000)×0.1=945,000원을 할인받을 수 있다.
• 인터넷 쇼핑몰의 경우 S회사 제품만 15% 할인해 주므로 3,050,000×0.15=457,500원을 할인받을 수 있다.

따라서 L대리가 복합기를 주문할 곳은 945,000원을 할인받을 수 있는 사무용품 판매점이다.

40 정답 ③

A와 D는 각각 문제해결능력과 의사소통능력에서 과락이므로 제외한다. 합격 점수 산출법에 따라 계산하면 다음과 같다.
• B : 65×0.6+70×0.3+55×0.4=82점
• C : 60×0.6+55×0.3+50×0.4=72.5점
• E : 90×0.6+80×0.3+49×0.4=97.6점

따라서 합격자는 B와 E이다.

03 | 정보능력(사무)

41
정답 ④

ROUND 함수, ROUNDUP 함수, ROUNDDOWN 함수의 기능은 다음과 같다.
- ROUND(인수, 자릿수) 함수 : 인수를 지정한 자릿수로 반올림한 값을 구한다.
- ROUNDUP(인수, 자릿수) 함수 : 인수를 지정한 자릿수로 올림한 값을 구한다.
- ROUNDDOWN(인수, 자릿수) 함수 : 인수를 지정한 자릿수로 내림한 값을 구한다.

함수에서 각 단위의 자릿수는 다음과 같다.

만 단위	천 단위	백 단위	십 단위	일 단위	소수점 첫째 자리	소수점 둘째 자리	소수점 셋째 자리
-4	-3	-2	-1	0	1	2	3

[B9] 셀에 입력된 1,260,000 값은 [B2] 셀에 입력된 1,252,340의 값을 만 단위로 올림하여 나타낸 것임을 알 수 있다. 따라서 [B9] 셀에 입력된 함수는 ROUNDUP 함수로 볼 수 있으며, 만 단위를 나타내는 자릿수는 -4이므로 함수는 ④가 적절하다.

42
정답 ②

「=INDEX(범위, 행, 열)」는 해당하는 범위 안에서 지정한 행, 열의 위치에 있는 값을 출력한다. 따라서 [B2:D9]의 범위에서 2행 3열에 있는 값 23,200,000이 적절하다.

43
정답 ③

와일드카드 문자인 '?'는 해당 위치의 한 문자를 대신할 수 있으며, '*'는 모든 문자를 대신할 수 있다. 따라서 찾을 내용에 '가?'는 '가'로 시작하는 두 글자 단어를 나타내며, 모두 바꾸기를 실행하였을 경우 나타나는 결과로 ③이 적절하다.

44
정답 ②

날짜는 숫자로 취급을 받아서 기본적으로 오른쪽 정렬이 된다.

45
정답 ⑤

의심이 가는 메일은 열어보지 않는다.

46
정답 ③

[A1:B4] 영역으로 차트를 만들었기 때문에 [A5:B5]는 차트의 원본데이터 범위가 아니므로 자동으로 추가되지 않는다.

47
정답 ①

LEN 함수는 문자열의 문자 수를 구하는 함수이므로 숫자를 반환한다. 「=LEN(A2)」은 '서귀포시'로 문자 수가 4이며 여기서 -1을 하면 [A2] 열의 3번째 문자까지를 지정하는 것이므로 [C2] 셀과 같이 나온다. 텍스트 문자열의 시작지점부터 지정한 수만큼의 문자를 반환하는 LEFT 함수를 사용하면 「=LEFT(A2,LEN(A2)-1)」가 적절하다.

48
정답 ①

오답분석

② 〈Ctrl〉+〈N〉 : 새로 만들기
③ 〈Alt〉+〈F1〉 : 차트 삽입
④ 〈Enter〉 : 셀 이동
⑤ 〈Ctrl〉+〈Enter〉 : 범위에 같은 내용 입력

49
정답 ④

데이터 중복을 최소화하는 것이 데이터베이스 관리 시스템의 가장 중요한 특징이다.

50
정답 ①

오답분석

② 웹 마이닝 : 웹 자원으로부터 의미 있는 패턴, 프로파일 등의 정보를 추출하는 데이터 마이닝의 일부이다.
③ 오피니언 마이닝 : 웹 사이트와 소셜 미디어 등에서 특정 주제에 대한 이용자의 여론 등을 수집하고 분석하여 정보를 도출하는 빅테이터 처리 기술이다.
④ 소셜 마이닝 : 소셜 미디어에 게시되는 글과 사용자를 분석하여 소비자의 흐름 및 패턴을 파악하여 트렌드 및 여론 추이를 읽어내는 기술이다.
⑤ 현실 마이닝 : 휴대폰 등 모바일 기기를 통해 현실에서 발생하는 정보를 바탕으로 인간행동의 패턴 등을 파악하는 기술이다.

41	42	43	44	45	46	47	48	49	50
③	①	④	③	①	②	①	④	②	①

41
정답 ③

추운 지역의 LPG는 따뜻한 지역보다 프로판 비율이 높다.

42
정답 ①

에어필터 없이 사용할 경우 제품 수명이 단축되는 것으로, 화재 위험과 관련성이 적다.

43
정답 ④

표에서 제시된 증상 외에 다른 문제가 있다면 서비스센터로 문의하여야 한다. ④의 전원 버튼을 눌러도 작동하지 않는다는 내용은 고장이 아닌 증상 외의 다른 문제로 서비스센터로 문의하여야 한다.

44
정답 ③

체온 측정을 위한 주의사항에 따르면 체온을 측정할 때는 정확한 측정을 위해 과다한 귀지가 없도록 해야 한다.

오답분석

① 체온을 측정하기 전 새 렌즈필터를 부착하여야 한다.
② 오른쪽 귀에서 측정한 체온과 왼쪽 귀에서 측정한 체온은 다를 수 있으므로 항상 같은 귀에서 체온을 측정해야 한다.
④ 영점조정에 대한 사항은 지문에서 확인할 수 없는 내용이다.
⑤ 체온을 측정하기 전 새 렌즈필터를 부착하여야 하며, 렌즈를 알코올 솜으로 닦는 사항은 지문에서 확인할 수 없는 내용이다.

45
정답 ①

'POE' 에러 메시지는 체온계가 렌즈의 정확한 위치를 감지할 수 없어 정확한 측정이 어렵다는 메시지이다. 따라서 〈ON〉 버튼을 3초간 길게 눌러 화면을 지운 다음 정확한 위치에 체온계를 넣어 다시 측정해야 한다.

오답분석

② '――' 에러 메시지가 떴을 때의 해결 방법에 해당한다.
③ 지문에서 확인할 수 없는 내용이다.
④ '―――' 에러 메시지가 떴을 때의 해결 방법에 해당한다.
⑤ 'HI℃', 'LO℃' 에러 메시지가 떴을 때의 해결 방법에 해당한다.

46
정답 ②

제시문은 기술혁신 예측의 어려움, 즉 불확실성에 대해 설명하고 있으므로 ②가 가장 적절하다.

47
정답 ①

시스템적인 관점에서 인식하는 능력은 기술적 능력에 대한 것으로, 기술경영자의 역할이라기보다는 기술관리자의 역할에 해당하는 내용이다.

48
정답 ④

하향식 기술선택은 중장기적인 목표를 설정하고, 이를 달성하기 위해 핵심고객층 등에 제공하는 제품 및 서비스를 결정한다.

49
정답 ②

무어(Moore)의 법칙은 반도체의 성능은 24개월마다 2배씩 증가한다는 법칙으로 고든 무어가 주장하였다.

오답분석

① 카오(Kao)의 법칙 : 창조성은 네트워크에 접속되어 있는 다양성에 지수함수로 비례한다는 법칙이다.
③ 황(Hwang)의 법칙 : 반도체 메모리 용량은 1년마다 두 배로 증가한다는 법칙이다.
④ 메트칼프(Metcalfe)의 법칙 : 네트워크의 가치는 사용자 수의 제곱에 비례한다는 법칙이다.
⑤ 던바(Dunbar)의 법칙 : SNS 계정이 확대되어도 인맥은 150명까지만 된다는 법칙이다.

50
정답 ①

컴퓨터 연결, 원하는 시간만큼 학습 가능, 멀티미디어 이용 등의 특징을 볼 때, E-Learning(전자 매체를 통한 학습 시스템)을 활용한 기술교육을 설명한 글이다.

오답분석

④ OJT : 조직 안에서 피교육자인 종업원이 직무에 종사하면서 받게 되는 교육 훈련방법이다. 직장 상사나 선배가 지도·조언을 해주는 형태로 훈련이 이루어지기 때문에, 교육자와 피교육자 사이에 친밀감을 조성하며, 시간의 낭비가 적고, 조직의 필요에 합치되는 교육훈련을 할 수 있다는 장점이 있다. 그러나 지도자의 높은 자질이 요구되며, 교육훈련 내용의 체계화가 어렵다는 등의 단점도 있다.

한국전력공사 고졸채용 NCS 직무능력검사 답안카드

성 명

지원 분야

문제지 형별기재란

( )형 Ⓐ Ⓑ

수 험 번 호

	0	0	0	0	0	0	
①	①	①	①	①	①	①	
②	②	②	②	②	②	②	
③	③	③	③	③	③	③	
④	④	④	④	④	④	④	
⑤	⑤	⑤	⑤	⑤	⑤	⑤	
⑥	⑥	⑥	⑥	⑥	⑥	⑥	
⑦	⑦	⑦	⑦	⑦	⑦	⑦	
⑧	⑧	⑧	⑧	⑧	⑧	⑧	
⑨	⑨	⑨	⑨	⑨	⑨	⑨	

감독위원 확인

㊞

1	① ② ③ ④ ⑤	21	① ② ③ ④ ⑤	41	① ② ③ ④ ⑤
2	① ② ③ ④ ⑤	22	① ② ③ ④ ⑤	42	① ② ③ ④ ⑤
3	① ② ③ ④ ⑤	23	① ② ③ ④ ⑤	43	① ② ③ ④ ⑤
4	① ② ③ ④ ⑤	24	① ② ③ ④ ⑤	44	① ② ③ ④ ⑤
5	① ② ③ ④ ⑤	25	① ② ③ ④ ⑤	45	① ② ③ ④ ⑤
6	① ② ③ ④ ⑤	26	① ② ③ ④ ⑤	46	① ② ③ ④ ⑤
7	① ② ③ ④ ⑤	27	① ② ③ ④ ⑤	47	① ② ③ ④ ⑤
8	① ② ③ ④ ⑤	28	① ② ③ ④ ⑤	48	① ② ③ ④ ⑤
9	① ② ③ ④ ⑤	29	① ② ③ ④ ⑤	49	① ② ③ ④ ⑤
10	① ② ③ ④ ⑤	30	① ② ③ ④ ⑤	50	① ② ③ ④ ⑤
11	① ② ③ ④ ⑤	31	① ② ③ ④ ⑤		
12	① ② ③ ④ ⑤	32	① ② ③ ④ ⑤		
13	① ② ③ ④ ⑤	33	① ② ③ ④ ⑤		
14	① ② ③ ④ ⑤	34	① ② ③ ④ ⑤		
15	① ② ③ ④ ⑤	35	① ② ③ ④ ⑤		
16	① ② ③ ④ ⑤	36	① ② ③ ④ ⑤		
17	① ② ③ ④ ⑤	37	① ② ③ ④ ⑤		
18	① ② ③ ④ ⑤	38	① ② ③ ④ ⑤		
19	① ② ③ ④ ⑤	39	① ② ③ ④ ⑤		
20	① ② ③ ④ ⑤	40	① ② ③ ④ ⑤		

※ 본 답안지는 마킹연습용 모의 답안지입니다.

한국전력공사 고졸채용 NCS 직무능력검사 답안카드

번호	1	2	3	4	5	번호	1	2	3	4	5	번호	1	2	3	4	5
1	①	②	③	④	⑤	21	①	②	③	④	⑤	41	①	②	③	④	⑤
2	①	②	③	④	⑤	22	①	②	③	④	⑤	42	①	②	③	④	⑤
3	①	②	③	④	⑤	23	①	②	③	④	⑤	43	①	②	③	④	⑤
4	①	②	③	④	⑤	24	①	②	③	④	⑤	44	①	②	③	④	⑤
5	①	②	③	④	⑤	25	①	②	③	④	⑤	45	①	②	③	④	⑤
6	①	②	③	④	⑤	26	①	②	③	④	⑤	46	①	②	③	④	⑤
7	①	②	③	④	⑤	27	①	②	③	④	⑤	47	①	②	③	④	⑤
8	①	②	③	④	⑤	28	①	②	③	④	⑤	48	①	②	③	④	⑤
9	①	②	③	④	⑤	29	①	②	③	④	⑤	49	①	②	③	④	⑤
10	①	②	③	④	⑤	30	①	②	③	④	⑤	50	①	②	③	④	⑤
11	①	②	③	④	⑤	31	①	②	③	④	⑤						
12	①	②	③	④	⑤	32	①	②	③	④	⑤						
13	①	②	③	④	⑤	33	①	②	③	④	⑤						
14	①	②	③	④	⑤	34	①	②	③	④	⑤						
15	①	②	③	④	⑤	35	①	②	③	④	⑤						
16	①	②	③	④	⑤	36	①	②	③	④	⑤						
17	①	②	③	④	⑤	37	①	②	③	④	⑤						
18	①	②	③	④	⑤	38	①	②	③	④	⑤						
19	①	②	③	④	⑤	39	①	②	③	④	⑤						
20	①	②	③	④	⑤	40	①	②	③	④	⑤						

※ 본 답안지는 마킹연습용 모의 답안지입니다.

성 명

지원 분야

문제지 형별기재란 Ⓐ Ⓑ
( )형

수 험 번 호

⓪	①	②	③	④	⑤	⑥	⑦	⑧	⑨
⓪	①	②	③	④	⑤	⑥	⑦	⑧	⑨
⓪	①	②	③	④	⑤	⑥	⑦	⑧	⑨
⓪	①	②	③	④	⑤	⑥	⑦	⑧	⑨
⓪	①	②	③	④	⑤	⑥	⑦	⑧	⑨
⓪	①	②	③	④	⑤	⑥	⑦	⑧	⑨
⓪	①	②	③	④	⑤	⑥	⑦	⑧	⑨

감독위원 확인

(인)

한국전력공사 고졸채용 NCS 직무능력검사 답안카드

번호	답란	번호	답란	번호	답란
1	① ② ③ ④ ⑤	21	① ② ③ ④ ⑤	41	① ② ③ ④ ⑤
2	① ② ③ ④ ⑤	22	① ② ③ ④ ⑤	42	① ② ③ ④ ⑤
3	① ② ③ ④ ⑤	23	① ② ③ ④ ⑤	43	① ② ③ ④ ⑤
4	① ② ③ ④ ⑤	24	① ② ③ ④ ⑤	44	① ② ③ ④ ⑤
5	① ② ③ ④ ⑤	25	① ② ③ ④ ⑤	45	① ② ③ ④ ⑤
6	① ② ③ ④ ⑤	26	① ② ③ ④ ⑤	46	① ② ③ ④ ⑤
7	① ② ③ ④ ⑤	27	① ② ③ ④ ⑤	47	① ② ③ ④ ⑤
8	① ② ③ ④ ⑤	28	① ② ③ ④ ⑤	48	① ② ③ ④ ⑤
9	① ② ③ ④ ⑤	29	① ② ③ ④ ⑤	49	① ② ③ ④ ⑤
10	① ② ③ ④ ⑤	30	① ② ③ ④ ⑤	50	① ② ③ ④ ⑤
11	① ② ③ ④ ⑤	31	① ② ③ ④ ⑤		
12	① ② ③ ④ ⑤	32	① ② ③ ④ ⑤		
13	① ② ③ ④ ⑤	33	① ② ③ ④ ⑤		
14	① ② ③ ④ ⑤	34	① ② ③ ④ ⑤		
15	① ② ③ ④ ⑤	35	① ② ③ ④ ⑤		
16	① ② ③ ④ ⑤	36	① ② ③ ④ ⑤		
17	① ② ③ ④ ⑤	37	① ② ③ ④ ⑤		
18	① ② ③ ④ ⑤	38	① ② ③ ④ ⑤		
19	① ② ③ ④ ⑤	39	① ② ③ ④ ⑤		
20	① ② ③ ④ ⑤	40	① ② ③ ④ ⑤		

※ 본 답안지는 마킹연습용 모의 답안지입니다.

한국전력공사 고졸채용 NCS 직무능력검사 답안카드

성 명

지원 분야

문제지 형별기재란
( )형 Ⓐ Ⓑ

수 험 번 호

감독위원 확인
(인)

1	① ② ③ ④ ⑤	21	① ② ③ ④ ⑤	41	① ② ③ ④ ⑤
2	① ② ③ ④ ⑤	22	① ② ③ ④ ⑤	42	① ② ③ ④ ⑤
3	① ② ③ ④ ⑤	23	① ② ③ ④ ⑤	43	① ② ③ ④ ⑤
4	① ② ③ ④ ⑤	24	① ② ③ ④ ⑤	44	① ② ③ ④ ⑤
5	① ② ③ ④ ⑤	25	① ② ③ ④ ⑤	45	① ② ③ ④ ⑤
6	① ② ③ ④ ⑤	26	① ② ③ ④ ⑤	46	① ② ③ ④ ⑤
7	① ② ③ ④ ⑤	27	① ② ③ ④ ⑤	47	① ② ③ ④ ⑤
8	① ② ③ ④ ⑤	28	① ② ③ ④ ⑤	48	① ② ③ ④ ⑤
9	① ② ③ ④ ⑤	29	① ② ③ ④ ⑤	49	① ② ③ ④ ⑤
10	① ② ③ ④ ⑤	30	① ② ③ ④ ⑤	50	① ② ③ ④ ⑤
11	① ② ③ ④ ⑤	31	① ② ③ ④ ⑤		
12	① ② ③ ④ ⑤	32	① ② ③ ④ ⑤		
13	① ② ③ ④ ⑤	33	① ② ③ ④ ⑤		
14	① ② ③ ④ ⑤	34	① ② ③ ④ ⑤		
15	① ② ③ ④ ⑤	35	① ② ③ ④ ⑤		
16	① ② ③ ④ ⑤	36	① ② ③ ④ ⑤		
17	① ② ③ ④ ⑤	37	① ② ③ ④ ⑤		
18	① ② ③ ④ ⑤	38	① ② ③ ④ ⑤		
19	① ② ③ ④ ⑤	39	① ② ③ ④ ⑤		
20	① ② ③ ④ ⑤	40	① ② ③ ④ ⑤		

한국전력공사 고졸채용 NCS 직무능력검사 답안카드

번호	①	②	③	④	⑤
1	①	②	③	④	⑤
2	①	②	③	④	⑤
3	①	②	③	④	⑤
4	①	②	③	④	⑤
5	①	②	③	④	⑤
6	①	②	③	④	⑤
7	①	②	③	④	⑤
8	①	②	③	④	⑤
9	①	②	③	④	⑤
10	①	②	③	④	⑤
11	①	②	③	④	⑤
12	①	②	③	④	⑤
13	①	②	③	④	⑤
14	①	②	③	④	⑤
15	①	②	③	④	⑤
16	①	②	③	④	⑤
17	①	②	③	④	⑤
18	①	②	③	④	⑤
19	①	②	③	④	⑤
20	①	②	③	④	⑤

번호	①	②	③	④	⑤
21	①	②	③	④	⑤
22	①	②	③	④	⑤
23	①	②	③	④	⑤
24	①	②	③	④	⑤
25	①	②	③	④	⑤
26	①	②	③	④	⑤
27	①	②	③	④	⑤
28	①	②	③	④	⑤
29	①	②	③	④	⑤
30	①	②	③	④	⑤
31	①	②	③	④	⑤
32	①	②	③	④	⑤
33	①	②	③	④	⑤
34	①	②	③	④	⑤
35	①	②	③	④	⑤
36	①	②	③	④	⑤
37	①	②	③	④	⑤
38	①	②	③	④	⑤
39	①	②	③	④	⑤
40	①	②	③	④	⑤

번호	①	②	③	④	⑤
41	①	②	③	④	⑤
42	①	②	③	④	⑤
43	①	②	③	④	⑤
44	①	②	③	④	⑤
45	①	②	③	④	⑤
46	①	②	③	④	⑤
47	①	②	③	④	⑤
48	①	②	③	④	⑤
49	①	②	③	④	⑤
50	①	②	③	④	⑤

※ 본 답안지는 마킹연습용 모의 답안지입니다.

한국전력공사 고졸채용 NCS 직무능력검사 답안카드

※ 본 답안지는 마킹연습용 모의 답안지입니다.

성 명

지원 분야

| 문제지 형별기재란 | Ⓐ |
| (형) | Ⓑ |

수 험 번 호

0	0	0	0	0	0	0
1	1	1	1	1	1	1
2	2	2	2	2	2	2
3	3	3	3	3	3	3
4	4	4	4	4	4	4
5	5	5	5	5	5	5
6	6	6	6	6	6	6
7	7	7	7	7	7	7
8	8	8	8	8	8	8
9	9	9	9	9	9	9

감독위원 확인
㉙

답안 마킹란

번호	①	②	③	④	⑤	번호	①	②	③	④	⑤	번호	①	②	③	④	⑤
1	①	②	③	④	⑤	21	①	②	③	④	⑤	41	①	②	③	④	⑤
2	①	②	③	④	⑤	22	①	②	③	④	⑤	42	①	②	③	④	⑤
3	①	②	③	④	⑤	23	①	②	③	④	⑤	43	①	②	③	④	⑤
4	①	②	③	④	⑤	24	①	②	③	④	⑤	44	①	②	③	④	⑤
5	①	②	③	④	⑤	25	①	②	③	④	⑤	45	①	②	③	④	⑤
6	①	②	③	④	⑤	26	①	②	③	④	⑤	46	①	②	③	④	⑤
7	①	②	③	④	⑤	27	①	②	③	④	⑤	47	①	②	③	④	⑤
8	①	②	③	④	⑤	28	①	②	③	④	⑤	48	①	②	③	④	⑤
9	①	②	③	④	⑤	29	①	②	③	④	⑤	49	①	②	③	④	⑤
10	①	②	③	④	⑤	30	①	②	③	④	⑤	50	①	②	③	④	⑤
11	①	②	③	④	⑤	31	①	②	③	④	⑤						
12	①	②	③	④	⑤	32	①	②	③	④	⑤						
13	①	②	③	④	⑤	33	①	②	③	④	⑤						
14	①	②	③	④	⑤	34	①	②	③	④	⑤						
15	①	②	③	④	⑤	35	①	②	③	④	⑤						
16	①	②	③	④	⑤	36	①	②	③	④	⑤						
17	①	②	③	④	⑤	37	①	②	③	④	⑤						
18	①	②	③	④	⑤	38	①	②	③	④	⑤						
19	①	②	③	④	⑤	39	①	②	③	④	⑤						
20	①	②	③	④	⑤	40	①	②	③	④	⑤						

2024 최신판 SD에듀 All-New 한국전력공사 고졸채용 NCS 최종모의고사 7회분 + 무료한전특강

개정3판1쇄 발행	2024년 05월 20일 (인쇄 2024년 04월 23일)
초 판 발 행	2021년 08월 10일 (인쇄 2021년 07월 08일)
발 행 인	박영일
책 임 편 집	이해욱
편 저	SDC(Sidae Data Center)
편 집 진 행	김재희 · 강승혜
표지디자인	박수영
편집디자인	전하연 · 곽은슬
발 행 처	(주)시대고시기획
출 판 등 록	제10-1521호
주 소	서울시 마포구 큰우물로 75 [도화동 538 성지 B/D] 9F
전 화	1600-3600
팩 스	02-701-8823
홈 페 이 지	www.sdedu.co.kr

I S B N	979-11-383-7063-9 (13320)
정 가	18,000원

www.sdedu.co.kr